21世纪高职高专精品教材

公共课系列

形势与政策

主　审　申　奎
主　编　马应安　罗智凯
副主编　张家斗　秦　丹　陈庆红

最新版

中国人民大学出版社
·北京·

编写委员会

主　审　申　奎

主　编　马应安　罗智凯

副主编　张家斗　秦　丹　陈庆红

编　者　（以姓氏笔画为序）

马应安　刘利英　陈庆红　杨　蕾　张家斗

张　莉　张　茂　赵天成　罗智凯　周　敏

段河军　段晓芳　费　丽　秦　丹　章　成

常潇丹　廖声莲

前言 PREFACE

根据《关于进一步加强和改进大学生思想政治教育的意见》《新时代高校思想政治理论课教学工作基本要求》《关于加强新时代高校“形势与政策”课建设的若干意见》《关于深化新时代学校思想政治理论课改革创新的若干意见》《新时代学校思想政治理论课改革创新实施方案》等文件精神，形势与政策教育是大学生思想政治教育的重要内容。“形势与政策”课作为高校思想政治理论课的重要组成部分，是对大学生进行形势与政策教育的主渠道、主阵地，是每个大学生的必修课程，在大学生思想政治教育中担负着重要使命，具有其他专业课、公共课甚至其他几门思想政治理论课不可替代的地位和作用。正是基于“形势与政策”课这样的使命和责任、地位和作用，为培养大学生关注时事政治的兴趣和习惯，帮助大学生更好地了解和认识国内外形势，树立实现中华民族伟大复兴的远大理想，根据教育部办公厅最新印发的关于《高校“形势与政策”课教学要点》的要求，按照导向性、时事性、科学性、规范性、可读性的原则，编写组编写了本书。

本书以马克思列宁主义、毛泽东思想、邓小平理论、“三个代表”重要思想、科学发展观和习近平新时代中国特色社会主义思想为指导，深入贯彻党的二十大精神，按照“五位一体”总体布局和“四个全面”战略布局，针对大学生的思想特点和关注的热点问题，帮助大学生了解世情、社情、国情以及中国共产党、中国政府当前的思考、决策和要求，开阔大学生视野，教育和引导大学生全面准确地理解党的路线、方针和政策，增强其民族自尊心、自信心和社会责任感，坚定走中国特色社会主义道路的信心，积极投身改革开放和现代化建设伟大事业。

根据《关于加强新时代高校“形势与政策”课建设的若干意见》和《新时代学校思想政治理论课改革创新实施方案》等文件要求：保证专科学生在校学习期间开课不断线，每学期不低于 8 学时，共计 1 学分；在教学内容上开设好全面从严治党、我国经济社会发展、港澳台工作、国际形势与政策等四个专题，主要讲授党的理论创新最新成果，新时代坚持和发展中国特色社会主义的生动实践，马克思主义形势观政策观、党的路线方针政策、基本国情、国内外形势及其热点难点问题；在教学资源建设上各地各高校可结合实际，编写“形势与政策”课教学辅助资料。因此，本书紧跟时代脉搏，按照最新文件指示，依据中央提出的政治、经济、文化、社会、生态“五位一体”总体布局，采用专题式的编写方法，把具有相对稳定性、基础性的知识框架与当前不断变化的形势结合起来；把党的二十大精神、习近平新时代中国特色社会主义思想、国家“十四五”规划、“全国两会”精神、党风廉政建设、经济高质量发展、优秀传统文化、人口老龄化社会热点、医疗卫生体制改革、生态文明与绿色医院、中国特色大国外交、港澳台问题等融入编写内容中，针对不同年级、不同层次学生的认知水平，设置了八个授课和学习专题以及国内国际时事热点自学专题；同时紧扣新冠肺炎疫情防控中展现出的中国制度优势、中国自信与大国担当，设置了全民战“疫”中的大国自信与担当特别专题，促使学生增强“四个意识”，坚定“四个自信”，做到“两个维护”。

在编写过程中，除了把握政治性、科学性和学术规范性以外，编写组还特别注意结合医疗行业、医学院校和医学学生的具体实际，在每一章中既有上接中央“理论面”的介绍，又有下承医学学生“实际点”的内容，做到“点面结合”，并通过引言、想一想、议一议、延伸阅读、拓展训练等五大板块，使内容贴近实际、贴近生活、贴近医学学生，努力做到教育部思政课“四个结合”的要求。其中，本书“延伸阅读”板块的内容以二维码的形式呈现，读者用手机扫描二维码即可阅读相关重要文献和资料，拓展知识面。本书体例安排合理，以“必需、易学、实用”为标准，既注重基础理论知识的介绍、研究，又强调知识的实际运用，还编写了“课程教学大纲”，为专题讨论式教学提供便利，保证了教材的科学性和实用性。

本书编写组成员既有来自不同医学院校的“形势与政策”课程高校教师、思政专家，又有来自重点本科师范院校的思政教育青年学者，还有来自公立三甲医院的一线医生和管理人员，学科背景强、专业优势互补、熟悉医疗行业。本书由马应安和罗智凯共同拟定提纲，编写分工为秦丹、张家斗、张莉负责第一章，罗智凯、张家斗、赵天成负责第二章，马应安、常潇丹、张虹负责第三章，陈庆红、段晓芳、叶忠负责第四章，马应安、刘利英、章成负责第五章，马应安、罗智凯、孔丽负责第六章，罗智凯、杨蕾、费丽负责第七章，周敏、张茂、罗智凯负责第八章，马应安、罗智凯、张家斗负责特别专题，其他内容的编写和最后的统稿工作由马应安、罗智凯共同完成，审稿工作由申奎完成。

本书编写组

目录 CONTENTS

特别专题

全民战“疫”中的大国自信与担当

引言

世界卫生组织2021年6月29日公布的最新数据显示，全球累计新冠确诊病例达181 176 715例。截至欧洲中部时间29日18时32分（北京时间30日零时32分），全球确诊病例较前一日增加309 048例，达到181 176 715例；死亡病例增6 232例，达到3 930 496例。正如习近平总书记在第73届世界卫生大会视频会议开幕式上的致辞中讲到：“病毒没有国界，疫病不分种族。人类正在经历第二次世界大战结束以来最严重的全球公共卫生突发事件。”这场来势汹汹的疫情，已经波及全球210多个国家和地区，影响70多亿人口。

在以习近平总书记为核心的党中央坚强领导下，中国人民经过艰苦卓绝的努力，付出了巨大的代价，有力扭转了疫情局势，维护了人民生命安全和身体健康，取得了抗击新冠肺炎疫情斗争的重大战略成果，形成了生命至上、举国同心、舍生忘死、尊重科学、命运与共的伟大抗疫精神。中国始终秉持着人类命运共同体的理念，始终本着公开、透明、负责任的态度，及时向世界卫生组织及相关国家通报疫情信息，第一时间发布病毒基因序列等信息，毫无保留地同各方分享防控和救治经验，尽己所能为有需要的国家提供大量的支持与帮助，此外，我国在疫苗研发完成并投入使用后，及时向有关国家，特别是发展中国家提供疫苗，展现了中国的大国自信与担当。

想一想

在这场战“疫”中，各地医务工作者、警察、社区工作者、志愿者等战斗在抗疫第一线，涌现出许多感人事迹，他们被称为“最美逆行者”，你能讲出一个事例吗？

第一节　人类正面临一场史无前例的战“疫”

一、人类历史上著名的战“疫”

翻开人类文明发展史，很容易发现，瘟疫与人类似乎一直是相生相伴的，从某种意义上说，人类文明史也是一部抗击疾病和灾难的斗争史。毕竟人类终究只是大自然的一部分，所以人类从诞生开始就摆脱不了瘟疫，瘟疫甚至还能够影响人类历史的走向。

（一）黑死病

1347—1353 年，席卷整个欧洲的被称为“黑死病”的鼠疫，夺走了 2 500 万欧洲人的生命，占当时欧洲总人口的 1/3！这一数字远远超过了第二次世界大战中整个欧洲因战争而死去的总人数。

造成这次大瘟疫的罪魁祸首是鼠疫杆菌。此类杆菌在鼠类间传播并经鼠蚤的叮咬传播于人类，是一种自然疫源性的烈性传染病。直到 200 多年以后，荷兰显微镜学家、微生物学的开拓者安东尼·列文虎克才磨制出能观察到微生物的透镜，人类第一次能真正看见并描述微生物。因此，鼠疫杆菌肆虐欧洲之时，人们更多的是无助和迷茫。

延伸阅读 0-1
欧洲文学史上第一部现实主义巨著

黑死病给欧洲带来了灾难，让欧洲人口锐减，但也客观上推进了科学技术的发展，促使天主教会的专制地位被打破，对文艺复兴、宗教改革乃至启蒙运动产生积极影响，从而改变了欧洲文明发展的方向。

（二）天花

发生在明末清初的天花导致了当时中国数以万计的死亡。天花刚开始只是家畜身上一种相对无害的痘病毒，经过逐渐进化和适应后才成为人类疾病。天花由天花病毒引起，其繁殖速度快，通过空气传播，传播速度惊人。清朝曾有两位皇帝因感染天花死亡，著名的康熙皇帝在年幼时也得过天花，幸得其乳母悉心照料才得以存活。康熙在太医院专门设立了痘诊科，并开设避痘所用于隔离感染天花的病人。北京城内还设有专门的“查痘章京”，负责八旗防痘事宜。

天花防治促使中医药学逐步成熟，在实践的基础上，还形成了防病治病的理论和技术体系，天花防治开始走向科学化与系统化的道路。但直到 18 世纪 90 年代，英国医生爱德华·詹纳发现给人接种牛痘能预防天花，人类才终于能够抵御天花病毒。

（三）西班牙流感

1918—1920 年暴发的全球 H1N1 甲型流感，致使全球约一半的人被感染，死亡人数在 5 千万到 1 亿人之间，因西班牙当时疫情最为严重而被命名为“西班牙流感”。H1N1 甲型流感由 H1N1 甲型流感病毒引发，通过飞沫传播。当时医学界认为这是一种细菌造成的传染病，对病毒不了解，致使流感在 6 个月内造成的死亡数比第一次世界大战造成的死亡数还多，间接加速了一战的结束，因为各国已经没有额外的兵力。

延伸阅读 0-2
这一次，我们绝不允许“西班牙流感”的错误重演

虽然这场瘟疫以“西班牙流感”冠名，但第一波有记录的“西班牙流感”却是发生在美国，而西班牙的疫情也是由法国的非洲雇佣兵传入的。但由于当时的国际话语权掌握在美、英、法等一战战胜国手里，西班牙在这场疫情中被污名化。除了西班牙外，国际社会基本上都采用了“西班牙流感”的名称，并沿用至今。

（四）非典型性肺炎

2002 年末，发生于中国广东的非典型性肺炎（SARS）疫情在短短的三个月时间内传播到内陆多数省份，并扩展到东南亚、澳洲、欧洲、北美等多地。根据世界卫生组织的数据，2002—2003 年暴发的 SARS 在全球造成至少 774 人死亡，8 096 人感染。SARS 由 SARS 冠状病毒引发，该病毒传染性、致病性均比较强，一般是近距离飞沫传播，首发症状多为发热（一般高于 38℃）。

在党的坚强领导下，全国人民众志成城最终取得了抗击非典的胜利，同时也促进了我国疾病预防控制体系的建设。SARS 疫情结束后，中国开始大幅增加卫生防疫经费投入，各级疾病预防控制中心相继建立，农村地区的经费投入明显增加。国家公开扶持中医药行业，肯定并宣扬中医药在治疗 SARS 过程中的重要作用，要求各级医疗机构必须配备中医。

议一议

为什么说人类文明史也是一部抗击疾病和灾难的斗争史？

拓展训练

请查阅资料，找一找人类历史上发生过哪些重大疾病或灾难，并为你身边的同学讲一讲人类是怎样战胜这些重大疾病或灾难的。

二、中国的战“疫”时间线

国家卫健委发布的消息显示，截至 2021 年 6 月 30 日 24 时，中国现有确诊病例 438 例（其中重症病例 8 例），累计治愈出院病例 86 718 例，累计死亡病例 4 636 例，累计报告确诊病例 91 792 例，无现有疑似病例。累计追踪到密切接触者 1 060 056 人，尚在医学观察的密切接触者 12 959 人。累计收到港澳台地区通报确诊病例 26 781 例。其中，香港特别行政区 11 923 例（出院 11 630 例，死亡 211 例），澳门特别行政区 54 例（出院 51 例），台湾地区 14 804 例（出院 10 196 例，死亡 648 例）。

自新冠肺炎疫情发生以来，习近平总书记亲自谋划部署疫情防控工作，并成立了以国务院总理李克强为组长的中央应对新冠肺炎疫情工作领导小组，统筹推进全国疫情防控工作。在以习近平同志为核心的党中央坚强领导下，全国各族人民齐心协力、众志成城、共克时艰，取得了疫情防控的阶段性胜利，人民生活稳定有序，复工复产顺利。

2020 年 3 月 23 日，中共中央政治局常委、国务院总理、中央应对新冠肺炎疫情工作领导小组组长李克强主持召开领导小组会议。李克强指出，当前以武汉市为主战场的全国本土疫情传播已基本阻断，要实行“外防输入、内防反弹”的总体防控策略，维护好来之不易的防控成果。2020 年 3 月 31 日，国务院新闻办在湖北武汉举行新闻发布会。会上，中央指导组成员、国家卫生健康委主任马晓伟表示，经过艰苦努力，以武汉为主战场的全国新冠肺炎疫情本土传播已基本阻断，疫情防控取得阶段性成效。2020 年 6 月 7 日，国新办发布《抗击新冠肺炎疫情的中国行动》白皮书，白皮书指出，截至 2020 年 5 月 31 日，中国境内新冠肺炎确诊病例累计治愈率为 94.3%，2020 年 9 月 8 日习近平总书记在全国抗击新冠肺炎疫情表彰大会上充分肯定中国抗击新冠肺炎疫情斗争取得的重大战略成果，全面回顾了抗疫斗争的不平凡历程，全面阐释了抗疫斗争收获的深刻启示，疫情工作重点转向“外防输入、内防反弹”的常态化防控新阶段。

延伸阅读 0-3
习近平的战“疫”日志

延伸阅读 0-4
习近平在湖北省考察新冠肺炎疫情防控工作时的讲话

延伸阅读 0-5
习近平在北京考察新冠肺炎疫情防控科研攻关工作

（一）习近平总书记亲自部署

从 2020 年 1 月 25 日（农历大年初一），到 5 月 18 日习近平总书记出席第 73 届世界卫生大会视频会议，短短的 115 天，习总书记主持召开中共中央政治局常务委员会会议 11 次、中共中央政治局会议 1 次、其他会议 4 次，出席会议和活动 3 次，每 6 天都有 1 次会议或活动安排，每 7 天主持召开 1 次会议，每次会议和活动都与疫情防控相关。

疫情发生以来，党中央一开始就明确要求把人民群众生命安全和身体健康放在第一位，党中央采取的所有防控措施都首先考虑尽最大努力防止更多群众被感染，尽最大可能挽救更多患者生命。前 6 次中共中央政治局常务委员会会议都把“收治”作为重要课题。从 1 月 25 日提出“及时收治所有确诊病人”，2 月 3 日明确“集中收治医院要尽快建成投入使用”，到 2 月 12 日提出“坚决做到应收尽收、应治尽治，提高收治率”，再到 2 月 26 日要求“巩固排查和收治成果”，湖北武汉最终关上了疫情蔓延的“水龙头”。到 3 月 18 日第 7 次召开中共中央政治局常务委员会会议这一天，湖北武汉迎来新增确诊病例、新增疑似病例和现有疑似病例三项清零。

习近平总书记先后两次到抗疫一线考察调研，作出疫情防控的重要指示。3 月 2 日，他在北京考察新冠肺炎防控科研攻关工作时强调，人类同疾病较量最有力的武器就是科学技术，人类战胜大灾大疫离不开科学发展和技术创新。要把新冠肺炎防控科研攻关作为一项重大而紧迫任务，综合多学科力量，统一领导、协同推进，在坚持科学性、确保安全性的基础上加快研发进度，尽快攻克疫情防控的重点难点问题，为打赢疫情防控人民战争、总体战、阻击战提供强大科技支撑。3月10日，习近平总书记又赴湖北省武汉市考察新冠肺炎疫情防控工作，看望慰问湖北人民和武汉人民，抗疫一线的广大医务工作者、人民解放军指战员、公安干警、志愿者，广大党员、干部特别是基层干部。他强调，要把医疗救治工作摆在第一位，打好群防群控的人民战争，加强力量薄弱地区疫情防控工作，保障好群众基本生活，形成同疫情防控相适应的经济社会运行秩序，补齐治理体系和治理能力短板。

（二）中央和地方迅速行动

疫情就是命令，防控就是责任。1月25日，党中央成立应对疫情工作领导小组；27日，李克强赴武汉考察指导疫情防控工作；同日，国家医疗保障局免除个人负担政策扩大至疑似病人；28日，党中央印发《关于加强党的领导、为打赢疫情防控阻击战提供坚强政治保证的通知》；中央应对疫情工作领导小组多次开会研究部署疫情防控工作，前方指导组也积极开展工作；国务院联防联控机制加强协调调度，及时协调解决防控工作中遇到的紧迫问题；有关部门各司其职，军队积极支援地方疫情防控。

各地区成立了党政主要负责同志挂帅的领导小组，截至1月29日，31个省级行政区（不含港、澳、台）全部启动重大突发公共卫生事件Ⅰ级响应。各党政军群机关和企事业单位紧急行动、全力奋战，广大医务人员无私奉献、英勇奋战，广大人民群众众志成城、团结奋战，打响了疫情防控的人民战争，打响了疫情防控的总体战，全国形成了全面动员、全面部署、全面加强疫情防控工作的局面。

面对疫情侵袭，举国上下患难与共，海内海外和衷共济，14亿人民团结如一人，自觉履行公民义务，做好居家隔离、自我防护等。广大医务人员临危不惧，义无反顾冲在防控和救治第一线，创造了一个个生命的奇迹，全面展现了多年来学科建设、技术发展和应急组织管理水平、自我防护等，铸就了"生命至上、举国同心、舍生忘死、尊重科学、命运与共"的伟大抗疫精神，生动诠释了"敬佑生命、救死扶伤、甘于奉献、大爱无疆"的崇高精神。

延伸阅读0-6-1
在全国抗击新冠肺炎疫情表彰大会上的讲话

正是因为有党中央的坚强领导，坚持疫情防控全国一盘棋的总体战思路，各地压实疫情防控主体责任，全国各族人民共同努力，才编写了抗疫的中国方案。疫情发生后，中国在8天内确定了病原体，并与国际社会分享部分毒株基因组序列；16天内完成了检测试剂盒优化；6次修订防控方案，落实各项防控措施；7次修订新冠肺炎诊疗方案；印发15项技术方案，针对老年人、儿童等重点人群，车站、商场等公共场所，企业、学校等重点单位，采取更有针对性的防控措施，保障有序复工复产；发挥国家、地方和第三方机构力量，调派3个移动P3实验室，将核酸检测能力提高到每日3.5万人份。截至2021年2月4日，我国核酸检测能力达到每天1 600万份，与2020年3月份相比，提高了11倍多。

议一议

为什么说党的领导是战胜疫情的根本保证?

拓展训练

请大家分组交流，分享一下疫情期间自己所在的村或社区采取了哪些防控措施。

第二节　中国从容应对疫情的自信理由

一、中国特色社会主义道路

习近平总书记指出：“我们能够创造出人类历史上前无古人的发展成就，走出了正确道路是根本原因。”中国特色社会主义道路，这条道路使中华民族迎来了从站起来、富起来到强起来的伟大飞跃，特别是改革开放40多年来，具有较为丰厚的经济基础和物资储备，使我们有打赢这场战“疫”的物质保障，包括国家整体经济实力、战略物资储备、社会生产力、家庭可支配收入等。

相较于2003年的SARS病毒，这次新冠肺炎病毒表现出更强的传播性，感染人数曲线更为陡峭，使疫情防控面临更大的挑战。但是，在这场战“疫”中，中国交通、信息传播、医疗技术、大数据，以及公共卫生事业等领域，都纷纷提高了疫情防控工作效率，展现了中国医疗科技的进步、速度以及民众共克时艰的精神力量。

（一）信息传播方式与速度明显进步

2003年，尽管全国大力宣传防控SARS病毒，但信息传播渠道较为单一、有限，主要通过报纸、杂志以及电视等，甚至靠口口相传，这使得SARS病毒的防控传播存在时间差，且周期较长。如今，随着互联网基础设施的大力建设、完善和智能手机的普及应用，民众对于疫情传播相关信息几乎是实时掌控。正如中央电视台主播白岩松在直播中所述，在没有特效药之前，信息公开是最好的“疫苗”，大部分民众需要的莫过于一份准确的信息，以安此心。

（二）医疗技术实现跨越式发展

经过17年的发展，中国在疫情防控、医疗水平、公共卫生等方面有很大进步。2003年，对于SARS病毒的确认是我国和加拿大、美国等13个实验室联合研究的结果。2020年1月7日，距武汉市卫健委发布《关于做好不明原因肺炎救治工作的紧急通知》仅仅8天，中国疾控中心成功分离首株新冠病毒毒株，并在1月8日就初步确认新冠病毒为疫情病原，1月10日便向全球共享新冠病毒基因组序列信息。在疫苗研制方面，SARS病毒的疫苗一直到2004年春季才启动人体试验，2006年才正式完成。据媒体报道，中国在3月19日左右已经在招募的第一批志愿者身上开展新冠肺炎疫苗人体注射实验；4月9日开始招募二期临床试验志愿者，这是全球首个启动二期临床研究的新冠肺炎疫苗品种。2020年12月31日，国务院联防联控机制发布，国药集团中国生物新冠灭活疫苗已获得国家药监局批准附条件上市。与此同时，国家卫生健康委员会副主任、国务院联防联控机制科研攻关组疫苗研发专班负责人曾益新说：“新冠病毒疫苗肯定是为全民免费提供。”截至2021年2月3日，我国已接种新冠灭活疫苗3 100万剂。

延伸阅读0-6-2
科学战“疫”——大数据助力精准防控

（三）大数据支撑精准防控

2020年新冠肺炎疫情，专家可利用大数据技术梳理感染者的生活轨迹，追踪人群接触史，经过严格排查，成功锁定了感染源及密切接触人群。“500多万人离开武汉”的宏观数据就是基于百度地图慧眼迁徙大数据的统计。

二、中国特色社会主义理论

（一）“以人民为中心”的执政理念①

“以人民为中心”是马克思主义理论的核心命题，更是中国特色社会主义理论的核心内容。在疫情防控期间，习近平总书记多次作出指示，要求把人民群众生命安全和身体健康放在第一位。党中央部署尽一切可能千方百计收治患者，确保应收尽收。根据疫情形势分类指导，统筹调配全国优势医疗资源，集中收治危重病人、提前介入轻重病人、密切关心照顾疑似病人。

为充分保障抗击疫情的物资需要和人民群众的生活物资供给，全国统筹调度、紧急驰援湖北。围绕人民群众的生活需求，确保“菜篮子”和“米袋子”的有效供给，党和政府加强商贸物流服务，帮助企业尽快复工复产；针对居家隔离家庭、贫困群体和孤寡老人，基层党组织以社区为单位下沉一线，为每一户居民提供生活物资上门服务。这些都充分彰显了中国特色社会主义理论中“以人民为中心”的价值关怀和实践要求。

（二）“一切依靠群众”的力量源泉

人民是历史的创造者，是真正的英雄。抗击新冠肺炎疫情是一场没有硝烟的战争，取得抗疫胜利的信心和力量蕴藏于广大人民群众之中，必须要发挥人民群众的主体性作用，群防群治。全国各地340多支医疗队、42 000多名医务工作者，纷纷向湖北、武汉逆行驰援；数千名工程人员放弃春节假期，夜以继日，在仅仅10天左右的时间里就建成了火神山、雷神山医院。打赢这场疫情防控阻击战必须要依靠人民战争的策略。

三、中国特色社会主义制度

疫情防控成效体现着一个国家和民族的能力与信心，也体现着一种社会制度的优

① 谢君君. 抗“疫”精神彰显了中国特色社会主义的制度优势.（2020-03-09）[2020-05-15]. http://www.wenming.cn/djw/djw2016sy/djk/202003/t20200303_5453950.shtml.

劣。面对这次“危机”和“大考”，在中国共产党的领导下，全国上下打响了疫情防控的人民战争、总体战、阻击战，彰显了中国共产党领导和中国特色社会主义制度的显著优势。

（一）中国共产党的坚强领导

中国自信来自中国特色社会主义制度的最大优越性——中国共产党的领导。习近平总书记在庆祝中国共产党成立100周年大会上指出，为了实现中华民族伟大复兴，中国共产党团结带领中国人民，创造了四个伟大成就。一是团结带领中国人民，浴血奋战、百折不挠，创造了新民主主义革命的伟大成就。二是团结带领中国人民，自力更生、发愤图强，创造了社会主义革命和建设的伟大成就。三是团结带领中国人民，解放思想、锐意进取，创造了改革开放和社会主义现代化建设的伟大成就。四是团结带领中国人民，自信自强、守正创新，统揽伟大斗争、伟大工程、伟大事业、伟大梦想，创造了新时代中国特色社会主义的伟大成就。

无论是过去的革命、建设和改革，还是新时期中华民族伟大复兴中国梦的实现，都离不开党的领导。习近平总书记多次讲过，中国共产党领导的多党合作和政治协商制度作为我国一项基本政治制度，是中国共产党、中国人民和各民主党派、无党派人士的伟大政治创造，是从中国土壤中生长出来的新型政党制度。这种新型政党制度跟西方国家的两党制、多党制有着根本性的区别，以及无法比拟的政党制度优势。在中国，中国共产党是唯一合法执政党，其他八大民主党派是参政党，是“长期共存、互相监督、肝胆相照、荣辱与共”的关系，中国共产党和八大民主党派的政治目标和根本利益是一致的，共同致力于中国特色社会主义事业建设。在新冠疫情发生后，中国向世界展示了强大的动员能力、组织能力和协调能力，让世界看到了中国人民的凝聚力，而这种凝聚力来自党的强大领导力。

反观一些西方国家，不仅全然不顾本国民众的生命健康安全，在自身防控不力，确诊和死亡人数不断上升的紧迫形势下，还在为了所谓的经济利益，但实质上是政治利益（获得选票，谋求选举获胜）开始无休止的党争，把疫情防控政治化，出现一些反智、反科学和违背常识的防疫行为，甚至肆意抹黑他国防疫成果，挥舞霸权主义大棒，无视规则地打压他国，毫无下限地四处甩锅，企图通过威胁和恫吓树立自身所谓的“强硬和英明”形象，转移国内日益加重的疫情与政府糟糕的防控表现之间的矛盾。这些国家的执政党本来就是代表特定资产阶级群体利益的，不会也不可能代表其广大民众的利益，忙于党争和选举之后，更没有心思和力量去组织与动员全国之力投入疫情防控；而在野党或反对党看似是从民众利益出发，猛烈批评和指责执政党错误、不当和不力的疫情防控表现，其实质上也只是为了选民们手中的选票，赢得大选后把执政党赶下台，即便是一些没有获胜可能的弱小政党也会如此，以便能在将来的大选中获得一席之地，分得一杯羹。

由此，不难理解世界卫生组织访华专家组组长布鲁斯·艾尔沃德所讲的：“中国的抗疫方式是可以复制的，但需要速度、资金、想象力和政治勇气。”

（二）集中力量办大事的社会主义国家优势

中国“基建狂魔”不断刷新防控疫情的“中国速度”。为尽快收治病人，仅10天时间就建成了火神山医院，仅12天时间就建成了雷神山医院，短时间内在湖北建立了20座方舱医院。同时迅速组织全军及29个省区市共330多支医疗队紧急驰援湖北，4万多名医护人员投入到这场疫情防控的人民战争。2月10日，国家卫生健康委举全国之力，集优质资源，建立省际对口支援湖北省除武汉以外地市新型冠状病毒肺炎医疗救治工作机制。充分考虑疫情现状、人力资源储备及受援地市医疗资源缺口等情况，在原有外省医疗队支援的基础上，按照原有关系不变、应补尽补的原则，统筹安排19个省份对口支援湖北省除武汉市的16个市州及县级市（见表0-1）。

表0-1　全国19个省份对口支援湖北情况统计表

支援省、市、自治区	受支援市、州
重庆、黑龙江	孝感
山东、湖南	黄冈
江西	随州
广东、海南	荆州
辽宁、宁夏	襄阳
江苏	黄石
福建	宜昌
内蒙古、浙江	荆门
山西	仙桃、天门、潜江
贵州	鄂州
云南	咸宁
广西	十堰
天津	恩施
河北	神农架林区

各种医疗物资和生活用品源源不断汇集湖北武汉。2月22日，湖北省的医疗物资供应有了比较大的进展，医用防护服从以前一天1万件左右到了17万件；N95口罩每日供应量从3.5万只到了35万只以上。截至3月17日，湖北省累计接收社会捐赠资金141.19亿元；接收社会捐赠物资11 155.23万件（套、个、瓶）。随着复工复产的有序推进，湖北省的抗疫医疗物资逐步告别短缺。

武汉封城和湖北关闭离鄂通道后，湖北人民特别是武汉人民的生活备受关注。时值冬季，全国人民拿出自家最新鲜的蔬菜水果和其他农产品捐向湖北。据不完全统计，云南省累计捐赠湖北农产品1.26万吨，其中不仅有蔬菜、水果、肉蛋奶等，还有鲜花52.7万枝；河南省捐赠2.82万箱速冻方便食品；湖南省捐赠各类蔬菜600余吨；山东省捐赠蔬菜、水果3 239.1吨……一些企业和集团也纷纷捐献物资，据报道，全国有1 200多家“中国好粮油”示范企业纷纷拿出“家底”无偿驰援湖北。这些都展现了集中力量办大事的社会主义国家优势，增强了湖北人民战胜疫情、克服困难的信心。

四、中国特色社会主义文化

（一）中医药文化熏陶下的中医国粹

习近平总书记强调，中医药学包含着中华民族几千年的健康养生理念及其实践经验，是中华文明的一个瑰宝，凝聚着中国人民和中华民族的博大智慧。据中国中医科学院出版的《中国疫病史鉴》不完全统计，从西汉到清末，我国至少发生过 321 次大型瘟疫，正是因为有中医药的防控，中华民族才得以延续发展。

据新华网报道，截至 3 月 2 日，全国已有中医药系统医疗队员 3 350 人、5 支国家中医医疗队 739 名医务人员驰援武汉，分别进驻武汉市金银潭医院、湖北省中西医结合医院、雷神山医院救治患者，同时整建制托管大花山方舱医院，收治患者 416 人，开展中医药特色救治。据统计，湖北确诊病例中医药使用率为 88.93%。截至 2 月 28 日，湖北省 43 家定点中医医院累计收治确诊病例 7 246 人，中医药使用率为 97.71%，患者发烧、乏力、咳嗽等症状和影像学表现均明显改善。临床研究初步结果表明，中西医结合总体疗效，明显优于单纯西药治疗。①

中国特色社会主义文化不是凭空产生的，而是以深厚的传统文化为基础，渊源于中华民族五千年的文明史。作为国粹的中医，在历史长河中逐步形成了独具特色的中医药文化；中医药文化又促进了中医不断推陈出新，向前发展。正是有中医药文化的熏陶和浸染，中医才会在今天仍旧熠熠生辉，继续为中华民族迈向复兴保驾护航。

（二）牺牲小我的集体主义精神

集体主义作为全党和全国各族人民建设中国特色社会主义的精神纽带和行为准则，为汇集各方智慧和力量实现我们的共同理想发挥了不可替代的重要作用。集体主义精神有利于国家力量的整合，从而汇聚成强大的集体主义力量。中国自古以来是一个典型的拥有集体主义传统的国家，尤其是国家存亡、民族危难和重大灾难之际，中国人往往会选择牺牲个人、保全集体，这也是中华民族历尽磨难延绵至今的原因所在。

在这次抗疫过程中，无数普通个体放弃与家人团聚的机会，冒着生命危险，选择逆行而战，有些甚至还献出了宝贵的生命，这些“最美逆行者”充分表现出中国人民的集体主义精神。比如，被人民网报道的“雨衣妹妹”，带着志愿者团队和食材，驾车 10 余个小时，从成都抵达武汉，连续 40 多天，为武汉医务人员送出 2 万余份免费盒饭。这个制作盒饭的门店逐渐成为一个“爱心驿站”，累计募集发放近 350 万元的医疗物资和生活用品。还有被央视新闻报道的“武汉‘80 后’快递小哥”，瞒着家人 20 多天，住在快递仓库中，每天免费接送医护人员下夜班；为了医护人员吃上一口热饭，多方奔走联系制餐点；主动组局为医护人员提供生活物品、生活服务以及防护鞋套等采购服务。中国疾控中心发布的报告显示，截至 2 月 17 日，全国共有 3 019 名医务人员感染了新冠病毒，其中确诊 1 716 名，5 人牺牲；另据《中国青年报》报道，截至 4 月 2 日，全国共有 60 名公安民警和 35 名辅警牺牲在抗击疫情和维护安全稳定第一线。4 月 4 日，习近平等党和国家领导人在中南海怀仁堂前，同全国各地各族人民一起，向新冠肺炎疫

---

① 廖君，黎昌政．中医药在湖北新冠肺炎防治中发挥重要作用．（2020-03-02）[2020-05-15]．http://www.xinhuanet.com/2020-03/02/c_1125652505.htm．

情牺牲烈士和逝世同胞默哀。

（三）匹夫有责的爱国主义精神

中华民族历来就是一个热爱自己国家和同胞的民族，在这次抗击新冠肺炎疫情过程中，无论是身在国内还是地处国外，全体中华儿女的心始终连在一起，心系祖国，一大批爱国奉献、尽心报国的中华儿女在这场战“疫”中作出了自己的贡献。

在这场战“疫”中，抗击非典的老英雄钟南山，在奉劝国人不要到武汉之后，自己连夜挤在高铁餐车上，以八十岁高龄再次出征。他在采访中激动感言“武汉是个英雄的城市”，并留下悲恸的眼泪。抗疫战线上，自己身患渐冻症、妻子被感染却还坚持在最前线的武汉金银潭医院院长张定宇；因抗击疫情一次次身先士卒却最终倒在病床上的武昌医院院长刘智明……他们用自我坚定的力量，让抗击疫情的爱国主义旗帜在人民的心中高高飘扬。

在这场战“疫”中，国内同胞并不是孤军奋战，与之携手作战的还有身在海外的华人华侨。虽然他们不在国内，但时刻与祖国站在一起，密切关注着国内疫情，纷纷伸出援手。北美华人在各大药店买空口罩，德国华人华侨采购 N95 口罩邮寄回国，迪拜华人华侨不远万里人肉带回 N95 口罩，武汉大学纽约校友会组织大型募捐活动……爱国报国无关乎距离，唯有责任与担当。

（四）以改革创新为核心的时代精神

勇于创新是中华民族屹立于世界民族之林的强大基因，我们不仅有浩瀚璀璨的中华文明，也有新中国成立以来的“两大奇迹”（经济快速发展奇迹和社会长期稳定奇迹），充分彰显了我们的创造智慧、创造活力和创造精神。疫情防控既是一场与病毒搏击的艰巨战斗，也是一个不断发现相关工作的短板不足，并不断改革创新、不断完善发展的过程。①

在疫情防控中，我们相信科学、崇尚理性，重视理论、实践和体制机制的创新。比如方舱医院原本是军队野战机动医疗系统的一种，用于战争应急需求，它像积木一样可快速搭建，无需土建工程，只要把医疗单元、病房单元、保障单元等组合起来即可。在战“疫”初期，病患急剧增加，而医院床位不足，一些患者回家自我隔离，造成更多社区感染。为抗击新冠疫情，方舱医院在体育馆、展览馆等各种大型公共设施内得以快速设立。疫情期间，武汉市共建成 16 家方舱医院，实际投入使用 15 家，总床位超 1.34 万张，累计收治新冠肺炎轻症患者 1.2 万名，成为名副其实的生命之舱。

在疫情防控一线，一系列新技术派上了用场。针对公共场所发热筛查的痛点，采用人脸识别、红外线等技术的人工智能测温系统，让群防群控有了智慧手段；针对病患轻重程度判断的难点，借助医学影像大数据，新冠肺炎筛查有了人工智能辅助系统；针对人员接触可能带来的交叉感染风险，无人超市保证了物资的供应。我们还看到，药物研发融合了智能算法，社区消毒用上了无人机、自主移动机器人，

延伸阅读 0-7
以艺术振奋精神——文艺工作者投身战“疫”

① 张志丹. 弘扬伟大民族精神 筑牢打赢人民战“疫”精神之基.（2020-03-11）[2020-05-16]. http://theory.people.com.cn/n1/2020/0311/c40531-31626531.html.

人员迁徙有了精准的大数据。5G、人工智能、大数据、移动协同办公等前沿技术的价值，在本次疫情防控中得到了进一步的应用和检验。这些科技成果应用到抗疫战场，极大地提升了疫情防控的战斗力。①

议一议

为什么中国能迅速有效控制住疫情？

拓展训练

请广泛查阅资料，以小组为单位讨论为什么西方国家无法复制中国的“抗疫模式”。

第三节　中国的大国担当与国际评价

一、中国在抗疫中彰显大国担当

（一）及时向世界公开疫情信息

根据2020年4月6日发布的《中国发布新冠肺炎疫情信息、推进疫情防控国际合作纪事》，2019年12月底，湖北省武汉市疾控中心监测发现不明原因肺炎病例；12月31日，国家卫健委凌晨作出安排部署，派出工作组、专家组赶赴武汉市，指导做好疫情处置工作，开展现场调查，并于当日起依法发布疫情信息。这显示了中国从发现病例到开展调查再到及时公布信息的速度非常快，并不存在部分西方媒体和不良政客所说的“中国在疫情之初刻意隐瞒”的污蔑之举。

2020年1月3日，中国开始定期与世界卫生组织、有关国家和地区组织及时、主动通报疫情信息。1月4日，中国疾控中心负责人与美国疾控中心主任通电话，介绍疫情有关情况，双方同意就信息沟通和技术协作保持密切联系。1月5日，中国向世界卫生组织通报疫情信息，世界卫生组织首次就中国武汉出现的不明原因肺炎病例进行通报。1月8日，中美两国疾控中心负责人再次通电话，讨论双方技术交流合作事宜。1月9日，中国向世界卫生组织通报疫情信息，将武汉不明原因的病毒性肺炎疫情病原学鉴定取得的初步进展分享给世界卫生组织。1月10日，中国疾控中心将新冠病毒核酸检测引物和探针序列信息通报世界卫生组织。1月12日，中国向世界卫生组织提交新冠病毒基因组序列信息，在全球流感共享数据库（GISAID）发布，全球共享。1月13日—14日，邀请台湾方面专家到武汉实地考察，考察内容包括疫情防控、应对

① 喻思南．科技提升防控疫情战斗力（创新谈）．（2020-02-24）［2020-05-16］．http://industry.people.com.cn/n1/2020/0224/c413883-31601110.html．

处置、医疗诊治、病原检测等。1 月 16 日，外国记者首次在外交部例行记者会上问及疫情。外交部发言人表示，中方积极向世界卫生组织等国际组织以及有关国家通报相关疫情信息，保持着密切沟通。1 月 19 日，美国疾控中心就疫情防控中的有关情况与中国疾控中心沟通。1 月 21 日，国家卫健委开始每日在官方网站、政务新媒体平台发布前一天的疫情情况，至 3 月 31 日，共发布 71 次；2 月 3 日起英文网站同步发布，至 3 月 31 日，共发布 58 次。1 月 21 日，世界卫生组织在官网发布消息说，1 月 20 日—21 日派团对中国武汉进行了现场考察，考察团成员分享了包括病例定义、临床管理和感染控制在内的一系列规程，可用于国际指南的制定。当日，中国疾控中心周报（英文版）首次报道新型冠状病毒病原学特征，并展示 3 株病毒的全基因组序列。1 月 22 日，中国应世界卫生组织邀请，与其他受疫情影响的国家一起参加《国际卫生条例》突发事件委员会会议，分享疫情信息。当日，中国疾控中心周报（英文版）首次报道武汉新冠肺炎疫情流行病学调查结果；国家生物信息中心开发的 2019 新型冠状病毒信息库正式上线，发布全球新冠病毒基因组和变异分析信息。

自始至终，中国始终以一个负责任大国的担当，保持开放与合作的态度，及时公开发布疫情有关信息，与世界其他国家和地区共享最新研究成果，赢得了国际社会的广泛赞誉和尊重。

（二）迅速遏制国内的疫情蔓延

中国既是世界上人口最多的国家，又是世界上最大的发展中国家，能不能迅速有效地控制住疫情不仅关系着 14 亿中国人的生命健康，更关乎着整个世界。事实证明，中国不仅有能力维护 14 亿中国人的生命健康，更有信心为阻断疫情在世界蔓延贡献中国智慧。

1 月 23 日凌晨，武汉市新型冠状病毒感染的肺炎疫情防控指挥部发布消息，为全力做好新型冠状病毒感染的肺炎疫情防控工作，有效切断病毒传播途径，坚决遏制疫情蔓延势头，确保人民群众生命安全和身体健康，自 1 月 23 日 10 时起，武汉全市城市公交、地铁、轮渡、长途客运暂停运营；无特殊原因，市民不要离开武汉；机场、火车站离汉通道暂时关闭。恢复时间另行通告。这意味着拥有 1 100 多万常住人口的武汉宣布“封城”。武汉素有“九省通衢”之称，是中国内陆最大的水陆空交通枢纽和长江中游航运中心，其高铁网辐射大半个中国，是华中地区唯一可直航全球五大洲的城市。下决心封住这样一个交通如此发达的城市，难度可想而知。更何况，武汉作为湖北省省会，也是国家中心城市，“封城”意味着要承受带来的巨大经济发展和社会稳定代价。

正如李克强总理在 2020 年两会的政府工作报告中所讲的，党中央将疫情防控作为头等大事来抓，习近平总书记亲自指挥、亲自部署，坚持把人民生命安全和身体健康放在第一位，在较短的时间内有效控制疫情，保障了人民基本生活，十分不易、成之惟艰。我们也付出巨大代价，一季度经济出现负增长，生产生活秩序受到冲击，但生命至上，这是必须承受也是值得付出的代价。生命至上，人民至上，这就是中国为什么能在短时间之内控制住疫情。

（三）积极开展国际援助与合作

据媒体报道，截至 3 月 2 日，共有 62 个国家、7 个国际组织向中国捐赠口罩、防护服等急需疫情防控物资。其中，日本捐赠印有“山川异域，风月同天”的防疫物资，缅甸政府提供大米，斯里兰卡提供红茶，蒙古向中国捐赠3万只羊，巴基斯坦拿出全国医院库存的口罩。当新冠肺炎病毒在中国肆虐之时，国际社会广泛伸出援助之手。

而中国在国内疫情得到有效控制之后，不仅“滴水之恩，涌泉相报”，而且主动开展病毒研究、疫情防控和疫苗开发的国际合作。当塞尔维亚总统武契奇刚刚讲完“欧洲的团结是不存在的，那不过是写在纸上的童话”，并称“唯一能帮助我们的就是中国”之后，载有中国专家团队和大批防疫物资的专机就抵达了塞尔维亚的贝尔格莱德机场；俄罗斯曾送中国200万只口罩，中国回赠了1.5亿只，并派遣专家组赴俄进行经验交流；中国是第一个向意大利伸出援手的国家，先后派出了三批专家组赴意大利帮助抗疫，并带去大量防疫物资；3月22日，中国援助非洲的540万只口罩、108万套试剂盒、4万套防护服和6万个防护面罩抵达埃塞俄比亚首都亚的斯亚贝巴的国际机场，将平均分配给54个非洲国家，并向非洲多国派遣抗疫医疗专家组。

在抗疫国际合作方面，中国不仅及时向全球公开防疫信息，共享病毒研究成果，而且真心实意地拿出具体措施与方案同其他国家和国际组织开展广泛合作。中国与世界卫生组织、欧盟、非盟、加共体、东盟等组织和韩国、伊朗等疫情高发或卫生体系脆弱国家已经建立起密切的技术层面沟通机制，大家互通有无，分享信息，提供防控和诊疗等技术支持；中国已先后向世卫组织提供了5 000万美元的捐款，设立了20亿元人民币抗疫合作专项资金，并坚定支持世卫组织发挥全球抗疫领导作用。2020年在5月18日的第73届世界卫生大会开幕式上，习近平总书记作了“团结合作战胜疫情，共同构建人类卫生健康共同体”的致辞，并宣布了中国五项加强全球抗疫合作的重大举措，包括将在两年内提供20亿美元国际援助，同联合国合作在华设立全球人道主义应急仓库和枢纽，建立30个中非对口医院合作机制、加快建设非洲疾控中心总部，中国疫苗研发完成并投入使用后将作为全球公共产品，中国将与二十国集团成员共同落实“暂缓最贫困国家债务偿付倡议”，并愿与国际社会一道加大对疫情特别重、压力特别大的国家的支持力度，帮助其克服当前困难。截至2021年2月23日，我国已向53个提出要求的发展中国家提供疫苗援助，已经和正在向22个国家出口疫苗。同时，承诺向“新冠肺炎疫苗实施计划”提供1 000万剂国产疫苗，用于满足发展中国家的急需。[①] 这些都彰显了中国在疫情防控国际合作方面负责任大国的担当形象。

二、国际社会高度评价中国抗疫表现

（一）国际组织高度评价

1月29日，世界卫生组织在瑞士日内瓦总部召开记者会，介绍世界卫生组织总干事谭德塞于1月20日至21日率团访华情况。谭德塞和世界卫生组织高级官员在发布会上高度评价中国采取有力措施对新型冠状病毒感染肺炎疫情进行科学有效防控，展现了勇气和担当。谭德塞表示，中国政府采取了非凡的措施来阻止病例输出，“为此，中国值得我们感激和尊重”。世界卫生组织紧急项目执行主任迈克尔·莱恩认为，面临重大疫情威胁，中国正在做正确的事，“中国出台了不同寻常的措施，我从未见过如此大

① 两重天！富国抢购全球70%疫苗，中国援助53个发展中国家. 人民日报，2020-02-23. https://baijiahao.baidu.com/s?id=1692447604989325078&wfr=spider&for=pc.

规模的防控行动，以及如此有力的措施”。谭德塞还多次在公开场合表扬中国的抗疫表现，称赞中国的举措为各国防疫工作“设立了新的标杆”。

2 月 25 日，世界卫生组织在日内瓦召开发布会。刚刚结束中国考察行程的世界卫生组织流行病学专家兼联合专家考察组外方组长艾尔沃德在发布会上说，中国知道如何让新冠肺炎患者康复，他们下定了决心，这并非全世界都能做到，并感叹：“如果我感染了，我希望在中国治疗。”

此外，世界海关组织、东盟、联合国世界粮食计划署、联合国教科文组织、国际货币基金组织、国际奥委会、非洲联盟委员会、世界银行等多个国际组织也积极评价和支持中国抗击疫情。

（二）其他国家积极肯定

截至 5 月 6 日，中国已向全球 16 个国家派出 15 批医疗防控专家组，并同 100 多个国家以及国际组织等举行专家视频会，以实际行动促进抗疫国际合作。许多国家领导人、外长、政要及前政要纷纷致电，对中国的抗疫表现表示积极肯定和高度赞誉。

俄罗斯总统普京致电习近平主席，表示相信在习近平主席领导下，中方采取的坚决措施一定会阻止疫情蔓延并将损失减少到最低程度；白俄罗斯总统卢卡申科表示，中国领导人的高效应对和中国人民的英勇精神令人钦佩；泰国国王哇集拉隆功表示，国际社会对中国政府应对疫情的努力、决心和采取的广泛防疫措施印象深刻；尼泊尔总统班达里表示，对中国领导人为遏制疫情传播所作的非凡努力深表赞赏和支持；突尼斯总统赛义德高度赞赏中国政府抗击疫情的努力；巴基斯坦总理伊姆兰·汗表示，巴方高度赞赏并坚定支持中方抗击疫情的努力；新西兰总理阿德恩表示，赞赏中方针对疫情采取的坚决果断防控措施……此外，泰国、印度尼西亚、印度、伊朗、埃塞俄比亚、布基纳法索、赤道几内亚、冈比亚、塞拉利昂等国外长赞赏中国领导人果断决策、正确指挥，迅速采取坚决有力措施，展现公开透明和负责任态度。

议一议

如何看待部分西方媒体对中国抗疫成果的“抹黑”，以及个别政客的“甩锅”？

拓展训练

请课后查阅习近平主席在第 73 届世界卫生大会视频会议开幕式上的致辞全文，就习近平主席提出的“共同构建人类卫生健康共同体”进行讨论。

第一章

当前党风廉政建设形势与大学生廉洁教育

引 言

百代兴盛依清正，千秋基业仗民心。1949 年 3 月，毛泽东等人率领中共中央机关离开西柏坡前往北平。出发时，毛泽东对周恩来说："今天是进京的日子，进京赶考去。"他告诫全党同志要保持党的廉洁作风，严明党的纪律，迎接人民的"考试"。党的十八大以来，以习近平同志为核心的党中央带领全党向人民作出了"打铁还需自身硬"的庄严承诺，立下了全面从严治党的军令状。2013 年 7 月，习近平总书记来到西柏坡，告诫全党同志：党面临的"赶考"远未结束。2021 年 7 月 1 日，在庆祝中国共产党成立 100 周年大会上，习近平总书记再次提醒"这场考试还没有结束，还在继续"。在这一场"赶考"中，中国共产党从自身着手，把全面从严治党纳入"四个全面"战略布局，着力解决管党治党失之于宽、失之于松、失之于软的问题①，不敢腐的目标初步实现，不能腐的制度日益完善，不想腐的堤坝正在构筑，党内政治生活呈现新的气象②，反腐败斗争压倒性态势已经形成。

想一想

你知道在 2018 年党和国家机构改革中成立的国家监察委员会的作用吗？它对于反腐倡廉工作的重要意义有哪些？

---

① 习近平. 坚持全面从严治党依规治党 创新体制机制强化党内监督.（2016-01-12）[2020-05-10]. http://www.xinhuanet.com//politics/2016-01/12/c_1117753375.htm.

② 习近平. 不敢腐目标初步实现 不想腐堤坝正在构筑.（2017-01-06）[2020-05-10]. https://news.china.com/domestic/945/20170106/30147766.html.

第一节　党风廉政建设和反腐败斗争的新形势

一、党中央对党风廉政建设和反腐败斗争新形势的认识与判断

从严管党治党，是我们党最鲜明的品格。中国共产党作为马克思主义的先进政党，自建党以来始终重视党风党纪建设。党对党风廉政建设和反腐败形势的认识是在长期实践和斗争的过程中不断深化的，遏制的目标也是逐步明确的。早在延安时期，以毛泽东同志为首的党中央就敢于查找问题、纠正错误，在全党范围内开展了整顿“学风、党风、文风”的整风运动，解决了全体党员在思想上的问题，全党达到空前的团结和统一。

中华人民共和国成立初期，针对党内部分同志思想堕落、精神涣散、官僚腐败等问题，党中央先后开展了一系列惩治和预防腐败的群众运动，如1951年“反对贪污、浪费和官僚主义”的三反运动，1953年“反对官僚主义、命令主义、违法乱纪”的新三反运动，1963年“清政治、清经济、清组织、清思想”的四清运动。后来，国家经过动乱时期，党的纪检工作遭到全面破坏。直到改革开放时期，党的十一届三中全会决定恢复和重建党的纪律检察机关，并把端正党风作为纪律检查机关的中心任务，拉开了新时期党风廉政建设和反腐败斗争的大幕。

随着我国经济的快速发展，在党的坚强领导下，通过不断加大党风廉政建设和反腐败斗争力度，很多“四风”问题被曝光。但是，我们面临的反腐败斗争形势依然复杂严峻，一些领域腐败现象易发多发，一些腐败分子一意孤行，仍然没有收手，甚至变本加厉。从已经查处的案件和掌握的问题线索来看，一些腐败分子贪腐胃口之大、数额之巨、时间之长、情节之恶劣，令人触目惊心！有的地方甚至出现了“塌方式腐败”。例如，在轰动一时的《人民的名义》这部反腐大剧中，以现实原型塑造的“小官巨贪”赵德汉，其被查获的私藏现金的别墅中，摆满整个房间的2.3亿现金，给人的视觉震撼难以形容，此般情景也令人唏嘘不已。

党的十八大以来，以习近平同志为核心的党中央对党风廉政建设和反腐败斗争问题进行了深入思考，明确提出了一系列反腐倡廉重要思想。2017年1月，十八届中央纪委七次全会在北京举行。全会指出，要进一步严肃党内政治生活，加强党内监督，驰而不息纠正“四风”，保持惩治腐败高压态势，维护好党内政治生态。同年10月，在党的十九大上，习近平总书记作出“推动全面从严治党向纵深发展”的战略部署，要求“健全党和国家监督体系”，“加强对权力运行的制约和监督”，“让党员、干部知敬畏、存戒惧、守底线，习惯在受监督和约束的环境中工作生活”，为新时期以强化监督深入推进全面从严治党指明了着力方向。这既是对全面从严治党实践经验的总结，也是对管党治

党规律的深刻把握。①

2018 年 1 月，十九届中央纪委二次全会在京举行，习近平总书记出席全会并发表重要讲话，他指出要在坚持中深化、在深化中发展，努力夺取全面从严治党更大战略性成果。同年 3 月，国家最高监察机关——国家监察委员会成立。深化国家监察体制改革的一个重要目的，就是加强党对反腐败工作的统一领导。2019 年 1 月，习近平总书记在十九届中央纪委三次全会上发表重要讲话，并强调要增强“四个意识”、坚定“四个自信”、做到“两个维护”，以党的政治建设为统领全面推进党的建设，巩固发展反腐败斗争压倒性胜利，健全党和国家监督体系。

延伸阅读 1-1
慎独慎微　勤于自省

以习近平同志为核心的党中央着眼于新的形势任务，坚持党要管党、全面从严治党，开展党的群众路线教育实践活动和“三严三实”专题教育，推进“两学一做”学习教育常态化制度化；出台中央八项规定，严厉整治“四风”，坚决反对特权。党中央把全面从严治党纳入“四个全面”战略布局，把党风廉政建设和反腐败斗争作为全面从严治党的重要内容，以旗帜鲜明的政治立场、坚强无畏的政治勇气、坚韧不拔的政治定力，着力解决管党治党失之于宽、失之于松、失之于软的问题。坚持反腐败无禁区、全覆盖、零容忍，坚定不移“打虎”“拍蝇”“猎狐”。

这些重大成效，使不敢腐、不能腐、不想腐的震慑作用充分发挥。根据中央纪委的数据统计，2019 年，全国纪检监察机关共接受信访举报 329.4 万件次，处置问题线索 170.5 万件，谈话函询 37.7 万件次，立案 61.9 万件，处分 58.7 万人（其中党纪处分 50.2 万人）。处分省部级干部 41 人，厅局级干部 0.4 万人，县处级干部 2.4 万人，乡科级干部 8.5 万人，一般干部 9.8 万人，农村、企业等其他人员 37.7 万人。各项举措持续改进了党风，极大振奋了党心民心，也赢得了国际社会尊重。

站在新时代新起点，以习近平同志为核心的党中央总结历史经验，把握工作规律，更加科学有效地推动党风廉政建设和反腐败斗争向纵深发展。

议一议

为什么说党风廉政建设和反腐败斗争永远在路上?

拓展训练

请查阅党中央关于党风廉政建设和反腐败斗争的新举措，并为你的同学介绍这些新举措。

① 师长青，余哲西. 全面从严治党是从强化监督开始的.（2018-05-08）[2020-05-15]. http://fanfu.people.com.cn/n1/2018/0508/c64371-29972366.html.

二、把权力关进制度的笼子

中国共产党落实“正人先正己”的实际行动，带头强化自我约束，全面从严治党。把监督执纪权力关进制度的笼子，这也是党交出让人民满意的历史答卷的有力保证。

（一）全面从严治党的制度“硬约束”

全面从严治党是习近平新时代中国特色社会主义思想的重要内容，也是新时代中国特色社会主义基本方略之一。必须坚决纠正“四风”问题和违反中央“八项规定”的各种不正之风，以零容忍的态度惩治腐败。对于预防腐败，不仅要靠官员个人的自律行为，更重要的是靠一种好的制度来监督制约权力。2013 年 7 月，习近平总书记在河北考察时指出“党的规矩、制度的建立和执行，有力推动了党的作风和纪律建设”。办好中国的事情，关键在党，关键在坚持党要管党、全面从严治党。截至 2021 年 6 月，中国共产党党员总数为 9 514.8 万名，党的基层组织 486.4 万个。作为世界上最大的政党，只有靠制度管好自己的队伍，保持先进性和纯洁性，才能解决中国特色社会主义前进道路上一个又一个难题。因此，铲除不良作风和腐败现象，根本上要靠法规制度。

2003 年 12 月，中共中央印发《中国共产党纪律处分条例》(以下简称《条例》)，对维护党的章程、严肃党的纪律发挥了重要作用。但是随着新形势的发展，该《条例》已不能完全适应全面从严治党新的实践需要，为此，党中央决定予以修订。2015 年 10 月新修订的《条例》坚持依规治党与以德治党相结合，将党的十八大以来严明政治纪律和政治规矩、组织纪律、落实“八项规定”、反对“四风”等从严治党的实践成果制度化、常态化，划出了党组织和党员不可触碰的底线。习近平总书记强调：“纪律不严，从严治党就无从谈起。”在不到三年的时间内，中共中央再次修订了《条例》。2018 年 10 月，新修订的《条例》开始施行，《条例》紧密结合新时代新使命新要求，增写了对扶贫脱贫工作中侵害群众利益，利用宗族或者黑恶势力欺压群众以及充当黑恶势力“保护伞”等行为的处分规定。

此外，修订后的《条例》还注重与新颁布的《中华人民共和国监察法》相衔接。比如，对党员涉嫌犯罪的表述修改为“贪污贿赂、滥用职权、玩忽职守、权力寻租、利益输送、徇私舞弊、浪费国家资财等违反法律涉嫌犯罪行为”；增加规定党组织在纪律审查中发现党员严重违纪涉嫌违法犯罪的，原则上先作出党纪处分决定，并按照规定给予政务处分后，再移送有关国家机关依法处理。这些纪法衔接的内容，将执纪和执法贯通起来，使全面从严治党的思路更加科学、更加严密、更加有效。

延伸阅读 1-2

对于建立问责机制的问题，中央屡次发声

治国必先治党，治党务必从严。党的十八大以来，从制定中央“八项规定”到修订《中国共产党巡视工作条例》，从修订出台《中国共产党廉洁自律准则》到出台《中国共产党问责条例》，党中央先后制定《中国共产党党员领导干部廉洁从政若干准则》《关于新形势下党内政治生活的若干准则》《中国共产党党内监督条例》等重要党内法规。在短短几年的时间里，中央出台或修订的党内法规超过 50 部，在数量上达到现行 150 多部中央党内法规的三分之一，可谓频频亮出“实招”，次次打出“重拳”。这些举措将党的纪律建设的理论、实践和制度创新成果以党规党纪形式固化下来，进一步释放了用铁的纪律管全党治全党的强烈信号，为推动全面从严治党向纵深发展提供了坚强纪律保证。①

（二）权力的正确行使离不开监督

自古以来，权力就是一把“双刃剑”，为公则造福人民，为私则祸害百姓，导致以权谋私、腐败滋生。19 世纪英国著名的理论政治家阿克顿勋爵曾在其著作《自由与权力》中写道：权力产生腐败，绝对的权力产生绝对的腐败。列宁也指出：不受制约的权力，必然导致不受节制的堕落。以史为鉴，可知兴替。古今中外的历史反复证明，一旦失去制约和监督，权力就会像一匹脱缰的野马，横冲直撞，不受控制，肆意妄为。腐败问题产生的一个重要原因是缺乏有效的监督和管理。因此，加强人民群众对各级领导干部的监督，是推动党风廉政建设的应有之义。

中国共产党自成立之日起就特别重视对权力运行的监督，并一以贯之。党的一大通过的《中国共产党纲领》（俄文译稿）规定：党员超过 30 人的地方委员会应选出执行委员会，对工人等地方组织实行最严格的监督；地方执行委员会的财政、活动和政策，必须受中央执行委员会的监督。延安时期，陕甘宁边区成立了边区参议会作为边区最高权力机关与立法机关，各级参议会有选举、监督、弹劾和罢免各级政府及法院等行政长官和人员的权力。1949 年 11 月，针对党风党纪面临的新情况新问题，刚刚执政的中国共产党成立了由 11 位委员组成的中央纪律检查委员会，初步奠定了中国共产党执政后纪检体制和纪检工作的基本格局。1979 年 1 月，中央纪委第一次全会召开，讨论通过了《中共中央纪律检查委员会关于工作任务、职权范围、机构设置的规定》，对中央纪律检查委员会的工作作出全面部署。党的十四大决定党的纪检机关和国家监察机构合署办公，并在 1993 年初正式施行。②时至今日，党的纪检监察制度逐步走向成熟。

探索党长期执政条件下自我监督的有效途径，要以自我革命的勇气，完善党和国家的自我监督，实现依法治国与依规治党、党内监督与国家监督、党的纪律检查与国家监察有机统一。1927 年，党的五大在武汉召开，选举产生了首届中央监察委员会。虽然由于当时复杂的历史条件，监察委员会没能真正开展工作，但其成立具有开创性和奠基性意义。中央监察委员会随着时代的发展经历了撤销与重建，党的纪检工作在改革开放之后重新焕发出生机活力。直至 2018 年 3 月，国家监察委员会的建立，进一步增强了党的自我净化能力，深入回答了自我监督这一世界性难题。

追溯历史，作为行政监察的重要形式，不断完善的巡视制度成为党内监督的重要实现形式。新民主主义革命时期，党的巡视工作随着党的队伍扩大和指导革命斗争的实践需要而产生和发展。中华人民共和国成立后，因繁重的恢复和建设任务，纪检工作转弱，巡视制度也暂时中断。党的十一届三中全会之后，逐步恢复建立和完善党内

① 姜洁. 为全面从严治党提供坚强纪律保证——写在中共中央印发新修订《中国共产党纪律处分条例》之际.（2018-08-28）[2020-05-15]. http://fanfu.people.com.cn/n1/2018/0828/c64371-30254553.html.

② 范光杰，等. 九十年来党的纪检监察制度的沿革和特点. 毛泽东思想研究，2011，4（28）：42-47.

巡视制度。1996 年，中央纪委下发《中共中央纪委关于建立巡视制度的试行办法》，并据此派出巡视组，开展巡视工作。2003 年，中央纪委、中央组织部正式组建巡视工作专门机构，巡视工作开始步入制度化、规范化、经常化轨道。党的十七大第一次把巡视制度正式写进党章。2009 年 7 月，《中国共产党巡视工作条例（试行）》正式颁布实施。

党的十八大以来，巡视工作重点聚焦党风廉政建设和反腐败斗争，把发现问题、形成震慑作为主要任务。2013 年，中央纪委、中央组织部印发了《中央纪委中央组织部关于进一步加强巡视工作的意见》和《中央巡视工作 2013—2017 年规划》。党的十八届三中全会决定改进中央和省区市巡视制度，做到对地方、部门、企事业单位全覆盖。2015 年 8 月，中共中央颁布实施修订的《中国共产党巡视工作条例》，提出“实现巡视全覆盖，全国一盘棋”的总目标。2017 年 7 月，再次修改后的《中国共产党巡视工作条例》施行。

改革开放以来，绝大多数腐败问题不是由同级纪委监督揭发出来的，主要原因在于“上级监督太远、同级监督太软、下级监督太难、组织监督太短、纪委监督太晚”，存在“看得见的管不着，管得着的看不见”的问题。党中央制定和完善巡视制度，是反腐倡廉的需要，是对纪检监察工作的补充，是非常时期之有力举措，其中带有历史的必然性。随着巡视实践深入开展，巡视反腐取得明显成效，至此，巡视工作真正做到有章可循，巡视利剑依然长悬问题之上。[①]

延伸阅读 1-3
强化党内监督，听听习近平总书记怎么说

（三）制约权力的基本路径[②]

把权力关进制度的笼子，就要正确行使权力，确保权力不被滥用。有效制约权力的基本路径有以下几点：

1. 及时有效地揭露腐败行为

心理学研究表明，潜在的滥用权力者通常会在收益与风险间进行权衡，如果腐败行为得不到及时的揭露、严厉的处罚，腐败获得的好处大于被查处的后果，就容易铤而走险。因此，要及时揭露腐败行为，坚决查处腐败案件，以起到威慑作用，使权力行使者因畏惧受到揭露和处罚而不敢腐败。

及时揭露腐败行为，首先需要加强对权力运行的法律、民主、社会、舆论等体制内外监督，健全举报、信访、质询、听证、监察、审计等制度；其次要通过制度设计，保障人民群众的知情权、参与权和监督权，根据群众检举的线索发现腐败行为；再次要抓紧完善举报人和证人的保护制度，保护举报人和证人免遭打击报复；最后要充分发挥舆论媒体在揭露腐败中的作用，特别要健全网络举报受理制度，发挥“网络反腐”的“秒杀”优势。例如，雷政富从微博曝光到被免职立案调查只用了 36 个小时；海南琼中县财政局局长公款吃喝两天后被免职，查处力度和速度大幅提升，起到了明显警示作用。

---

① 中共福建省委党史研究室．中国共产党巡视制度的历史回顾与启示．(2016-01-11)［2020-05-15］．http://dangshi.people.com.cn/n1/2016/0111/c85037-28038644-2.html.

② 沈荣华．为什么治理腐败要靠对权力监督制约？(2013-08-16)［2020-05-15］．http://www.ccdi.gov.cn/lt/llsy/jdzy/201308/t20130824_45668.html.

2. 加强权力制衡

哪里的权力失去制约，哪里就可能出现腐败。20 世纪 80 年代，腐败多发生在商品流通、机关经商办企业等领域；到了 90 年代，腐败发展到行政审批、土地出让、国企改制等领域；进入 21 世纪，腐败延伸到政府采购、干部人事等新的领域。要遏制不同领域的腐败，就必须在容易产生权力滥用的领域、环节和部位，建立有针对性的权力制约机制，防范腐败的发展蔓延。

一要合理界定公权力行使的边界，其核心是要处理好政府与市场之间的关系，减少政府对微观经济的干预，压缩权力配置资源，将有助于从源头上铲除腐败的机会和条件；二要对过于集中的权力进行制衡，即对重要部位和环节的权力进行分解，如决策权、执行权和监督权既相互分离又相互制约，对工程项目、干部任免等重大事项，要坚持集体议决制度，防止个人说了算；三要加强对财政资金使用权力的制衡，必须加强对随意支配财政资金权力的监督制约，健全统一透明的预算控制制度，接受人大、审计和社会的监督，统一财务支出标准和福利津贴标准，消除隐性收入、灰色收入。

3. 提高权力运行的透明度，让权力在“阳光”下运行，接受人民监督

因为这样，掌权者自然要自我约束，慎重行使权力，如有滥用权力的行为也容易被发现，通过“暗箱操作”来谋取私利的腐败活动就很难得逞。“透明”是腐败的天敌，透明度越高，治理腐败的成效也越大。近年来，我国权力运行的透明度有了显著提高，但也存在着随意性大、参差不齐、缺乏制度保障等问题。因此，一要进一步增强透明度，按“公开是原则、不公开是例外”的要求，健全信息公开制度、公开听证制度等，对公共服务事项、招标投标等社会普遍关注的事项全部予以公开；二要充分发挥新闻媒体的作用，保障公众从新闻媒体获取政务信息的主渠道畅通，起到舆论监督作用；三要完善公职人员财产申报制度，探索一定区域主要官员或新任主要官员的家庭财产申报公示制度；四要抓紧制定政务公开的国家法律，明确公开的范围、标准、限制、方式、时限等内容，为增强透明度提供法律保障。

4. 依靠法治制约权力，确保权力在“刚性”的制度笼子里运行

一要权力法定，对国家机构权力的授予、形成和范围作出实体规定，使国家机构和人员依照法定权限行使权力，不得逾越，否则就是无效权力；二要程序法定，抓紧制定统一适用的行政程序法，以保证权力依照法定程序运行，一旦违反法定程序，有关监督机构就可裁定其行为违法，并使违法者承担相应的法律后果；三要监督法定，抓紧制定和完善《行政监督程序法》《反贪污贿赂法》等法律法规，对各种腐败行为的内容、认定、处罚等，尽可能地以法律形式予以明确，以便于依法监督和查处；四要坚持违法必究、执法必严，在法律面前无例外。

延伸阅读 1-4
怎样把权力关进制度的笼子

议一议

怎样理解“把权力关进制度的笼子”这句话？

拓展训练

请搜集并分析违反党规党纪或贪污腐败的案例，并为当前的党风廉政建设进言献策。

第二节　医疗卫生行业腐败现象及反腐政策

一、医疗腐败的现状

十八大以来，随着中央反腐力度不断加大，各地也重拳整治医疗卫生领域违纪违法问题，窝案、串案连续被查办，医疗改革道路上的障碍逐渐被清除，改革的红利正惠及越来越多的人民群众。但是，从被查处和揭露的案件来看，医疗行业腐败问题还未完全解决，变得更加隐蔽，甚至出现一些新的腐败现象。

（一）惊人回扣

医药和医疗器械采购环节是产生回扣的主要土壤，也是患者“看病贵、看病难”的直接诱因。其中，“开单提成”是医药采购中收取回扣的表现形式，指医生利用自己的处方权，给患者开“合作”药企的药，再从药企拿回扣的行为。如某药业的一名市场经理称，他曾获批准为两名中国医生支付赴澳大利亚参加一个科研会议的费用，条件是这两名医生要承诺“每年使用不少于 4 200 支注射剂”，并在超过 80% 患者的处方中加入一款该公司产品。私利驱动下，医生过度开药成为惯例，回扣最终像“出自羊身上的羊毛”那样被加到药品价格中，形成市场上虚高的药品价格。

而在医疗器械采购方面，存在“天价”采购、腐败奢侈问题。一台售价 160 多万元的医疗器械，云南省某医院采购价却达 220 多万元，包括院长在内多人因从采购中吃回扣被判受贿罪。辽宁医学院原副院长罗俊生，曾经在 38 岁时就获得中国医疗行业最高奖项“中国医师奖”，但他在担任辽宁医学院附属第一医院院长期间，却吞下了药商与医疗器械商的一笔笔巨额“回扣”。2011 年，医院购置设备花费上千万元，而罗俊生的“回扣”就高达整个设备价格的六分之一。

（二）开单提成

给病人看病、写处方开药品、做检查是医生的天职，似乎没什么毛病。但是在利益驱使下，一些医院就通过开单提成方式，激励医生给病人开出一些与疾病诊疗不太相关甚至根本不需要的检查项目，再在开处方药时故意选择一些利润比较高、价格比较贵的药品给病人，甚至是在用量范围内不顾实际需要，给病人多开药、滥开药，造成过度医疗，增加病人医疗负担。开单提成和医生拿药品回扣在本质上并没有什么区别，不同的是前者只在医院内部就可以完成，后者需要药品供应商等第三方的参与，但二者带来的后果几乎是一样的——增加病人治疗费用，造成医疗资源的浪费和过度消耗。

（三）医疗红包

几乎所有医院都以各种形式明令禁止医生收受红包，但在手术前，要不要给相关医生封个红包、封多大的红包等，成了患者及其家属必须思量的问题，不为别的，就为买个放心。有医生坦言，“现在普遍有种观念，手术前病人不给红包医生就不好好做，这种逻辑很可笑，但却已经成为行业积习”。而对于医生来说，谁都知道收受红包是违规违纪行为，但是周围的人，你收我收，大家都收，自己不收就是“特例”，就是“不合群”。从患者被骗子骗取红包的现象也可以看出这种“惯例”有多根深蒂固。有媒体报道，某患者到江苏省苏州市治病，家属接到“主治医生”的电话，提出让家属在手术前到医生办公室一趟。第二天一大早，还没有到医院的家属又接到所谓主治医生的电话，被告知要准备个红包，以银行转账的方式给医生。治病心切的家属便立即来到附近的银行，不顾银行工作人员的劝说，按照对方提供的账号把 1 万元转了出去。事后才知道上当受骗。

（四）医疗贿赂

2013 年 7 月，国际制药公司巨头葛兰素史克在中国爆出商业贿赂丑闻。据调查，葛兰素史克（中国）投资有限公司（以下简称 GSKCI）为达到打开药品销售渠道、提高药品售价等目的，利用旅行社等渠道，向政府部门官员、医药行业协会和基金会、医院、医生等行贿。被调查的 GSKCI 涉案高管在受访时表示，包括行贿费用在内的各种运营成本助推了药价虚高，保守估计“运营成本”占到药价成本的 20% ～ 30%。

据《新京报》报道，GSKCI 药品在中国的价格远高于在其他国家的价格，最高的达到其他国家的 7 倍。GSKCI 能够将真实成本仅 10 余元的药品，在中国卖出 10 倍以上的高价，实现数以亿计的销售收入。以知名药品贺普丁为例，在中国的出厂价是 142 元人民币，而在韩国只有 18 元，在加拿大不到 26 元，在英国不到 30 元。

目前，我国正在推行以药品零差价为显著特点的医疗改革，强制降低医院药品的采购价，以应对药品供应商对医院的贿赂问题。但是，有分析人士指出，只要医院在市场仍处于强势地位，对药品有最终选择权，就有能力谋利。药商想开拓市场，不能以合法价格开路，自然要走灰色渠道。所以，将来药品领域的腐败窝案、商业贿赂等问题同样不容乐观。

（五）倒卖病人

“院外医生”这个称呼对许多人来说是比较陌生的，然而，众多县市级医院却给一些乡村医生挂上了“院外医生”的牌子。“院外医生”向“院内”推荐病人，可按患者医疗费 5% ～ 6% 的比例提成。[①] 即使没有“院外医生”这一名号，一些基层医疗单位的医生在建议患者转诊时，也会优先推荐到跟自己有“提成关系”的上级医院，甚至有些非必须检查的项目，也都会以基层医院做不了为由，让患者辗转去上级医院“折腾一番”再回来。

---

① 王居华．医疗腐败的表现形式及原因分析．医学与社会，2008，9（21）：31-32.

此外，倒卖病人还有其他多种形式。如一些大医院的医生会在院外的其他医疗机构（如诊所）等坐诊。大医院一般患者较多，床位、手术等需要等待多日，医生就会建议患者到某家诊所去治疗或做手术，并保证仍然是医生本人亲自治疗或操刀。有媒体报道，推行医师多点执业可以使医生公开、合法地“挣外快”，也可以促进医疗资源合理利用，似乎是一举两得。但是，现实中也有很多不如意的地方，正如中国医师协会法律事务部主任邓利强所说，“多点执业处于叫好不叫座的状态”，存在监管空白、增加患者医疗成本、延误患者病情等诸多问题。《北京青年报》曾经报道过这样一起案例：小华前往北京市某三甲医院做视力恢复手术，但诊治的医生告诉小华，手术需要等待，建议她到另一家诊所进行手术，并保证医生仍是他自己。花了 1.4 万元做完手术后，小华的妈妈觉得被骗，因为她们在交手术费时，被告知“不能刷卡，只收现金”。记者前往调查后发现，三甲医院和诊所都具有行医资质，但“不能刷卡，只收现金”的行为很容易在医院与诊所之间、医生与诊所之间形成不正当利益关系，从而成为变相倒卖病人，这也是医师多点执业备受争议的诸多原因之一。

除了上述常见的五种医疗行业腐败现象以外，还存在着医院内部在选人用人、医院基建（如改建、扩建、重建）等方面的腐败问题。

二、医疗腐败主要原因

（一）“医改”遗留问题

中国之前进行的医改，其中一个重要内容就是让医院自负盈亏，自主创收。医院仅靠为患者看病无法赚取多少利润，“以药养医”也就不足为奇了，这是医院的公益属性与市场化生存方式发生严重分裂造成的。医疗卫生事业是“准公共品”，具有公益性。在医改之初却并没有及时建立起有利于医院改革与发展的筹资机制，从而使医院生存环境恶化，陷入无序竞争。药品是一个特殊的商品，从出厂到卖到患者手中有重重环节，这样的商业运作就给腐败提供了很大的空间。

（二）院长权力过于集中

在医院特别是公立医院这样一个比较特殊的机构，有行政权力的“一把手”在采购、人事、财务、基建方面都有发言权甚至决定权，导致医院一把手成高危职业。医院管理行政化现象非常严重，高度集权产生了腐败的空间，而药品直接购销方式以及医院经费自筹政策造成的以药养医的局面，使得医疗系统成为腐败易发、高发的领域。

（三）药品行业恶性竞争

中国有 4 000 多家药品生产企业和 8 000 多家药品批发企业，还有 12 万家药品零售企业。这些企业的成本都不是政府支付的，都需要通过经营、收费和加价来维持。为了让药品进入医疗机构并开到患者手中，一些企业千方百计公关，采用送回扣的方式非法促销、不正当竞争。

与此同时，小型医院医生的劳动价值得不到合理体现，劳动报酬不高，在医生中形成补偿心理，也是引发医疗腐败的原因之一。

三、医疗卫生行业反腐政策

（一）国家卫计委制定《加强医疗卫生行风建设“九不准”》

2013年12月，针对医疗卫生方面群众反映强烈的突出问题，国家卫计委（2018年3月更名为国家卫健委）联手国家中医药管理局制定了《加强医疗卫生行风建设“九不准”》（以下简称“九不准”），规定将执行“九不准”的情况作为医疗卫生机构以及人员年度考核、医德考评和医师定期考核的重要内容，作为职称晋升、评优评先的重要依据。卫计委同时强调，对违反“九不准”的医疗卫生人员，由所在单位给予批评教育、取消当年评优评职资格或低聘、缓聘、解职待聘、解聘。情节严重的，由有关卫生计生行政部门依法给予责令暂停执业活动或者吊销执业证书等处罚。涉嫌犯罪的，移送司法机关依法处理。对吊销执业证书的医疗卫生人员，国家卫生计生委一律在全系统通报，并向社会公布。对责令暂停执业活动的医疗卫生人员，由省级卫生计生行政部门在本省（区、市）范围内进行通报。建立医药购销领域商业贿赂不良记录，按规定对列入不良记录的药品、医用设备和医用耗材生产、经营企业予以处理。

“九不准”包括：（1）不准将医疗卫生人员个人收入与药品和医学检查收入挂钩；（2）不准开单提成；（3）不准违规收费；（4）不准违规接受社会捐赠资助；（5）不准参与推销活动和违规发布医疗广告；（6）不准为商业目的统方；（7）不准违规私自采购使用医药产品；（8）不准收受回扣；（9）不准收受患者“红包”等。

（二）国务院办公厅印发《关于城市公立医院综合改革试点的指导意见》

《关于城市公立医院综合改革试点的指导意见》（以下简称《意见》）于2015年5月出台，包括总体要求、改革公立医院管理体制、建立公立医院运行新机制、强化医保支付和监控作用、建立符合医疗行业特点的人事薪酬制度、构建各类医疗机构协同发展的服务体系、推动建立分级诊疗制度、加快推进医疗卫生信息化建设和强化组织实施等9部分合计30条。

《意见》设定的目标是到2017年看病难、看病贵将明显缓解。届时，城市公立医院综合改革试点全面推开，现代医院管理制度初步建立，医疗服务体系能力明显提升，就医秩序得到改善；医药费用不合理增长得到有效控制，群众满意度明显提升，就医费用负担明显减轻，总体上个人卫生支出占卫生总费用的比例降低到30%以下。《意见》中重要的改革内容包括破除公立医院以药补医机制，以及建立符合医疗行业特点的人事薪酬制度。

（三）国家卫健委印发《大型医院巡查工作方案（2019—2022年度）》

为深入推动公立医院改革，完善医院惩防体系建设，进一步加强卫生行业行风建设，落实党风廉政建设主体责任，在2015—2017年对大型医院巡查工作的基础上，国家卫健委决定自2019年起再次对大型医院开展为期三年的巡查活动。

相比上一轮巡查，本次巡查范围由之前的委属（管）医院和三级医院扩大至二级以上公立医院（社会办医院按照管理原则参照执行）。巡查重点主要有三个方面：一是公立医院党建方面。围绕制度建设，重点巡查公立医院党委发挥领导作用的情况；围绕队伍管理，重点巡查加强公立医院领导班子、干部队伍和人才队伍建设情况；围绕组织建设，重点巡查公立医院提升基层党建工作情况；围绕思想建设，重点巡查思想政治和医德医风建设工作情况；围绕纪律要求，重点巡查党风廉政建设责任落实工作情况。二是行业作风建设方面。围绕组织建设，重点巡查行风建设管理体系与人员配备；围绕教育常态化，重点巡查医务人员法律法规培训与警示教育情况；围绕工作机制，重点巡查行风建设管理制度与长效机制的建立情况；围绕热点问题，重点巡查医疗卫生行风建设“九不准”落实情况；围绕公益性保障，重点巡查医院服务大局、认真履行公立医院的公益性职责。三是运行管理方面。围绕医疗运行制度管理，重点巡查国家医疗管理规章制度的执行情况；围绕财务运行管理，重点巡查预算管理制度执行情况；围绕法制规范运行管理，重点巡查法律法规落实情况；围绕审计管理，重点巡查医院内部审计制度建立健全并有效实施工作；围绕经济运行风险管理，重点巡查财务内控情况。

第三节　加强当代大学生的廉洁教育

一、大学生廉洁教育的重要性

大学生是中国特色社会主义事业的后备军，将来会成为国家各领域建设的中坚力量，大批领导干部也将会从这一群体中产生。对大学生进行廉洁教育，增强其廉洁修养，有助于培育“以廉为荣、以贪为耻”的校园廉政文化氛围，从而夯实预防和惩治腐败的社会基础。大学生的廉洁修养也是衡量其是否能成为社会主义合格建设者和可靠接班人的重要评价标准。

东西方廉政建设的经验教训告诉我们，腐败是一种权力的异化，是一种社会文化现象。要有效预防和制止腐败，仅仅靠事后打击远远不行，还必须在全社会形成风清气正、崇廉尚洁的廉政文化氛围。对大学生进行廉洁教育不仅可以在大学生思想道德体系中种下廉政的种子，培养其正确的人生观和价值观，让其增强拒腐防变的能力，成为远离腐败的合格的接班人；更为重要的是，可以通过大学生这一越来越庞大的社会群体发挥辐射家庭、影响社会的作用，从而夯实预防和惩治腐败的社会群众基础。

想一想

你身边的大学生群体中存在哪些不自律的不良行为？

二、当代大学生不廉洁行为的主要表现

腐败作为一种社会现象，对社会生活的渗透力极强。当前，各种滋生腐败的社会

不良思潮广泛存在并逐渐向高等院校渗透。从高校范围内看，学术不端、高校领导干部权力腐败等现象近年来呈上升趋势，令人担忧。极少数高校教师也受社会不良风气的影响，师德师风蜕变，接受学生、家长的请客送礼，在学生中产生不良影响。这些社会不良思潮对大学生的健康成长产生了非常严重的影响，拜金主义、享乐主义、急功近利、权钱交易等思想在部分学生思想中植根滋生，导致高校这一本来应该成为净土的知识圣地也出现了一些不廉洁现象。对于当代大学生而言，我们所说的不廉洁是指不清白高洁，不诚信，不正直。当前大学生不廉洁行为的表现主要有以下四方面。

（一）考试作弊

尽管国家和各高校的考试制度越来越严格，但大学生的考试作弊现象还是屡禁不止。陕西省某高校曾采用随机抽样的方法抽取200名大学生作为研究对象，采用自编问卷进行调查。调查结果显示，大学生考试作弊现象较为普遍，尤其以公共类课程考试和文史类专业考试最为严重，理工类专业考试中也存在不同程度的作弊现象。[①] 一些大学生甚至在考试中充当“考试枪手”和“枪手中介”。一些校外不法势力也利用大学生的作弊心理大肆提供作弊“服务”，形成不法经济利益链条。

（二）诚信缺失

诚信是一个道德范畴，是每个人的第二张“身份证”，在日常行为中，它是诚实和信用的综合表现，即待人处事真诚、老实，讲信誉，言必信、行必果，一言九鼎、一诺千金。诚信是廉洁的基础。当前大学生诚信缺失主要表现在生活、经济和就业等方面的不诚信。生活方面的不诚信表现为对老师、同学不诚信的言行，恋爱当中的感情欺骗，有意给学校提供虚假信息等；经济方面的不诚信表现为诸如故意拖欠学费，伪造困难证明骗取国家和学校对家庭经济困难学生的资助，拒不履行助学贷款还款义务，能拖则拖、能不还则不还、万不得已时再还等；就业方面的不诚信表现为在简历中伪造等级证书、获奖证书，虚构个人履历，编造社会实践经历，夸大自己的工作能力和业绩等；更有甚者，有些大学生同时与多家用人单位签约，遇到更好的单位就违约并设法逃避违约责任。

（三）行为失范

大学生干部是为广大师生服务的优秀分子，理应成为大学生群体的表率。但近年来，受社会上一些不良风气的影响，部分学生干部的思想和行为失范，做起了学生“官”，在竞选过程中通过贿赂等不正当手段拉选票，当选后享受种种特权，摆起“官”威，对其他同学呼来喝去，有的徇私舞弊。有的学生干部为达到目的，使用社会上拉关系、走后门的做法与学校领导、老师套近乎，破坏校园良好风尚。在大学生入党、评奖学金、选优评干等问题上，上述现象同样存在。在校园中，学生社团等组织会有学校统一划拨的经费，班级也会收取一定的班费，学生干部在组织学生活动时对经费报销有一定的决定权，若缺乏廉洁意识，在管理和使用这些经费的过程中就可能会产生问题和错误。

---

① 秦宁宁. 地方各高校大学生考试作弊现象的调查报告［J］. 陕西教育（高教版），2011（10）：126.

（四）生活奢侈浪费

“一月五百贫困户，千儿八百刚够用，两三千元是扮酷，四千五千真大户。”这是流行于某大学校园的顺口溜。目前，盲目消费、攀比消费、赶潮消费、媚俗性消费、“面子”消费、超前消费等不良消费行为在大学生中蔓延。麦可思研究院发布的《2019 大学生消费理财观数据》显示：2019 年，中国在校大学生每月平均花销（不含学费、家庭与学校间往返交通费）达到了 1 197 元。其中，消费排在前两位的是形象消费和社交娱乐消费，分别占到了 62% 和 51%。有近两成的大学生认为生活费不够花，近四成的大学生选择信用消费或分期付款。[①]

以上这些都是大学生不廉洁的行为表现。可见，新时代的大学生应当不断加强廉洁教育，自觉培养并形成正确的世界观、人生观和价值观，以诚实守信、严于律己的高标准严格要求自己。

三、加强大学生廉洁教育主渠道建设

大学生思想政治教育与廉洁教育在对象、内容、层次、结构、价值与功能等方面相通，是大学生廉洁教育的主要渠道。因此，应该更加突出思想政治理论课对大学生廉洁教育的主渠道地位。一方面，要把思想政治理论课作为高校廉政建设的重要抓手，在高校廉政建设的组织领导、机制设计、物质保障、人才培养等方面突出思想政治理论课的主渠道地位，使思想政治理论课的廉洁教育与高校廉政建设的其他措施相互契合、相互支撑，形成有机的整体；另一方面，要在高校思想政治理论课的课程体系中加大廉洁教育的力度，充分利用现有课程中的教育资源，同时不断开拓新的教育资源改进教学形式和方法，使大学生在理想信念的塑造过程中，在道德修养的提高过程中，在法律知识的普及过程中潜移默化地提升廉洁修养。

（一）科学规划思想政治理论课中的廉洁教育

廉洁教育是一个系统性很强的过程，要提高大学生廉洁教育的实效，就必须结合此任务科学规划思想政治理论课的教学计划，把廉洁教育的内容始终贯穿于思想政治理论课教学过程之中。要对思想政治理论课课程进行明确的廉洁教育分工，使各门思想政治理论课课程在教学过程中做到相互支撑配合，形成对大学生的整体影响力。

具体来讲，“马克思主义基本原理”课应着重使学生掌握科学的世界观和方法论，用马克思主义的方法和观点去认识现实生活中的各种错误思潮和腐败现象，形成正确的信念。“思想道德修养与法律基础”课应从人生观、价值观的角度，培养学生“以贪为耻，以廉为荣”的荣辱观，以及健康的生活方式和法律素质；在法律基础部分还应做专门的关于职务犯罪的讲授，使学生对职务犯罪有更深入的了解。“中国近现代史纲要”课应结合历史发展的规律，使学生认识到腐败给一个国家和民族带来的历史影响，以及我党各个历史时期同腐败作斗争的史实，使学生认识到反腐倡廉与党和国家的命运息息相关。“毛泽东思想和中国特色社会主义理论体系概论”课应将廉洁思想和理论与

---

① 杨雨奇．调查：2019 大学生月均花 1 197 元 形象消费占比最高．(2019-12-05) [2020-05-22]. http://www.chinanews.com/cj/2019/12/05/9025558.shtml.

马克思主义中国化理论成果结合起来，与社会主义民主与法治理论有机整合，通过提高大学生的民主意识、监督意识和法治意识达到提高廉洁意识的效果。“形势与政策”课应着重介绍我国当前最新的反腐倡廉形势及党和国家打击腐败的政策法规等内容，使大学生认识到腐败对我国经济社会发展的严重影响，增强大学生对我国反腐败斗争前景的信心。

（二）加大对思想政治理论课教师的廉洁教育培训

教师是开展思政教育的主体力量，教师的廉洁素养直接影响着对大学生廉洁教育的效果。高校在廉政建设的整体规划中，应将思想政治理论课教师的廉洁教育培训作为重要内容，这是凸显思想政治理论课主渠道作用的必然要求，也是提高廉洁教育效果的必要举措。对思想政治理论课教师的廉洁教育培训可以通过以下途径：一是在教师常态化理论培训中重视廉洁教育的内容，使思想政治理论课教师自身的廉洁意识、廉政理论水平不断提高。二是组织教师开展形式多样的社会实践，通过社会考察和实践了解国情社情民情，掌握廉政建设的最新动态和鲜活案例，为课堂教学收集素材，增强课堂教学的说服力和感染力。高校也可以与纪律检查机关、司法机关等部门共同建立教师实习基地、研究机构等，对教师进行更专业和系统的廉洁教育。三是各种学术交流、教学研究、集体备课等活动应该给大学生廉洁教育留有空间，每学期应有一定数量的针对廉洁教育的活动内容。

（三）改进教学方式，充分发挥实践教学的作用

教育经验告诉我们，空洞教条的灌输式教学方式会极大地影响思想政治理论课的教学效果，甚至引起大学生的排斥和反感。要增强大学生廉洁教育的实效，应该不断探索新的教学方式与方法，准确把握当代大学生的思想特征和兴趣指向，采用更贴近大学生特点、更贴近生活实际的教学方式方法，使大学生从被动接受向主动关注、主动学习转变。如案例教学、视频教学、主题讨论发言、组织学习研究小组等。这样才能增进廉洁教育的吸引力和感染力，使廉洁教育真正入脑、入心。此外，还要重视思想政治理论课中实践教学环节的作用。与有关部门合作，组建廉洁教育实践基地，组织大学生进行廉政建设社会调查等。把实践教学与大学生社团活动、“三下乡”社会实践、大学生志愿者活动等各种校园文化活动对接起来，在高校营造浓厚的廉政文化氛围，以增强大学生抵御社会不良思潮影响的能力，配合课堂教学取得更好的教育效果。

当代大学生应该以社会主义核心价值观为引导，以思想政治理论课为重要平台，自觉加强自身廉洁意识和廉洁修养，形成良好的社会公德、职业道德、生活美德和个人品德，加强学习党和国家关于党风廉政建设和反腐败方面的方针政策、法律法规等，树立报效祖国、服务人民的信念，提高自律意识，增强拒腐防变的良好心理品质，成为中国特色社会主义事业的合格建设者和可靠接班人。

“盐因去浊而洁白，城因尚廉而美好。”身为新时代的大学生，不能认为廉洁守纪离我们很遥远，要常以“位卑未敢忘忧国”的精神为指引，从自身做起，牢固树立刚正不阿、洁身自好的高尚品质，以光明磊落、清廉正直的学风和作风，为新时代的社会主义建设事业贡献青春力量！

议一议

面对腐败现象，当代大学生应该担负起怎样的社会责任？

拓展训练

以班级为单位，开展“我身边的廉洁人物和廉洁故事”主题活动，讲述发生在身边的廉洁自律故事，向身边的廉洁典范学习。

第二章

经济高质量　医学新机遇

引 言

习近平总书记在党的十九大报告中指出：“我国经济已由高速增长阶段转向高质量发展阶段，正处在转变发展方式、优化经济结构、转换增长动力的攻关期。”2020 年，受严峻复杂的国际国内环境和新冠肺炎疫情的影响，经初步核算，全年国内生产总值 1 015 986 亿元，按可比价格计算，比 2019 年增长 2.3%，是全球唯一实现经济正增长的主要经济体。新冠肺炎疫情发生以来，我国统筹疫情防控和经济社会发展工作，扎实做好“六稳”工作、全面落实“六保”任务，总体上看我国经济运行稳定恢复，就业民生保障有力，经济社会发展主要目标任务完成情况好于预期，为开启国民经济和社会发展“十四五”规划、全面建设社会主义现代化国家新征程奠定了坚实的基础。

2020 年 12 月 16—18 日，中央经济工作会议在北京举行。会议指出，2020 年是新中国历史上极不平凡的一年。2020 年，我国成为全球唯一实现经济正增长的主要经济体，三大攻坚战取得决定性成就，科技创新取得重大进展，改革开放实现重要突破，民生得到有力保障。2020 年是“十三五”规划收官之年，我国经济社会发展取得新的历史性成就。会议明确 2021 年要立足新发展阶段，贯彻新发展理念，构建新发展格局，以推动高质量发展为主题，确定了要“强化国家战略科技力量”等八项重点任务。医学生要深入探究我国经济转向高质量发展阶段的必然性，并认清随之而来的医学新挑战和新机遇。

想一想

什么是经济高质量发展？

第一节　我国经济转向高质量发展阶段

2017 年中央经济工作会议强调："中国特色社会主义进入了新时代，我国经济发展也进入了新时代，基本特征就是我国经济已由高速增长阶段转向高质量发展阶段。"这是以习近平同志为核心的党中央根据国际国内环境变化，特别是我国发展条件和发展阶段变化作出的重大判断。

一、我国经济已由高速增长阶段转向高质量发展阶段①

中国经济过去 30 多年的年均增长率接近 10%，GDP 的世界占比由 2.7% 迅速提高到目前的近 17%，创造了世界经济史上的"中国奇迹"。2008 年国际金融危机爆发后，世界经济格局不断发生深刻变化，中国经济发展的内在支撑条件和外部需求环境都已今非昔比，这就要求经济增长速度"换挡"。经济由高速增长向高质量发展转变，主要是基于以下几个方面的因素。

（一）世界经济复苏一波三折

2008 年国际金融危机以来，世界经济呈现出"总量需求增长缓慢、经济结构深度调整"的特征，使得我国的外部需求出现常态性萎缩。统计数据表明，2008 年至 2016 年底，全球经济增长由前 10 年的年均 4.13% 下降为 2.85%，全球贸易增速由年均 11% 大幅下降为 0.21%。虽然根据世界银行的判断，2017 年的世界经济形势已有所好转，各项宏观经济指标有所回升，但复苏的不确定性依然客观存在，加上 2018 年中美贸易摩擦对中国经济的影响，导致外需对中国经济的拉动作用明显弱化。

联合国发布的《2021 年世界经济形势与展望》显示，由于受新冠肺炎疫情在全球大流行的影响，全球经济遭遇了严重冲击，2020 年全球经济下降 4.3%，下降程度是 2009 年全球金融危机期间的 2.5 倍多，其中，发达经济体经济收缩幅达 5.6%，高于发展中国家。报告预测，全球经济复苏仍不稳定。联合国经济事务官员和专家指出，疫情危机预示着全球复苏将是一个漫长而痛苦的过程。报告预测，2021 年全球经济增速或为 4.7%，但这一增长仅能勉强抵消 2020 年的损失。

由于新冠肺炎疫情影响，全球经济遭受重大冲击。自 2020 年 3 月以来，欧洲和北美的股市出现了暴跌。美国三大股指在半个月之内发生了四次熔断，跌幅近 30%，为 1929—1933 年大萧条以来最为惨烈的暴跌。与此同时，2020 年全球失业率明显上升。联合国主管经济和社会事务的副秘书长刘振民就指出，"2020 年前三季度各国丧失了 8.4 亿全职工作岗位。"同时，受新冠肺炎疫情影响，数字化和自动化步伐加快，这将在 2021 年进一步抑制劳动力需求。除此之外，受 2020 年国际贸易显著萎缩、国际直接投

① 周跃辉．如何理解"我国经济已由高速增长阶段转向高质量发展阶段"．学习时报，2018-01-31．

资下跌等影响，2021 年全球经济仍充满不确定性。

（二）推动经济发展的传统红利逐渐减少

我国的经济增长结构正在发生历史性变化。目前，东部发达地区的劳动力供给短缺情况更加明显，带动外向型经济的传统人口红利正在逐步减弱。与此相对应的是，我国过度依靠投资和外需的经济增长模式，已使得能源、资源、环境的制约影响越来越明显，石油、天然气等重要矿产资源的对外依存度在不断提高，生态环境压力在不断加大，要素的边际供给增量已难以支撑传统的经济高速发展路子。

1.“人口红利”弱化，廉价劳动力优势逐渐减弱

据 2020 年第七次全国人口普查数据显示，我国人口总量平稳增长，但一方面，劳动年龄人口数量和比重与 2010 年第六次全国人口普查相比，下降 6.79 个百分点；另一方面，2020 年我国出生人口为 1 200 万，比 2019 年减少 265 万，人口出生率仅为 8.5‰，跌破 9‰。普查数据表明，2020 年我国育龄妇女总和生育率为 1.3，已经处于较低水平。这主要受到育龄妇女数量持续减少，“二孩”效应逐步减弱的影响。从 2020 年来看，新冠肺炎疫情增加了生活的不确定性和对住院分娩的担忧，进一步降低了居民生育的意愿。按当前育龄妇女数量、结构和生育水平测算，今后一段时期我国每年的出生人口数量会继续减少。与 2017 年末相比，16 ～ 59 岁劳动年龄人口减少 470 万人，比重下降 0.6 个百分点；老年人口比重持续上升，其中，60 岁及以上人口增加 859 万人，比重上升 0.6 个百分点；65 岁及以上人口增加 827 万人，比重上升 0.5 个百分点，人口老龄化程度继续加深。老年人口比重的上升加重了劳动年龄人口的负担，给经济发展和社会保障带来挑战；医疗条件的改善和生活水平的提高，使我国人口寿命大大延长。因此，一方面劳动年龄人口在减少，另一方面老年人口在增加，使得劳动力成本在逐渐增加，“人口红利”和“廉价劳动力”优势逐渐减弱。

延伸阅读 2-1

中国人口红利减弱：2018 年出生率创历史最低　劳动人口首次下降

议一议

实施“全面二孩”政策后，影响二孩生育的主要因素有哪些？

2. 资源红利弱化，必须改变过度消耗物质资源的经济增长方式

所谓物质资源，一是生产性资源，二是土地资源。我国过去的经济发展一部分是以牺牲资源和环境为代价的，遗留下大量的环境问题。如今，由于不可再生资源匮乏，我们又不得不高价进口这些资源。2000 年后，房地产业转向市场经济调节，全国各地开始大力发展房地产业，一些地方甚至以发展房地产业带动城镇化建设，出现了部分“鬼城”，造成了土地资源的闲置与浪费。

3. 环境红利弱化，不能用“绿水青山”去换“金山银山”

据生态环境部数据显示，我国水土流失面积已达 273.69 万平方千米，约占国土面积（不含港澳台，下同）的 28.6%；土地沙化面积 172.12 万平方千米，约占国土面积的 18%；2020 年，1 940 个国家地表水考核断面中，Ⅳ类、Ⅴ类及劣Ⅴ类仍占 16.6%。工业污染

排放量快速上升，排放强度大，造成地区气候变暖和独特的“雾霾”现象；违规采矿、乱排废水、过度开发景区等重大环境破坏事件仍有发生。我们必须抛弃粗放式的、以牺牲资源和环境为代价的发展模式，树立“绿水青山就是金山银山”的理念，不再片面强调 GDP 的增长，而更看重绿色 GDP。

4. 其他传统红利弱化

模仿红利弱化。随着知识产权保护日益严格，必须彻底改变以模仿国外产品、技术、发明等获得经济利益的行为，加大自主知识产权和核心技术的研发投入，从“中国制造”向“中国创造”和“中国智造”转变。全球化红利弱化，金融危机后贸易保护主义抬头，使得靠“搭发达国家便车”带动经济增长的方式难以为继。“政府红利”弱化，随着市场决定性作用的增强和社会主义法治的完善，打破了一些地区的地方保护主义格局，使得依靠“融资平台”和“土地财政”等拉动地方经济发展的政府行为得到纠正。

（三）国际竞争倒逼我国产业结构转型升级

当前，第三次工业革命正迎面走来，主要发达国家纷纷加快发展战略性新兴产业，力图抢占未来科技创新和产业发展的制高点，这些新挑战倒逼着我国的经济发展方式要加快向创新驱动型转变。长期以来，我国产业发展方式较为粗放，科技创新整体能力不足，科技与产业的融合力度还不够，使得很多产业的竞争力不强、核心技术受制于他人。为了改变这种被动状况，我们需要有所为、有所不为，需要主动放慢经济增长速度，为发展高质量型的经济腾出空间、留出时间。

（四）我国市场需求结构升级加快

随着我国居民收入水平不断提高，消费者对高品质农产品、高端制造品和高品质服务的需求更加突出，但国内企业的现有产品供给还不能很好地满足需求结构的这一变化，导致越来越多的优质农产品需求、高端制造品需求、高品质服务需求等高端需求转向海外市场。近年来，我国消费者越来越多地到国外采购消费品，到海外留学、旅游、就医，就是国内供给质量不能很好满足国内需求的真实反映。

上述内外条件所发生的深刻变化，使得我国原有主要依靠要素投入、外需拉动、投资拉动、规模扩张的增长模式难以为继，迫切需要转变发展方式、优化经济结构、转换增长动力，中国经济必须向追求高质量和高效益增长的模式转变。因此，推动经济高质量发展，既是保持中国经济持续健康发展的必然要求，也是适应我国经济结构变化和全面建成小康社会、全面建设社会主义现代化强国的必然选择。

二、我国经济发展的五大变化

经过改革开放 40 多年的不懈努力，我国经济长期保持规模性快速增长，已转入由大向强的历史新阶段。转向高质量发展阶段是我国经济发展进入新时代的必然要求。高质量发展是我国经济发展的新方位，高质量发展也是我国建成富强民主文明和谐美丽的社会主义现代化强国的重要基础。

从转向高质量发展阶段到真正实现高质量发展有一个需要我们不懈努力的过程。面对风险挑战，各地区、各部门在以习近平同志为核心的党中央正确领导下，坚持稳中求进工作总基调，正确适应和把握了经济发展新常态，贯彻落实新发展理念，坚定不移推进供给侧结构性改革，建设现代化经济体系。我国经济缓中趋稳，稳中有进，稳中向好，在经济建设领域出现了许多深刻的历史性变化。

（一）经济运行的稳定性和韧劲在增强

1979—2012 年，我国的 GDP 年均增长 9.9%；2013—2019 年平均增速换挡到 6.9%。如果把过去 40 多年的改革发展历程分成两个阶段的话，我国经济已由原来高速增长阶段转向中高速增长阶段。经济发展到转型阶段后，调速换挡有其必然性，发达国家也经历了这样的阶段。我国过去 10 年的调速换挡总体比较平稳，前 5 年波动幅度较大，从 10.6% 的增长速度换挡到 7.3%，后 5 年则一直维持在 6% 左右，波动范围逐步收窄（见图 2-1）。

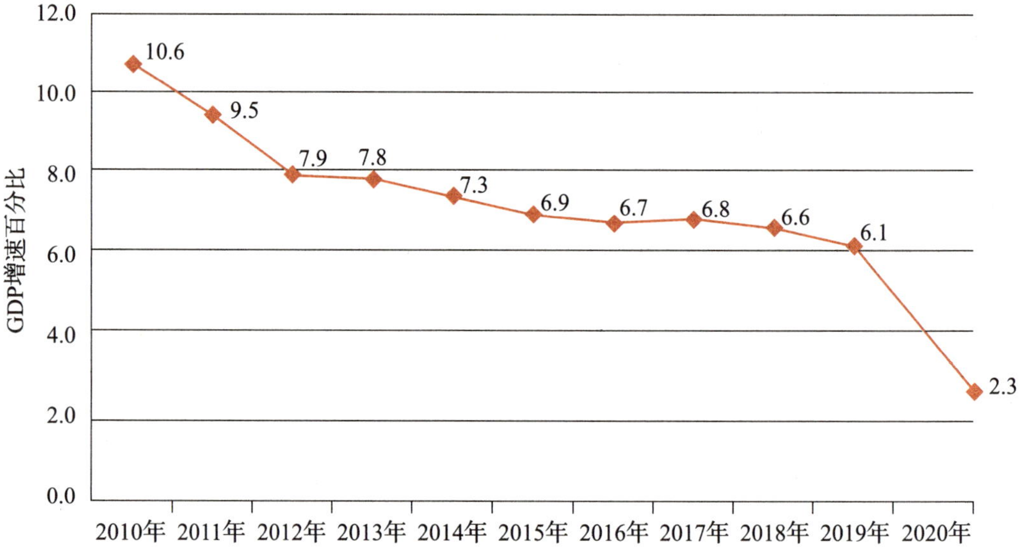

图 2-1　2010—2020 年中国 GDP 增速折线图

原来不少人担忧经济进入转型期以后，尤其是在外部环境的冲击下，受世界经济持续调整及外需萎缩的影响，我国经济会出现“硬着陆”。但是这种状况并没有出现，经济换挡平顺，宏观调控有力有度。从近两年季度 GDP 增速波动幅度不到 0.4 个百分点的情况看，经过这轮调整以后，我国经济已在逼近或者向这个阶段的潜在增长率收敛。2017 年经济增长迎来七年调整以后的首次回升，说明我国经济运行的稳定性和韧劲在增强。从今后一段时期看，虽然潜在生产率仍有下行压力，特别是新冠肺炎疫情的全球性影响，但由于新动能成长和体制改革的红利等持续释放，中国国内疫情防控取得的阶段性胜利，以及中国特色社会主义强大的制度优势将进一步增强对未来疫情防控的信心，中国社会经济发展长期向好的稳定发展态势不会改变。

（二）服务业发展呈加快趋势

产业结构由原来的工业主导向工业和服务业协同主导转型，工业和服务业加快向中高端迈进。2013 年，我国 GDP 结构中第三产业占比为 46.7%，首次超过第二产业。2013 年到现在，第三产业增加值平均增速比工业要高 1 个百分点以上。自 2015 年我国第三产业占 GDP 比重首次超过 50% 以来，第三产业稳步发展，占 GDP 的比重逐年稳步上升（见图 2-2）。虽然 2020 年受国际国内环境和新冠肺炎疫情冲击，但全年全国服务业生产指数与上年持平。

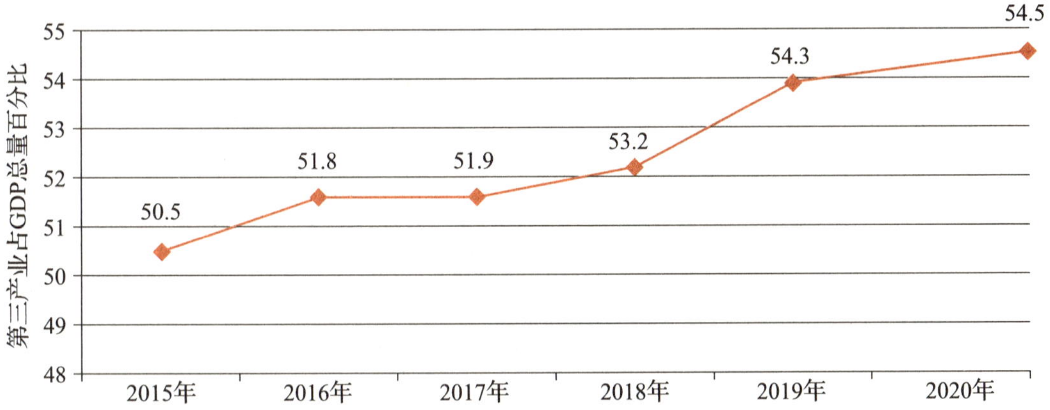

图 2-2　2015—2020 年第三产业占 GDP 比例折线图

此外，服务业的快速发展对工业转型升级、消费升级大有裨益。生产性服务业发展加速，设计、研发、包装、营销、物流等业态发展充分，有利于促进工业迈向全球价值链中高端。有观点认为，华为手机的技术含量并不比苹果手机低，甚至在同款手机中比苹果手机的技术含量还高，但是其价格却只是苹果手机的 60% ～ 70%。究其原因，就是因为相关的生产性服务业落后，一定程度上阻碍了其价值链的延伸。

当前我国全面建成小康社会目标实现在即，在解决了温饱并安居乐业以后，人民群众对发展型、享受型消费的需求急剧增加，对旅游、体育、养老、教育、医疗保健等生活服务业的需求方兴未艾，但是国内高品质的、安全的服务业严重供不应求，客观上要求加快生活性服务业发展，以推动消费升级。我们要顺应产业升级和消费升级的新趋势，加大供给侧结构性改革，把更多的资源配置到需要发展的领域，加快推动高质量发展。

（三）消费对经济增长的贡献率持续稳定

过去依靠投资拉动经济的模式在改变，正转向以消费拉动经济增长为主。多年来，我国经济增长主要依靠投资拉动，投资和消费关系失调，进而导致传统产业产能过剩。各级政府也曾作过多次努力，希望把不合理的投资消费关系扭转过来，但成效不大。党的十六大就明确提出，要实现需求结构转变，从过去依靠投资拉动和出口拉动，转向投资、消费、进出口多轮驱动，要更好地发挥消费对经济的促进作用。但在“十一五”和“十二五”时期，投资仍然是驱动经济增长的主要动力。

近几年随着投资增速的回落，外贸进出口的格局也在发生变化：在“三驾马车”中，投资对经济增长的贡献率在下降，而消费对经济增长的贡献率在持续提升。自 2014 年以来，消费对经济增长贡献率均超过 50%，2018 年甚至达到 76.2%，已经连续 6 年成为经济增长第一拉动力（见图 2-3）。2020 年尽管受到新冠肺炎疫情冲击，但最终消费支出占 GDP 的比重仍然达到 54.3%。

多年积累的坚冰在融化，多年想解决而未见成效的结构性问题在松动。不管是市场倒逼还是政府主动引导，这种格局的变化是现实的、深刻的，需求结构的调整趋势是符合宏观调控方向的，也符合我国经济再平衡的方向，这是有利于可持续发展的。这一趋势变化意味着，我国今后的经济增长更多依靠内需及消费的升级。

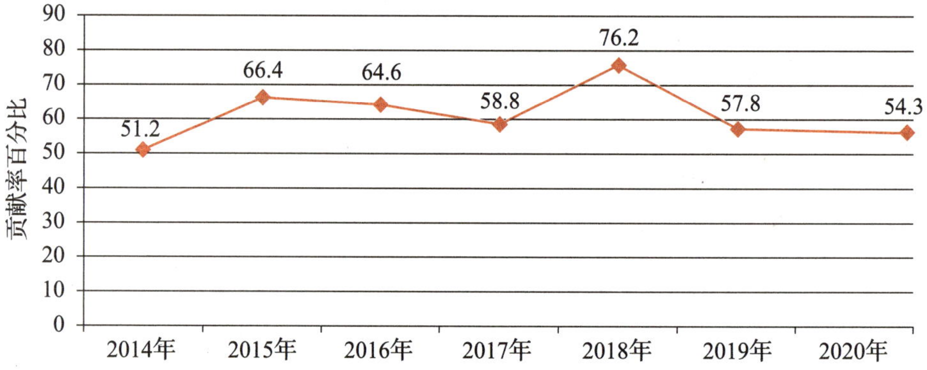

图 2-3　2014—2020 年消费对经济增长贡献率折线图

（四）经济增长新动能持续壮大

依靠外延性扩张的粗放模式在转变，创新驱动的作用在提升，新产业、新经济、新动能正在加快成长，经济将会加快向高质量发展。过去实体经济的发展，包括大企业的发展，很多都还是走外延型扩张的路。近几年，战略性新兴产业增速比工业经济增速高 4 ～ 6 个百分点，互联网经济持续走高。中国互联网络信息中心发布的《中国互联网络发展状况统计报告》显示，截至 2020 年 12 月，我国网民规模为 9.89 亿，互联网普及率达 70.4%，庞大的网民构成了中国蓬勃发展的消费市场，也为数字经济发展打下了坚实的用户基础。

新业态、新模式层出不穷，网络零售成为消费增长重要动力。截至 2020 年 12 月，我国网络购物用户规模达 7.82 亿，占网民整体的 78.6%。2020 年 1—2 月，全国实物商品网上零售额达 9.76 万亿元，实现逆势增长，占社会消费品零售总额的比重为 24.9%，比上年提高 4.2 个百分点，网络零售额连续 8 年居全球第一（见图 2-4）。数字贸易不断开辟外贸发展的新空间。2019 年，通过海关跨境电子商务管理平台零售进出口商品总额达 1 862.1 亿元，增长了 38.3%。此外，大数据、云计算、共享经济、数字经济蓬勃发展。随着新经济新动能的持续壮大，经济将会加快向高质量发展。

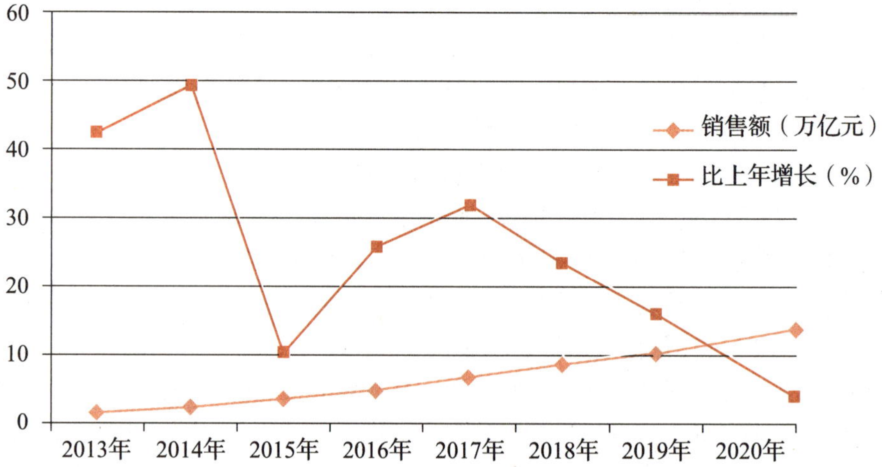

图 2-4　2013—2020 年中国网络零售额与增长折线图

（五）更加考虑经济的外部性

由过去追求 GDP 增速，正在转向更加重视民生事业发展和环境质量改善，以满足人民群众日益增长的美好生活需要。在工业化上升时期，解决“肚子问题”是第一位的，所以要做大做强 GDP。现在，我们仍然处在社会主义初级阶段，虽然发展经济仍是第一要务，经济保持中高速增速是必要的，但是从发展目标尤其是制定战略的考量目标来看，已转向更加重视民生事业发展和环境质量改善。因为消费结构在升级，人民群众解决温饱问题以后，对发展型、享受型消费的需求急剧增加，希望民生事业大发展，就业指标、收入指标、消费指标、社会保障方面的指标受到更多关注。

西方国家考量宏观经济发展有四大指标，即增长、就业、通胀和国际收支。其中，就业指标往往是最优先的，我们也正迈向这一阶段，统计监测体系也要与时俱进地调整。国家统计局从 2018 年开始向社会发布调查失业率数据，这也是为适应经济高质量发展的客观要求采取的创新举措。另外，在工业化上升期，企业很少考虑环境的污染以及经济的外部性。随着人们对美好的自然环境和蓝天碧水的需求增加，希望人与自然更和谐地发展，环保标准、门槛越来越高。习近平总书记多次强调，要践行“绿水青山就是金山银山”的生态理念，要求各地区坚决打好蓝天保卫战，实现绿色发展。党中央、国务院为此专门下达了生态文明建设方案。国家统计局与有关部门配合，制定了绿色发展监测方案，并向社会发布绿色发展指数。

以上五大变化，是过去几年经济建设领域出现的深刻变化。正是基于这五大趋势性的变化，表明中国宏观经济运行总体平稳，保持了稳中有进、稳中向好的态势，“进”体现在经济结构调整和发展方式转型上，“好”体现在经济运行的稳定性、协调性和新动能的成长以及质量效益的提升上。把握引领好这几大趋势，不仅可以更好地认识我国经济发展稳中有进、稳中向好的形势，增强发展信心，而且有利于深入理解党的十九大、十九届五中全会中央经济工作会议精神及决策部署，巩固经济稳定发展的基础，加快推动我国经济高质量发展。

延伸阅读 2-2
国新办举行 2020 年国民经济运行情况新闻发布会图文实录

拓展训练

以小组为单位，分析讨论“我国经济进入高质量发展阶段，经济增长率下降带来的利与弊”。

第二节　我国经济运行现状

2015 年以来，面对错综复杂的国内外环境，党中央、国务院沉着冷静，科学应对，主动适应新常态、引领新常态，坚持稳中求进的工作总基调，坚持创新宏观调控方式和思路，以全面深化改革促发展、调结构、惠民生，保持了国民经济的平稳运行和持续健康发展，成绩来之不易。新冠肺炎疫情发生以来，习近平总书记在不同场合对中国经济形势作出重要科学判断，释放重要信号。习近平总书记强调，中国经济有巨大的韧性和潜力，长期向好的趋势不会改变。中国具有保持经济长期健康稳定发展的诸多有利条件。对前进中遇到的问题，我们正在采取措施积极加以解决，不能被问题和困难吓倒。相信只要我们保持战略定力，全面深化改革开放，深化供给侧结构性改革，下大气力解决存在的突出矛盾和问题，中国经济就一定能加快转入高质量发展轨道，中国人民就一定能战胜前进道路上的一切困难挑战，中国就一定能迎来更加光明的发展前景。

想一想

1. 近几年，我国的经济增速如何？
2. 近年来，我国经济对世界经济的影响力如何？

一、经济发展健康稳定的基本面没有改变

国家统计局发布的数据显示，2020 年全年国内生产总值近 101.6 万亿元，增长 2.3%；城镇新增就业 1 186 万人；全年居民消费价格指数（CPI）上涨 2.5%，符合 3.5% 左右的预期目标；进出口总额为 32.2 万亿元，同比增长 1.9%。2020 年国民经济运行稳定恢复，稳就业保民生成效显著，主要目标完成好于预期，决战脱贫攻坚取得决定性胜利，“十三五”规划圆满收官。虽然遭受了新冠肺炎疫情的影响，但中国经济依然拥有巨大的发展韧性、潜力和回旋余地，中国发展仍处于并将长期处于重要战略机遇期，经济发展健康稳定的基本面没有改变，支持高质量发展的生产要素条件没有改变，长期稳中向好的总体势头没有改变。我们不追求高速度，更加注重高质量发展，中国经济完全有条件、有潜力、有能力保持合理区间的增长。

二、支撑高质量发展的生产要素条件没有改变

2020 年全国粮食总产量 66 949 万吨，比上年增长 0.9%，增产 565 万吨，连续 5 年保持在 65 000 万吨以上。国际收支、企业利润、劳动生产率等主要指标处于合理区间。我国为全球提供开放合作的国际平台，从 2018 年到 2020 年举办三届中国国际进口博览会。我国将减少投资限制，提升投资自由化水平，推动经济全球化朝着更加开放、包容、普惠、平衡、共赢的方向发展。我国将长期保持加快电信、教育、医疗、文化等领域开放进程，开放已经成为当代中国的鲜明标识，推动建设开放型世界经济的脚步不会停滞。此外，我国每年数以百万计的高校毕业生为经济高质量发展源源不断地提供大量的高素质劳动者，在 5G 领域和量子通信领域的世界领先，以及活跃在市场上日益壮大的各类资本主体，都在为中国经济持续增长创造良好条件，表明支撑高质量发展的生产要素条件没有改变。

三、长期稳中向好的总体势头没有改变

面对 2018 年以来贸易保护主义加剧，全球经济复苏态势出现分化的不利国际环境，

以及2020年的新冠肺炎疫情我国经济发展一路披荆斩棘，经济整体运行仍延续了“多稳”格局。2020年我国GDP同比增长2.3%，实现逆势上扬。2020年末，城镇登记失业率为4.24%，均低于预期控制目标。2020年，全国居民人均可支配收入32 189元，比上年名义增长4.7%。突如其来的新冠肺炎疫情给我国经济社会发展带来前所未有的冲击，2020年主要经济指标明显下滑。但是经济社会大局保持稳定，14亿人的基本民生得到有效保障，应急物资和生活必需品供应充足，关系国计民生的基础产品持续增长；经济运行稳定恢复，就业民生保障有力，主要目标完成预期。特别是新经济新动能逆势成长，卫生防疫等短板领域建设力度加大，外贸外资基本盘大体稳定。

总的来看，2020年国民经济运行稳定恢复，稳就业保民生成效显著，决战脱贫攻坚取得决定性胜利，“十三五”规划圆满收官，全面建成小康社会胜利在望。同时应看到，疫情变化和外部环境存在诸多不确定性，我国经济恢复基础尚不牢固。我们既要看到挑战、困难、风险的一面，也要看到机遇、有利和希望的一面，挑战是前所未有的，机遇也是前所未有的，总体上看，机遇仍然是大于挑战的，有一些挑战一旦战胜了就会转化为机遇。因此，我国仍处在发展的战略机遇期，面对挑战，要发挥优势、克服困难，实现经济的持续恢复、稳定运行和健康发展。①

议一议

经济增速与发展质量哪个更重要?

第三节　经济高质量发展下的医学新机遇

中国经济发展进入新时代，基本特征就是中国经济已由高速增长阶段转向高质量发展阶段。推动经济高质量发展，必须要加快经济体制改革，建设现代化经济体系。受新冠肺炎疫情影响，2020年，全国各地着力加大应急物资、医疗卫生领域投资力度，医疗物资生产能力迅速扩大。在此背景下，医学发展和医疗行业也将迎来前所未有的挑战和机遇。医学生应正确认识经济高质量发展所带来的挑战和机遇，增强知识和本领，自觉主动适应未来对医疗行业从业人员的新要求。

一、经济发展进入高质量阶段带来新机遇

（一）经济发展进入高质量阶段，中国经济增速虽然放缓，实际增量依然可观

经过改革开放40多年的高速增长，中国经济保持了9.5%左右的平均增速，经济体量已经今非昔比。2020年，在国际形势风云变幻的情况以及新冠肺炎疫情冲击下我

① 宁吉喆．国新办举行2020年国民经济运行情况新闻发布会图文实录．中华人民共和国国务院新闻办公室网站．http://www.scio.gov.cn/xwfbh/xwbfbh/wqfbh/44687/44768/wz44770/Document/1697094/1697094.htm．［2021-01-18］

国仍然能够实现既定增速目标，在国际上仍然处在第一梯队。超过 100 万亿的总量，2.3% 的增长率，无论是速度还是体量，在全球也是名列前茅的。

（二）经济发展进入高质量阶段，中国经济增长更趋平稳，增长动力更为多元

有人担心，中国经济增速会不会进一步回落，能不能爬坡过坎？风险确实有，但没有那么可怕。中国经济的强韧性是防范风险的最有力支撑。我们创新宏观调控的思路和方式，以目前确定的战略和所拥有的政策储备，有信心、有能力应对各种可能出现的风险。我们正在协同推进新型工业化、城镇化、信息化、农业现代化，这有利于化解各种“成长的烦恼”。中国经济更多依赖国内消费需求拉动，避免依赖出口的外部风险。

（三）经济发展进入高质量阶段，中国经济结构优化升级，发展前景更加稳定

2020 年国内生产总值 1 015 986 万亿元，比上年增加了 29 471 亿元，稳居世界第二位。其中，第一产业增加值 77 754 亿元，占国内生产总值比重为 7.65%；第二产业增加值 384 255 亿元，占比为 39.0%；第三产业增加值 553 977 亿元。第二和第三产业产值已超过 GDP 的 90%，经济结构转型升级明显。

2020 年全国规模以上工业增加值比上年增长 2.8%。高技术制造业和装备制造业增加值分别比上年增长 7.1% 和 6.6%，增速分别比规模以上工业快 4.3 和 3.8 个百分点。全国服务业生产指数与上年持平。其中，战略性新兴服务业、科技服务业和高技术服务业企业营业收入分别增长 12%、11% 和 8.6%，增速分别快于全部规模以上服务业 10.4、9.4 和 7 个百分点。固定资产投资平稳增长，特别是高技术产业投资增长较快。高技术产业投资增长 17.3%，快于全部投资 7.7 个百分点，这些数据显示，中国经济结构正在发生深刻变化，质量更好、结构更优。

想一想

我国经济进入高质量发展阶段，可能会给你的专业带来哪些影响？

二、经济高质量发展下的医学新发展环境

随着老龄社会的加速到来，经济增长结构的调整和增长速度的放缓，医学也必然受到经济发展进入高质量阶段的影响，医疗行业、医疗机构、从业人员都将面临深刻的调整，医学发展的环境也随即发生新变化。

（一）医疗行业将面临的调整

1. 多点执业、自由执业势不可当

自 2017 年 4 月医师区域注册制度实施以来，10 个月时间新增了 4.4 万注册医师，医师多点执业呈现“井喷”之势。据报道，全国已经有 11 万名医师进行了多机构执业，主要流向医生集团与移动医疗平台。2017 年 3 月，国家卫计委重磅发布《医师执业注册管理办法》，标志着医师区域注册制度正式推向全国。该政策改进了医师注册管理，放宽了多点执业的限制，也放开了跨区域多点执业注册，极大方便了医生群体。2018 年 6 月，国家卫生健康委下发《关于进一步改革完善医疗机构、医师审批工作的通知》，明确医师一次注册可在省、县级有效，医师多点执业可以在网上进行申请；进一步放宽

申请的条件，以及简化了审批的手续与工作，让医师注册与申请更加方便快捷。关于医师多点执业政策的重要性，整个社会基本上已形成共识。在市场经济中，医院是独立的经济实体，其利益应该得到尊重，而医师是更基本的经济实体，其利益也应该得到尊重。所以可以肯定地说，医师走出去服务更多有需要的人群，将是历史的必然。

中国医生的品牌意识越来越强，不再甘于仅仅依靠医院品牌，正越来越多地利用自媒体、移动医疗平台等渠道树立自我品牌，“自带流量”的医生多点执业、自由执业或者出走公立医院将成为大概率事件。医生多点执业已经是大势所趋，与其观望等待，不如紧随时代的脚步。当医患观念转变后，这波“井喷”将会来得更加猛烈。

2. 医生集团将在未来大量涌现

中国的医生集团，从 2014 年萌芽，到 2016 年 3 月国内首张医生集团营业执照在深圳诞生，再到同年 10 月“医生集团”首次写入国务院《“健康中国 2030”规划纲要》，及至发展到 2019 年的 2 055 家，中国医生集团迎来井喷式发展（见图 2-5）。其中，注册资本在 500 万元以上的达到了 1 177 家，占到医生集团总数的 57.3%；采用有限责任公司实体形式的有 1 921 家，占比为 93.5%，医生集团的质量和规模比较可观。虽然新成立医生集团的热度在经历 2018 年的高峰期之后，于 2019 年出现了回落，但这并不意味着医生集团的发展前景不乐观。相反，随着市场竞争的优胜劣汰以及高质量发展的要求，未来医生集团的发展会朝着更加规模化和质量化的方向前进。医生集团作为一种新的医生执业组织方式，或者说作为医疗行业的新业态，在中国才刚刚开始。

延伸阅读 2-3
“急诊科女超人”辞职创办医生集团

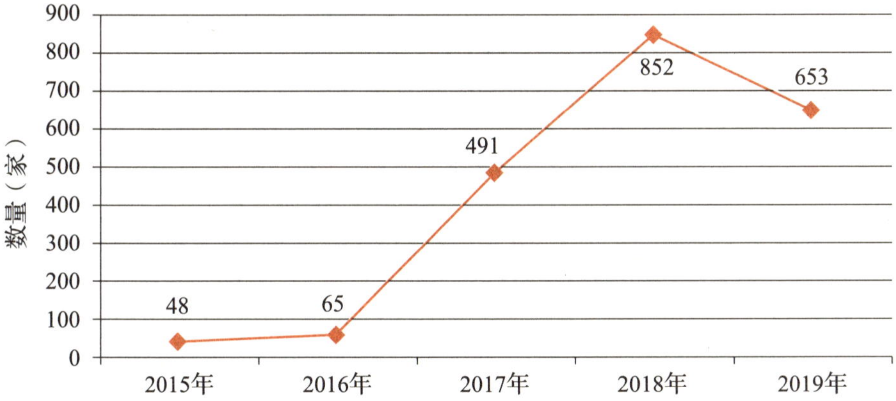

图 2-5　2015—2019 年中国医生集团年度新成立折线图

注：数据来源于 2019 年 12 月 7 日《医医团》在“2019 世界医创会”上发布的《2019 中国医生集团蓝皮书》。

成立医生集团不是北上广医生的专利，全国各地的医生都可以抱团成立医生集团，开展多点执业或自由执业。尽管目前医生集团数量排在第一的是广东，达到了 1 383 家，占到了总数的 67.3%，但排在第二的山东和第三的陕西也分别达到了 238 家和 91 家。未来的趋势是中国随处可见医生集团，会有更多的医生从体制内跳出来，从公立医院走出来，创建医生集团。医生集团作为一种组合便捷的医生执业组织形式，未来其数量或将惊人。不仅如此，医生集团还将涌现出巨头，旗下可能不仅仅有数量众多的签约医生，还可能拥有大量医院及连锁诊所等医疗机构。

3. 政府将进一步简政放权

医疗界新常态的一个重要背景就是中国经济进入到了新常态，需要大幅调整产业结构，大力发展服务业，而医疗健康服务业可谓首选。促进医疗健康服务业发展，必然意味着政府的简政放权，将一些行政管控手段从医疗领域逐步废除，让市场在医疗资源配置中发挥更重要的作用。可以预期的是，中国医疗界将进入简政放权的改革时代。

4. 社会办医成为重要补充

为缓解老百姓看病难、看病贵和全面实施分级诊疗制度，深入贯彻落实《国务院关于促进健康服务业发展的若干意见》和《国务院办公厅转发发展改革委卫生部等部门关于进一步鼓励和引导社会资本举办医疗机构意见的通知》，国家卫生健康委提出鼓励社会办医做到“四放宽、一简化”的政策。2015 年 6 月，国务院办公厅印发了《关于促进社会办医加快发展的若干政策措施》，2017 年又印发了《关于支持社会力量提供多层次多样化医疗服务的意见》，进一步拓宽了社会办医的准入渠道和融资渠道。2019 年 6 月，国家卫生健康委、国家发展改革委等 10 个部门联合印发《关于促进社会办医持续健康规范发展的意见》，进一步助力社会办医健康发展。“十四五”规划再次指出，要“支持社会办医，鼓励有经验的执业医师开办诊所。”

如果说社会公众和医疗界都已经习惯了公立医院才是主流，那接下来必须要面对的是民营医院的崛起。民营医院目前已经在数量上超过了公立医院，未来越来越多的医护人员将会到民营医疗机构执业，越来越多的患者将选择到民营医院就诊，社会办医将占据越来越多的市场份额，并将为市场提供多元化的医疗服务，成为医疗市场有序发展的重要补充。

延伸阅读 2-4
四放宽、一简化

5. 共享医疗成为一种新兴的医疗形式

目前已经出现了一些医疗分享的互联网应用，在线问诊、医护上门、互联网多点执业、医疗设施分享等模式正在兴起。然而受限于医疗体制机制、民众的传统观念等，共享医疗目前并不普及。或许只有打破更多瓶颈，优质医疗资源才能真正实现充分市场化流动。

（二）医疗机构将面临的调整

1. 基层医疗机构将承担大量的医疗服务

为推动基层医疗的健康发展，2010 年，国务院办公厅印发了《关于建立健全基层医疗卫生机构补偿机制的意见》，2019 年出台了《国务院办公厅关于加强三级公立医院绩效考核工作的意见》。在大力推进分级诊疗制度的建设进程中，有一条规律是绕不过的，那就是大多数医疗服务将由基层医生提供，乡镇卫生院和社区卫生服务中心承接了大量的基层病患，医生开的私人诊所在一定程度上缓解了基层医疗的看病困难。2019 年，国家卫生健康委联合多个部委制定了《关于开展促进诊所发展试点的意见》，决定在北京等 10 个城市开展促进诊所发展试点工作，简化了诊所的准入程序，在医疗机构设置规划方面对诊所不作限制，诊所设置审批改为备案制管理，将根据试点经验完善诊所建设与管理政策，并在全国推广。今后，越来越多的医生将成为基层医疗机构的负责人。

2. 公立医院改制势在必行

医改新政大谈公益性和政府应该履行办医投入职责，对于一些公立医院来说，这将是甘露春雨，意味着将获得更多的财政补贴，不再基本靠医院自己挣钱发工资、搞建设。但事实上，这样的定调意味着一些弱小的公立医院必将被地方政府所“抛弃”。因为很多财政紧张的地方政府根本不可能承担起这么多的公立医院投入责任，因此，改制就成为必由之路。

国家层面的医疗体制改革已明确提出：社会资本可直接投向资源稀缺及满足多元需求服务领域，多种形式参与公立医院改制重组。有知名卫生学者预测，公立医院在未来的 5 ～ 10 年内，将迎来 20 年前国有企业改制那样的体制改革浪潮。

（三）从业人员将面临的调整

1. 医生准入门槛将提高

随着生活条件的改善和环境的急剧变化，特别是新冠肺炎疫情发生以后人们越来越关注自己的健康，这也催生了医学院校和医学专业的新增与扩招，大量的学生走进医学院的大门，可是殊不知临床专业毕业就能当医生的时代正在远去。2017 年参加医师资格考试的人数达到了 53 万，2018 年增加到 60 万，2019 年回落至 54 万，2020 年继续下降至 49.33 万人左右。但从以往数据来看，最终能顺利通过考试的仅占 20% 左右。

2018 年 1 月，国家卫计委发布《国家医师资格考试发展规划（2018—2020 年）》，其中提及：2019 年实行乡村全科执业助理医师医学综合考试计算机化考试；修订临床、中医、口腔、公卫考试大纲；加强中医类别医师资格考试题库建设；制定医师实践技能考试新标准；继续扩大一年两试试点；医师分阶段考试或将增加口腔、公卫类别；2020 年医师资格各类别全面实行计算机化考试。这一系列的变化说明，今后的医师资格考试会更难，因为大纲变了、题库多了、技能要求更严了。

事实上，随着住院医师规范化培训的全面推开，特别是在 2020 年后，即使考过了执业医师资格，有些医院还会要求必须参加规培并取得规培合格证书。而规培目前每年招生人数还不到 10 万人，且暂无大规模扩招的趋势。也就是说，未来医护职业将上演更为激烈的千军万马过独木桥的景象，对医护人员的高要求将成为新的趋势。

2. 医护人员收入将越来越阳光

前几年，深圳罗湖区发出年薪 30 万招聘全科医生的公告，香港大学深圳医院也发出年薪百万招聘顾问医生的“英雄帖”，看上去很惊人，但事实上，这样的收入在中国一些三甲医院并不罕见，区别在于上述深圳医生的收入是纯阳光的。以前，公立医院的收入有公共财政投入、服务收入、社保以及个人医疗支出、药费加成等渠道，药费加成也就是我们说的以药养医。现在，新医改彻底切断以药养医这个收入渠道。因此，要调动医务人员的积极性，大幅提高医务人员劳务性服务价格将成为必然，诊金不够一碗面钱的时代将一去不复返。通过公共财政给予补贴投入、优劳优得等方式，进一步调动医务人员的积极性，提升其服务质量。

随着社会办医的蓬勃发展，医生在市场上将越来越多地实现自己的价值，必将倒逼公立医院薪酬体系改革，优秀的医生在体制内也将能够拿到较高的阳光收入，医生群体的社会地位也将大幅提高。

3. 医护人员将逐步告别“铁饭碗”

自 2010 年 2 月，国家公布第一批公立医院改革国家联系试点城市以来，已经有四批共 199 个试点城市，覆盖了我国大部分的省区。2015 年 5 月，国务院办公厅下发《关于城市公立医院综合改革试点的指导意见》，明确提出要深化编制人事制度改革，实行聘用制度和岗位管理制度，人员由身份管理向岗位管理转变，定编定岗不固定人员，形成能进能出、能上能下的灵活用人机制。部分省市也已经相继出台了对于试点医院推行聘用制度和岗位管理制度，实行合同管理，逐步实现同工同酬同待遇的相关文件规定和实施办法。未来，公立医院不再按照编制管理已成趋势，编制附着的福利也将逐步取消，医务人员将告别“铁饭碗”时代和准公务员身份，纳入社会化的福利保障体系。失去了编制的束缚，对于医生群体来说，无异于剪掉了一根粗重的锁链，必将促进优质医生资源的自由流动，并激发医生群体的积极性和创造力。

4. 300 万医药流通人员将大量转行

2015 年，《中华人民共和国职业分类大典》正式将“医药代表”纳入其中，并将其职业定义为：代表药品生产企业从事药品信息传递、沟通、反馈的专业人员。有数据显示，中国目前有医药代表大概 300 万人，约 74% 的医药代表介于 18 ～ 35 岁，97% 的医药代表具有专科及以上学历。2017 年，国务院办公厅下发《关于进一步改革完善药品生产流通使用政策的若干意见》，明确规定：食品药品监管部门要加强对医药代表的管理，建立医药代表登记备案制度，备案信息及时公开。医药代表只能从事学术推广、技术咨询等活动，不得承担药品销售任务，其失信行为记入个人信用记录。甚至许多医院开始明令禁止医药代表进入医院，医药代表们迎来了职业的寒冬。随着医药卫生体制改革的进一步深化，以药养医的现象将被杜绝，医生收入阳光化将成为大趋势，处在医药灰色利益链条上庞大的医药代表群体也必将面临大量转行，他们在医院里穿梭的身影或将越来越难看到了。

议一议

公立医院怎样在经济高质量发展的背景下处理好公益性和效益性?

拓展训练

以班级为单位，组织辩论赛，辩题为“医护人员告别‘铁饭碗’对医学生是利大还是弊大”。

三、医学生要以实际行动助力中国新发展

当代大学生作为未来社会主义事业的建设者和接班人，担负着实现民族复兴、国家富强和人民幸福的历史重任。2019 年 1 月，国务院印发《国家职业教育改革实施方案》（以下简称《方案》），提出要“推进高等职业院校高质量发展”，把职业教育摆在经济社会发展的突出地位。作为新时代职业院校的医学生，要牢固树立新发展理念，服务社会

主义现代化经济体系，以实际行动助力中国经济高质量发展。这既是每个大学生应尽的义务，也是个人成长和长远发展的一次新的历史机遇。

（一）认真学习知识，增强本领

《方案》提出，自 2019 年开始，在职业院校启动“学历证书 + 若干职业技能等级证书”的“1+X”制度试点工作，这就意味着职业教育由追求规模扩张向提高质量转变，职业教育需要培养掌握各方面知识的人才。在校大学生正处于学习知识的黄金时期，要把精力放在学习上，不断锤炼品格、努力钻研、学懂弄通，用科学的理论知识武装和充实自己，把自己打造成为一个德才兼备的人才。我们提倡在校大学生认真学习知识，并不是让同学们扎在书堆中搞“本本主义”、迷信书本、迷信权威，而是要把所学知识和现实生活相联系，运用理论与实践相结合的方法，对现实生活中出现的新问题进行相应的思考、分析，寻找解决之路。

（二）深入了解高质量发展

中国特色社会主义进入新时代，经济发展也进入新时代，基本特征就是经济已由高速增长阶段转向高质量发展阶段。高质量发展阶段是以习近平总书记为核心的中央领导集体对当前我国经济社会发展的最新表述，其形成的必然性、内涵、定位和性质，以及与现代化经济体系的关系等，我们都必须深入了解。只有深入了解高质量发展，我们才能想出应对的方法，才能在未来的实践中适应高质量发展，助力经济社会高质量发展。推动高质量发展是当前和今后一个时期确定发展思路、制定经济政策、实施宏观调控的根本要求。

（三）自觉培养创新意识和创新能力

高质量发展标定中国经济发展新方位，包含微观层面的高质量发展和宏观层面的高质量发展。经济社会要实现高质量发展，就要把科技创新放在突出的位置。当代大学生作为未来适应高质量发展、引领高质量发展的接班人和主力军，在校学习时，应积极主动培养自己的创新意识和创新能力。在培养创新意识和创新能力的过程中，大学生要学会运用马克思主义的基本原理，掌握辩证的方法；在学习专业知识的过程中，不仅要积极参与教师授课的每一环节，大胆提出问题、创设问题情境，还要理论联系实际，在实践中养成运用所学知识解决问题的习惯。这是时代赋予大学生的使命，也是顺利推动经济社会高质量发展的必然要求。

议一议

分级诊疗对你所学专业的未来就业有何影响？

拓展训练

供给与需求不匹配、不协调、不平衡，是看病难的症结所在。要让老百姓就近看病，必须从供给侧改革入手，吸引一大批好医生“向下流”。请讨论“供给侧”改革给当代大学生带来了哪些新的挑战和机遇。

第三章

继承优秀传统文化　弘扬中医药文化

引 言

习近平总书记曾指出：中医药学凝聚着深邃的哲学智慧和中华民族几千年的健康养生理念及其实践经验，是中国古代科学的瑰宝，也是打开中华文明宝库的钥匙。中国文化作为唯一绵延不断达5 000余年的一种文明的载体，至少近2 000年间一直参与世界各文明间的互动与对话，见证了多少文明的兴盛衰亡。尤其中世纪以降，中国哲学、思想、审美方式、价值观等对近代世界的形成产生了巨大影响。[①] 近代以来西方国家的军事扩张、霸权崛起和资源掠夺对中国产生了巨大的冲击，这背后便是中国文化的衰落。如此辉煌而绵延不绝的文化，在全球化的今天面临如何“走出去”的问题。中医药文化是中华优秀传统文化的代表，是最能代表中国国家形象的文化符号之一，在中国文化“走出去”战略中成为助推“健康中国”建设、助推中华优秀传统文化复兴的强大动力。

想一想

你了解中国传统文化吗？为什么说中医药是中华文明的一个瑰宝？

① 刘锋. 中国文化“走出去”：为什么？如何“走”？. 民主，2011（7）.

第一节 以高度文化自信认识中国传统文化

一、中国传统文化概述

（一）文化的含义

文化是一个古老而又年轻的词语，自古以来，人们从不同的视角来界定文化，堪称仁者见仁、智者见智。据统计，目前学术界关于文化的定义有三百余种。

“文化”一词源自拉丁文的“Cultura”，原意是耕作和植物培育，后来逐渐由物质生产领域拓展到精神领域。中国历史学家朱寰指出：其“原意为耕种和栽培，引申有开拓、教化、培养、修炼之意”。古罗马哲学家西塞罗曾提出“智慧文化即哲学”的著名论断，其内涵则包含了人的心灵、智慧、情操、教育等内容。进入 18 世纪以后，伏尔泰、康德等思想家、哲学家不断赋予文化以精神或观念的意义。

（二）中国传统文化的主要内容

从文化学的角度看，中国文化包括传统文化和现代文化。传统文化产生于农业时代，主要指封建社会的文化。现代文化产生于工业时代和信息时代，是我国现代化进程中不断创造与发展的新型文化。顾伟列先生在《中国文化通论》中指出：“传统与现代之间本无一条明显的分界线可寻，文化转型也绝不意味着文化断裂。”一般来说，中国传统文化是指 1840 年鸦片战争以前我国的古代文化。中国文化的近现代进程经历了鸦片战争、太平天国运动、甲午战争、戊戌变法、辛亥革命和五四运动等一系列重大历史文化事件，其显著标志是教育制度的变革、学术观念的变革、宗教思想的变革和近代自然科学的确立。

中国传统文化源远流长。现存的典籍浩如烟海，尤其以“三玄”（《周易》《老子》《庄子》）、“四书”（《大学》《中庸》《论语》《孟子》）、“五经”（《诗经》《尚书》《礼记》《周易》《春秋》）为其渊薮。学术流派上，虽百家争鸣，但儒、道两家一直占据主导地位。魏晋南北朝至隋唐，由印度传入的佛教文化逐步融入中国传统文化，成为中国传统文化的一个有机组成部分。从此，儒、释、道互补，构成了唐宋以来中国文化的基本格局。“以佛治心，以道治身，以儒治世”揭示了中国传统文化的这种基本结构特征。而在长达两千多年的中国封建社会里，儒家思想一直在官方意识形态领域占据着正统地位，对中国文化有着广泛而深刻的影响，形成了中国传统文化的思想主流。按时代划分，中国传统文化可以分为原始文化、殷周文化、春秋战国文化、秦汉文化、魏晋南北朝文化、隋唐文化、两宋文化、辽夏金元文化、明清文化。①

① 张建. 中国传统文化. 2 版. 北京：高等教育出版社，2018.

中国传统文化博大精深，内容包含广泛，从物质到非物质，从生活方式到生活理念，从衣着仪表到言谈举止，从待人接物到尊长爱幼，等等，而其中的核心是思想文化，当然又尤以儒家为代表的思想文化为主要。习近平总书记在纪念孔子诞辰 2 565 周年国际学术研讨会暨国际儒联第五届会员大会开幕式上发表讲话，他谈到了中国文化的发展脉络，指出“中国传统文化，尤其是作为其核心的思想文化的形成和发展，大体经历了中国先秦诸子百家争鸣，两汉经学兴盛，魏晋南北朝玄学流行，隋唐儒释道并立，宋明理学发展等几个历史时期”。在这期间，儒家文化逐渐确立其主导地位，但是始终与其他学说相互共存、和而不同。

中国传统文化当中包含优秀的文化传统，也包含流传下来的具有时代局限性的文化传统，因此，在充分肯定中国传统文化精华的同时，我们还应该看到，中国传统文化毕竟是在长期的封建社会中产生的农业文化，它具有一些与现代社会格格不入的东西，如宗法等级、鄙视劳动、因循守旧、天命神权以及谶纬迷信等观念。只有明确了传统文化的内容，确立了衡量优秀文化的标准，才有利于传统文化对当今社会的服务。[①]

议一议

中国传统文化的精华有哪些?

二、优秀传统文化在新时代的历史使命[②]

文化是一个民族和国家的根和魂，党的十九大报告强调：“没有高度的文化自信，没有文化的繁荣兴盛，就没有中华民族伟大复兴。”教育部 2014 年印发的《完善中华优秀传统文化教育指导纲要》指出，加强中华优秀传统文化教育，是深化中国特色社会主义教育和中国梦宣传教育的重要组成部分。中国特色社会主义道路是对中华民族 5 000 多年悠久文明的传承与创新，具有深厚的历史渊源和广泛的现实基础。弘扬中华优秀传统文化，有利于更加全面地认识中华民族的历史传统、文化积淀、基本国情，有利于认清中国特色社会主义的历史必然性，进而更加坚定我们走中国特色社会主义道路的信心和实现中华民族伟大复兴中国梦的决心。

伴随着中华民族的伟大复兴，弘扬中华优秀传统文化再一次被推到历史的台前。美国人类学家摩尔根曾提出这样一个主张，即“现代社会所趋向的‘新制度’，将是‘古代类型社会在一种高级的形式下的复活’”。可以说，欧洲的文艺复兴、我国清代三百年学术思潮的“以复古为解放”，都是这样的“复活”。历史表明，传统的“复活”都是负载着时代使命的。当前中华优秀传统文化的复兴，同样并非“药方只贩古时丹”，而是肩负着新时代的文化使命。

（一）践行“旧邦新命”

与“传统‘在一种高级的形式下的复活’”这一表述异曲同工的，是我国哲学史家冯友兰提出的“旧邦新命”的命题。他解释说，所谓“旧邦”就是祖国，就是中华民

① 刘红梅．中国传统文化的现代性选择．吉林省教育学院学报，2017，33（10）．
② 马建辉．传统文化在新时代的历史使命．光明日报，2018-11-17．

族；所谓“新命”，就是建设社会主义。新时代中华优秀传统文化的使命，就是既要以之保持“旧邦”（即中华民族）的“同一性和个性”，又要以之促进实现新时代的变革与发展，即把我国建成社会主义现代化强国，实现中华民族伟大复兴。“旧邦新命”意味着“新旧接合”，“旧的就有了生命力，就不是博物馆中陈列的样品了，新的也就具有了中国自己的民族特色”。

（二）坚守中华民族立场

习近平总书记把中华优秀传统文化提升到中华民族的“基因”、“文化血脉”、“精神命脉”和“独特的精神标识”的高度，就是强调中华优秀传统文化对于中华民族的特殊价值。文化是一个国家、一个民族的灵魂，能否坚定文化自信，是事关国运兴衰、事关文化安全、事关民族精神独立性的大问题。在“西化”思潮不断激荡的中国大地上，强调弘扬中华优秀传统文化自然有其格外重要的意义：确立并坚守中华民族立场，更好地构筑中国精神、中国价值、中国力量。

（三）涵养社会主义核心价值观

涵养社会主义核心价值观是中华优秀传统文化实现其当代价值的重要体现，也是其重要使命之一。中华文明绵延数千年，有其独特的价值体系。以这个价值体系为中心的中华优秀传统文化已经成为中华民族的基因，深深植根于中国人的内心，潜移默化影响着中国人的思想方式和行为方式。今天，我们倡导和弘扬社会主义核心价值观，必须从中华优秀传统文化中汲取丰富营养，否则就不会有生命力和影响力。习近平总书记指出：“我们生而为中国人，最根本的是我们有中国人的独特精神世界，有百姓日用而不觉的价值观。我们提倡的社会主义核心价值观，就充分体现了对中华优秀传统文化的传承和升华。”核心价值观是抽象度很高的范畴，但它不是抽象自西方而是抽象自中国的文化传统和社会生活，因而，我们的核心价值观只有在中华优秀传统文化中才能得到确切的理解和深厚的滋养。

（四）促进和推动新实践

中华优秀传统文化的新使命，在其现实性上，就是要有力地促进新时代的新实践。习近平总书记不仅倡导弘扬中华优秀传统文化，他还在治国理政的实践中，自觉接受来自中华优秀传统文化的启示。比如，习近平总书记的生态文明建设理念，强调人与自然是“生命共同体”，要“坚持人与自然和谐共生”。显然，这就是对中国传统文化天人合一、尊重自然精神的传承转化。他引用《管子》中的“政之所兴在顺民心，政之所废在逆民心”，来强调党要坚持以全心全意为人民服务作为一切行动的根本出发点和落脚点。他引用苏辙“去民之患，如除腹心之疾”，来说明全面从严治党、反腐倡廉要以民为本，为民除瘼。他引用吕本中《官箴》的内容“当官之法，惟有三事，曰清、曰慎、曰勤”，要求领导干部为官要清正、谨慎、勤勉。他还引用孔子的名言“政者，正也。其身正，不令而行；其身不正，虽令不从”，强调为政首先须为政者自身端正。

（五）为人类和世界贡献中国智慧

发掘中华优秀传统文化的人类情怀、世界意义和当代价值，显著增强文化凝聚力、文化影响力和文化感召力，是中国特色社会主义进入新时代在中华优秀文化传承中的重要表征，也是中华优秀传统文化对于人类和世界所担负的重要使命。正如费孝通所说，

“中华文明的结构和机制，在漫长的岁月中，经过一代代先人在实践中不断地探索、积累、完善，已经形成了一套相当成熟的协调模式”，“充分体现了古人高度的政治智慧和中华民族深厚的文化底蕴”。中华优秀传统文化所积淀的深厚内涵，对于世界和全人类，都是一份宝贵的财富。

习近平总书记指出，中华优秀传统文化是中华民族的突出优势，是我们最深厚的文化软实力。提高国家文化软实力，要努力夯实国家文化软实力的根基，努力展示中华文化独特魅力，把跨越时空、超越国度、富有永恒魅力、具有当代价值的文化精神弘扬起来，激活其内在的强大生命力，让中华文化同各国人民创造的多彩文化一道，为人类提供正确精神指引。习近平总书记发出“一带一路”倡议，强调“协和万邦”，构建人类命运共同体，就有力体现了中华民族的文化软实力，为全球治理贡献出独特的中国智慧。这是中华优秀传统文化精髓在当今新型国际关系构建中的突出贡献和生动实践。

（六）滋养和丰富当代中国马克思主义

中华优秀传统文化在新时代还有一个重要使命，就是以之营养、丰富、巩固和创新当代中国马克思主义。“古代”与马克思主义不是对立的关系，马克思曾说过，人们“不应该过分地害怕‘古代’一词”。马克思主义的主要理论来源就有德国古典哲学和英国的古典政治经济学。列宁指出，马克思主义赢得世界历史性的意义，就在于它“吸收和改造了两千多年来人类思想和文化发展中一切有价值的东西”；“共产主义是从人类知识的总和中产生出来的，马克思主义就是这方面的典范”。毛泽东也强调：“从孔夫子到孙中山，我们应当给以总结，承继这一份珍贵的遗产。”可以说，正确传承、弘扬中华优秀传统文化离不开马克思主义的指导和在马克思主义指导下的改造与创新，同样，丰富、巩固和创新当代中国马克思主义，也离不开中华优秀传统文化的启示与滋养。作为世界文明重要一脉的中华优秀传统文化，理应为共产主义、为马克思主义作出自己的理论贡献。

延伸阅读 3-1
北京同仁堂将中医药文化带到世界各地

习近平总书记强调，“传承中华文化，绝不是简单复古，也不是盲目排外，而是古为今用、洋为中用，辩证取舍、推陈出新，摒弃消极因素，继承积极思想，‘以古人之规矩，开自己之生面’，实现中华文化的创造性转化和创新性发展”。党的十九大报告也提出，要深入挖掘中华优秀传统文化蕴含的思想观念、人文精神、道德规范，结合时代要求继承创新，让中华文化展现出永久魅力和时代风采。这些论断，为在中国特色社会主义实践进程中开掘、弘扬中华优秀传统文化指明了正确方向。我们相信，沿着这一正确方向，中华优秀传统文化一定能更好实现传承发展、更好践履新时代使命。

想一想

你知道中国历史上的哪些名医？他们分别作出了哪些贡献？

第二节　以中医药文化助推中华文化伟大复兴

一、中医概述

中医指中国传统医学，是研究人体生理、病理，以及疾病的诊断和防治等的一门学科。它承载着中国古代人民同疾病作斗争的经验和理论知识，是在古代朴素的唯物论和自发的辨证法思想指导下，通过长期医疗实践逐步形成并发展成的医学理论体系。在研究方法上，以整体观、相似观为主导思想，以脏腑经络的生理、病理为基础，以“辨证论治”为诊疗依据，具有朴素的系统论、控制论、分形论和信息论内容。中医是中华民族最为耀眼的瑰宝，贯穿中华民族的历史，它作为一门古老的医学，至今仍然散发着不朽的光芒。

（一）中医的历史

回顾中医的历史，可以追溯到先秦时期。这是中国历史从原始社会进入文明社会的重要阶段。在这长达 1 800 年的历史中，我们的祖先创造了完整的传统文化基础。其中，夏商时期的甲骨文和殷商时期的青铜器都是人类文明的历史标志。在这一时期形成的阴阳、五行、周易、八卦等哲学思想的影响下，中医开始萌芽。中医拥有的这种深厚的文化积淀正是其与西方医学最重要的不同点。在医学诞生之初，西方原始医学和中国原始医学对自然界的认识具有相似性。有西方“医学之父”之称的希波克拉底曾指出，自然界由火、气、水、土“四元素”组成，由此产生了万物的运动变化。在中国，成书于春秋战国时期的《黄帝内经》概述了天体运行的“阴阳”规律和万物生成的“五行”规律。“四元素”和“五行”表明这一时期东西方医学具有诸多相似之处。

两千多年前《汉书》里的中医概念，体现了中国医学中的一个最高境界——致中和。致中和，就是以平为期，以和为重。《中庸》一书中至关重要的哲学命题就是“致中和”。《中庸》曰：“中也者，天下之大本也；和也者，天下之达道也。致中和，天地位焉，万物育焉。”说的就是“中和”是世界万物存在的理想状态，通过各种方法达到这一理想状态就是“致中和”。“致中和”，天地则各得其所，万物便生长发育。中医学所阐明的“阴阳和合”“阴平阳秘”生理机制正是儒家“致中和”思想的最佳体现。在这个终极目标下，中医利用精气学说、阴阳学说和五行学说来具体解释生命的秘密。

（二）中医名著、名家和疗法介绍

春秋战国时期，中医理论已经基本形成，出现了解剖和医学分科，已经采用“四诊”，治疗法有砭术、针灸、汤药、艾灸、导引、布气、祝由等。战国时期，医学家扁鹊善于运用四诊（望、闻、问、切），尤其是脉诊和望诊来诊断疾病，精于内、外、妇、儿、五官等科，应用砭术、针灸、按摩、汤药等方法治疗疾病，被尊为“医祖”。中国最早的医学典籍《黄帝内经》从整体观上来论述医学，呈现了“自然—生物—心理—社会”的“整体医学模式”，是中国影响最大的一部医学著作，被称为“医之始祖”。

西汉时期，开始用阴阳五行解释人体生理，出现了“医工”、金针、铜钥匙等。东汉出现了著名医学家张仲景，他已经对“八纲”（阴阳、表里、虚实、寒热）有所认识，总结了“八法”。华佗则以精通外科手术和麻醉名闻天下，还创立了健身体操“五禽戏”。“五禽戏”是通过模仿虎、鹿、熊、猿、鸟（鹤）五种动物的动作，以保健强身的一种气功功法。《神农本草经》是中医四大经典著作之一，这部现存最早的中药学著作约起源于神农氏，并代代口耳相传，于东汉时期集结整理成书。成书非一时，作者亦非一人，是秦汉时期众多医学家搜集、整理、总结当时药物学经验成果的专著，也是对中国中医药的第一次系统总结。

唐代孙思邈总结了前人的理论和经验，收集了 5 000 多个药方，并采用了辨证治疗法，强调医德的重要性，被人尊为“药王”。唐朝以后，中国医学理论和著作大量外传到日本、中亚、西亚等地。两宋时期，政府设立翰林医学院，医学分科接近完备，并且统一了中国针灸由于传抄引起的穴位紊乱，出版了《图经》。

金元以来，中医开始没落。明清以后，出现了温病派和时方派，逐步取代了经方派中医。中医药学在明朝后期李时珍的《本草纲目》之后漫长的 300 年中，几乎无大进展，逐步没落。同一时期，蒙医、藏医受到中医的影响。在朝鲜东医学也得到了很大的发展，例如许浚撰写了《东医宝鉴》。

清朝末年，中国受西方列强侵略，国运衰弱。同时现代医学（西医）大量涌入，严重冲击了中医的发展。人们开始使用西方医学体系的思维模式并加以检视，中医学陷入存与废的争论之中。同属中国医学体系的日本汉方医学、韩国的韩医学亦是如此。2003 年“非典”以来，经方中医开始有复苏迹象。中医在中国仍然是治疗疾病的常用手段之一。在这次新冠肺炎疫情防控中，中医药的介入是一大亮点，中医药不仅在国内获得更多认可，也为全球抗疫发挥了独特作用。

在国际上，针灸引起了医学界的极大兴趣。世界卫生组织认为，针灸已被证实在减轻手术后疼痛、怀孕期反胃、化疗所产生的反胃和呕吐、牙齿疼痛等方面是有效的且副作用非常低。然而，针灸对慢性疼痛、背部疼痛以及头痛的疗效，尚存争议。此外，一些草药的有效性得到了科学双盲研究的有力支持，但是其他传统疗法的有效性仍需要进行进一步研究，而且不能忽视未经研究的传统疗法存在的安全性及危险性等问题。2002 年 5 月，世界卫生组织发表了“2002—2005 年传统医药研究全球策略”，邀请全球 180 余国将替代医学纳入该国的医疗政策。

延伸阅读 3-2
中国医疗队赢得好口碑

延伸阅读 3-3
大疫功臣中医药

延伸阅读 3-4
针灸在海外相当火　10 万针灸师遍布全球

二、中医药文化的发展

（一）中医药事业发展面临的困境

随着现代医学的发展和普及，中医药传承与发展受到了极大的影响和冲击，中医药理论、中医医疗模式、中医药秘方及相关成果、中医药人才等面临严重挑战，特别是制约中医药发展的中医教育、科研、医疗模式、宏观管理等关键因素存在诸多矛盾和问题。

1. 西医处于优势地位

无论从院校、医院，还是从从业者的角度来看，西医的数量和规模都远远超过中医。国家卫健委 2020 年 6 月发布的《2019 年我国卫生健康事业发展统计公报》显示，2019 年末，全国医疗卫生机构总数达 1 007 545 个，中医类医疗卫生机构总数 65 809 个，仅占 6.5% 左右；全国卫生人员总数达 1 292.8 万人，中医药卫生人员总数达 76.7 万人，仅占 5.9% 左右；全国医疗卫生机构床位 880.7 万张，全国中医类医疗卫生机构床位 132.9 万张，仅占 15.1% 左右。可见，全国卫生机构中，中医机构、卫生人员数量及床位数占比都远低于西医。①

2. 传统文化教育的缺失导致中医药传承与发展根基不固②

据统计，全国 44 所高等中医药院校和 200 多所设置中医药专业的院校，为国家培养了大量中医人才，为传承与发展中医药发挥了先导和基地作用（见表 3-1）。但是，近些年来中医药院校教育受西医教育思想、模式的影响，基础教育忽视中国传统文化的培育，教育失去了自己的特色和优势。据了解，目前中医药院校的办学思想、教学总体设计、教学内容和教学方法改革，越来越趋同于西医药院校，削减传统文化课程的比重、弱化中医经典内容学习、改变传统的教学模式等已成为一种趋势。

表 3-1　2019 年全国中医药院校及设置中医药专业的西医药院校、非医药院校数

（单位：所）

学校类型	中医药院校	设置中医药专业的西医药院校	设置中医药专业的非医药院校
普通高等学校	44	133	227
中等学校	38	124	189
合计	82	257	416

资料来源：中华人民共和国国家中医药管理局，2019 年中医药事业发展统计报告。

3. 研究思路和方法背离了中医药特色

随着现代科学技术的发展，中医药理论受到质疑，创新性成果越来越少。分析其原因，主要是因为中医药科研思路违背了自身发展规律。近代科学在确立其主导和统治地位的过程中，方法论起着关键性作用。中医学与西医学最根本的区别，是各自文化背景所导致的思维方式不同，从而形成了各自的认识论和方法论。中医强调整体观、辨证论治，西医则重视病因、病理、病位；中药强调性味归经，西药则重视杀毒灭菌。中医药科研应按中医学自身发展的客观规律，以及与此相对应的思维方式，确定正确的研究方向、发展目标和研究方法，必须从临床实践中总结归纳辨证论治的方法、思路，以研究药性以及药性与中医理论的关系为切入点。

① 中华人民共和国国家卫生健康委员会．2019 年我国卫生健康事业发展统计公报．（2020-06-06）［2020-06-20］．http://www.nhc.gov.cn/guihuaxxs/s10748/202006/ebfe31f24cc145b198dd730603ec4442.shtml.

② 陶艳．中医药传承与发展面临的困境．中国中医药信息杂志，2008（6）：7.

然而，目前中医药科研淡化了中医理论整体思维方式，以线性、分析还原论为指导思想，按现代医学的生理、生化、病理等实验室量化指标来研究中医药“实质”、“本质”和“有效成分”，运用现代科学技术实施“微观探索”、“指标检测”和“客观实证”，试图从实验室里发展中医理论、开发中药新药，甚至把基因组学、蛋白质组学作为中医药研究的突破口。这种完全按照西医科研路子开展的中医科研违背了中医药发展的认识论和方法论。因此，加强和正确引领中医药科研，是中医药传承与发展的关键环节和重要支撑。只有把握中医药发展的根本，确立正确的思想和方法，才能不断创造和完善符合整体医学的科研成果与理论体系，才能为中医药的发展提供不竭的活水源头。

4. 医疗管理模式削弱了中医的特色和优势

中医诊断治疗的模式和标准，以整体论的思维为主导，根据患者的症状，用辨证论治的方法来诊疗疾病。一个处方可以治疗不同的疾病，一种疾病也可以用不同的处方来治疗，都能达到防病治病的效果是中医治病的重要特征。如现代中医学家蒲辅周曾用中医的方法治疗乙脑，在治愈的167人中，用了98组中药处方。可见，中医的诊断和疗效标准以及医疗模式不同于西医，两个医学体系应有不同的诊疗模式和标准，在实践中应“求异存同”，而不应“求同存异”，这样才能突出各自的优势与特色。

民间中医是振兴中医药不可忽视的一支力量。我国中医药的发展历史，就是一部民间中医药发展史，历史上闻名于世的医学家，如华佗、张仲景、孙思邈、李时珍等，无一不是来自于民间、发展于民间、成名于民间。当代的中医名家吕炳奎、董建华、方药中、焦树德等也无一不是来自民间。许多民间中医具有一技之长、掌握特技疗法，他们的治疗方法不但具有中医特色，而且效果好、费用低。民间中医的研究成果只要加以重视和整理提高，有很多可成为中医的特色疗法。但按现行的《执业医师法》的规定，许多民间中医无法取得合法的行医资格。

（二）中医药事业未来发展前景

中医药文化具有引导中华传统文化走向世界的强大功能。通过对外传播中医药文化，可以展现中华传统文化的巨大魅力，进而提高国家文化软实力。

1. 中医药逐渐成为中国文化走出去的名片

中医药是承载中华传统文化的主要载体之一。中华传统文化对中医的发展产生了深刻影响。从古人天人相应、五行相克理论与中医的阴阳、五行学说，到儒家的中庸、中和观与中医的阴平阳秘、平人不病；从道家的清静无为与中医的入静，到佛家的众生平等、慈悲为怀与中医的大医精诚，可以说，中医文化融于我国古代文化之中，而中医所宣扬的养生观、生死观、饮食观等也对传统文化产生了影响。

2016年6月，太湖世界文化论坛上，澳门为中医药走出去积极搭建了桥梁。澳门中医药学会会长石崇荣提供的调查数据表明：在澳门，有96%的华人在治疗疾病和养生保健方面有使用中医中药的习惯，澳门居民对中医中药有很大的信任和需求。

2018年11月，第十五届世界中医药大会暨“一带一路”中医药学术交流活动在罗马开幕，来自 30 多个国家和地区的近千名中医药行业代表参会，就中医药基础理论及临床实践、中医药国际标准化与信息化、道地药材与濒危珍稀动植物保护等问题展开交流。

2019 年 10 月，全国中医药大会在北京召开。目前，中医药已传播到 180 多个国家和地区。中药逐步进入国际医药体系，已在俄罗斯、古巴、越南、新加坡和阿联酋等国以药品形式注册。据世界卫生组织统计，目前 103 个会员国认可使用针灸，其中 29 个设立了传统医学的法律法规，18 个将针灸纳入医疗保险体系。

2019 年 11 月，第十六届世界中医药大会暨“一带一路”中医药学术交流活动在匈牙利首都布达佩斯开幕，来自 30 多个国家和地区的近 800 名中医药行业代表参加了此次大会，在大会上分享中医药理论研究和临床经验、科研成果和新发明新创造。大会附设中医药服务贸易展览会，为中医药在中东欧地区的发展搭建广阔的平台。

中医药是华夏儿女的共同瑰宝，在当今社会条件下，促进中医药在全球范围内推广，不仅能更好地弘扬中华文化，提升文化软实力，还能为从事中医药行业的华侨华人创造更多就业机会。

延伸阅读 3-5
“一带一路”中医文化走出去战略及进展

延伸阅读 3-6
中医药国际化：来得正是时候

2. 国家制定诸多政策促进中医药事业发展

中华人民共和国成立后，特别是改革开放以来，党中央、国务院高度重视中医药工作，制定了一系列政策措施，推动中医药事业发展，并取得了显著成就。中医药总体规模不断扩大，发展水平和服务能力逐步提高，初步形成了医疗、保健、科研、教育、产业、文化整体发展新格局，对经济社会发展贡献度明显提升。截至 2020 年末，全国中医类医疗卫生机构总数达 72 355 个，比上年增加 6 546 个（增长 9.9%）。其中，中医类医院 5 482 个，中医类门诊部、诊所 66 830 个，中医类研究机构 43 个。与上年比较，中医类医院增加 250 个，中医类门诊部及诊所增加 6 295 个。全国中医药卫生人员总数达 82.9 万人，比上年增加 6.2 万人（增长 8.0%）。[①] 中医药在常见病、多发病、慢性病及疑难病症、重大传染病防治中的作用得到进一步彰显，受到国际社会广泛认可。早在 2014 年，中药生产企业就有 3 813 家，中药工业总产值 7 302 亿元。2016 年国务院印发《中医药发展战略规划纲要》(2016—2030 年)，提出要加强中医药传统知识保护和技术发掘。2021 年 1 月，国务院办公厅印发《关于加快中医药特色发展的若干政策措施》的通知，提出要认真总结中医药防治新冠肺炎经验做法，破解存在的问题，更好发挥中医药特色和比较优势，推动中医药和西医药相互补充、协调发展。

当前，我国进入全面建成小康社会决胜阶段。满足人民群众对简便价廉的中医药服务需求，迫切需要大力发展健康服务业，拓宽中医药服务领域。深化医药卫生体制改革，加快推进健康中国建设，迫切需要在构建中国特色基本医疗制度中发挥中医药独特作用。适应未来医学从疾病医学向健康医学转变、医学模式从生物医学向“生物—心理—社会”模式转变的发展趋势，迫切需要继承和发展中医药的绿色健康理念、天人合

① 中华人民共和国国家卫生健康委员会. 2020 年我国卫生健康事业发展统计公报.（2021-07-13）[2020-07-14]. http://www.nhc.gov.cn/guihuaxxs/s10743/202107/af8a9c98453c4d9593e07895ae0493c8.shtml

一的整体观念、辨证施治和综合施治的诊疗模式，运用自然的防治手段和全生命周期的健康服务。促进经济转型升级，培育新的经济增长动能，迫切需要加大对中医药的扶持力度，进一步激发中医药原创优势，促进中医药产业提质增效。传承和弘扬中华优秀传统文化，迫切需要进一步普及和宣传中医药文化知识。实施“走出去”战略，推进“一带一路”建设，迫切需要推动中医药海外创新发展。各地区、各有关部门要正确认识形势，把握机遇，扎实推进中医药事业持续健康发展。

议一议

医学生应怎样传承和弘扬中医药文化?

拓展训练

假如你是一名医生，你在为病患诊治开处方的过程中，应该如何均衡中药与西药的关系?

第四章

聚焦民生热点

引言

人口老龄化是指总人口中因年轻人口数量减少、年长人口数量增加而导致的老年人口比例相应增长的动态。这包含两层意思：一是指老年人口相对增多，在总人口中所占比例不断上升；二是指社会人口结构呈现老年状态，进入老龄化社会。国际上通常的看法是，当一个国家或地区 60 岁以上老年人口占人口总数的 10%，或 65 岁以上老年人口占人口总数的 7%，即意味着这个国家或地区的人口处于老龄化社会[①]。

人口老龄化本质上是一种反映社会进步的现象。从根本上讲，这种人口结构的转变是医疗进步、教育水平明显提高和经济发展的直接成就，也是公共卫生事业发展，例如饮用水卫生、克服营养不良、克服传染病和寄生虫疾病，以及降低母婴死亡率的结果。我们既要看到人口老龄化带来的种种社会问题，同时也要看到它给卫生健康行业的发展带来的重大机遇。

想一想

我们应该如何积极应对人口老龄化问题？

① 廖喜张．广东已进入老龄化社会．信息时报，2013-03-05．

第一节 我国人口老龄化的现状、特征、成因及对策

一、我国人口老龄化的现状及未来趋势

根据全国老龄工作委员会办公室提供的数据显示，我国已于 1999 年进入老龄化社会。据第七次全国人口普查数据显示，我国 2020 年 60 岁及以上人口 2.64 亿人，占总人口的 18.70%，其中 65 岁及以上人口为 1.9 亿人，占总人口的 13.50%。与 2010 年第六次全国人口普查相比，60 岁及以上人口的比重上升 5.44 个百分点，65 岁及以上人口的比重上升 4.63 个百分点。人口学专家预测，21 世纪我国将是一个不可逆转的老龄化社会。根据 2006 年 2 月全国老龄工作委员会办公室发布的《中国人口老龄化发展趋势预测研究报告》，从 2001 年至 2100 年的 100 年间，我国的人口老龄化趋势大致可以划分为快速老龄化、加速老龄化、稳定的重度老龄化三个时期。

（一）快速老龄化时期（2001—2020 年）

这一时期，人口老龄化进程明显加快，我国平均每年新增 596 万老年人口，年均增长速度为 3.28%，大大超过总人口年均 0.66% 的增长速度。到 2020 年，老年人口将达到 2.48 亿人，老龄化水平将达到 17.17%，其中，80 岁及以上老年人口将达到 3 067 万人，占老年人口总数的 12.37%。①

（二）加速老龄化时期（2021—2050 年）

这一时期，伴随着 20 世纪 60 年代到 70 年代中期新中国成立后的第二次生育高峰人群开始进入老年，我国老年人口数量开始加速增长，平均每年增加 620 万人。同时，由于总人口逐渐实现零增长并开始负增长，人口老龄化将进一步加速。到 2023 年，我国老年人口数量将增加到 2.7 亿人，将与 0 ～ 14 岁儿童人口数量相等。2026 年我国老年人口将超过 3 亿人，2050 年老年人口将超过 4 亿人，老龄化水平达到 30% 以上，其中 65 岁以上老年人口总数将达 3.36 亿人，占总人口数的 24.3%，80 岁及以上老年人口将达 944.8 万人，占老年人口的 21.78%。

延伸阅读 4-1
中国人口老龄化发展趋势预测研究报告

（三）稳定的重度老龄化时期（2051—2100 年）

2051 年我国老年人口规模将达到峰值 4.37 亿人，约为儿童人口数量的 2 倍。这一时期，老年人口规模将稳定在 3 亿～ 4 亿人，老龄化水平基本稳定在 31% 左右，80 岁及以上的老年总人口的比重将保持在 25% ～ 30%，进入一个高度老龄化的平台期。

① 数据来自 2006 年发布的《中国人口老龄化发展趋势预测研究报告》，实际上，2019 年的统计数据显示，已超过该报告的预测。

二、我国人口老龄化的主要特征

（一）老年人口总量为世界之最

据联合国预测，中国在21世纪上半叶将一直是世界上老年人口最多的国家，占世界老年人口的20%；21世纪下半叶，中国将是仅次于印度的第二老年人口大国。目前，我国60岁以上老年人口占世界老年人口总量已经超过了联合国的预测，达到了25%。

（二）老年人口增长速度加快

从1980年至1999年，在不到20年的时间里，我国人口年龄结构就基本完成了从成年型向老年型结构的转变，与世界发达国家比，老年人口增长速度十分惊人。比如，法国完成这一过程用了115年，瑞士用了85年，美国用了60年，英国用了45年，发展速度快的日本也用了25年。

人口学家认为，60～69岁为低龄老年人口，70～79岁为中龄老年人口，80岁以上为高龄老年人口。我国高龄老年人口以每年5.4%的速度增长，高龄老年人口已从1990年的800万人增长到2017年的2 600万人，占全国总人口的1.8%。到2025年，这一比例可能会上升到2%；到2050年，该比例将暴增至8%。由于高龄老年人口丧偶和患病的概率高，高龄老人生活自理能力差，因此他们不仅需要经济上的供养，还需要生活上的照料。

（三）老龄化地区间差异较大

在东部经济发达地区和大中城市，人口已经进入严重老龄化阶段。如上海市老年人口2000年已达238万人，占总人口的18.5%；到2025年将达到最高峰468.8万人，占总人口的32.7%。2000年北京市老年人口为188万人，占总人口的14.6%，2025年将会猛增到416万人，老年人口的比例接近30%，大大超过目前发达国家人口老龄化程度。而在中西部地区，人口老龄化的程度低于东部。1979年最早进入人口老年型行列的东部城市上海和最迟2012年进入人口老年型行列的西部城市宁夏比较，时间跨度长达33年。

（四）老龄化城乡倒置显著

2005年底，我国农村老年人口为8 557万人，占老年人口总数的65.82%，农村的老龄化水平高于城镇1.24个百分点，这种城乡倒置的状况将一直持续到2040年。到21世纪后半叶，城镇的老龄化水平才将超过农村，并逐渐拉开差距。这是我国人口老龄化不同于发达国家的重要特征之一。

（五）老龄化超前于现代化

欧美一些发达国家人口老龄化伴随着城市化和工业化呈渐进的步伐。当它们的65岁以上老龄人口达到7%时，人均国内生产总值一般都在5 000～10 000美元以上。而中国进入老龄化国家时，人均国内生产总值仅为800美元。虽然在2019年，我国人均GDP首次超过1万美元，跻身中等偏上收入国家，但人民对于更高水平的健康和养老需求与地区之间、城乡之间的经济社会发展不充分、不平衡的矛盾仍然突出，老龄化超前于现代化。

延伸阅读4-2
中国人口老龄化的7大特征

三、我国人口老龄化形成的原因及影响

（一）我国人口老龄化形成的原因

一是长期以来实行计划生育政策出现的较低生育率。为了控制人口过快增长，减轻人口对经济社会发展造成的压力，我国自 20 世纪 70 年代实行计划生育的基本国策以来，全社会的生育水平大大降低了。

二是经济的快速增长、科学技术的进步、医疗条件的改善和生活水平的提高，使人类在健康和长寿方面已取得了惊人成就，人口寿命大大延长。1949 年我国人口的平均预期寿命仅为 35 岁，2018 年人均预期寿命达到了 77 岁。[①]

以上因素共同作用的结果，就是在全社会人口中，年轻人口比重的进一步降低和老年人口比重相对的提高，最终表现为全社会人口中老年人口过快增长和比重的加大，即人口老龄化社会的提前到来。

（二）我国人口老龄化带来的影响

第一，老龄人口的增长会改变人口的扶养比，被扶养人口的增加必将加重现有劳动人口的负担。1990 年中国每 100 个劳动年龄人口扶养 13.74 个老年人，2000 年增加到 15.6 人，据预测，2025 年每 100 个劳动年龄人口将扶养 29.46 人，2050 年将扶养 48.49 人。全国总扶养比也将相应上升，从 2025 年的 59.5% 上升到 2050 年的 76.8%。

第二，伴随人口老龄化而产生的劳动力年龄结构的老龄化，必将对经济发展和劳动生产率的提高产生一定的消极影响。

第三，人口老龄化使用于老年社会保障的费用大幅增加，给政府带来比较沉重的财政负担。

第四，人口老龄化客观上要求调整现有的产业结构，以满足老年人口对物质、精神和文化特殊的需要。为了满足老年人口日益增长的物质精神和文化的需要，就必须大力发展老龄产业，增加老年人所需要的社会服务业，改造不适应人口老龄化的住宅、社区和环境，生产老年人衣、食、住、行、用、乐等各种消费品。

第五，人口老龄化必然会引起家庭规模和家庭结构的变化，使家庭的养老功能不断削弱。因此，迫切要求发展以社区为中心的各项社区福利和社会服务事业，以弥补家庭养老功能的不足。

四、新时期解决我国人口老龄化问题的对策

（一）建立多层次、广覆盖的社会保障体系和养老保险及医疗保险制度

在科学发展观的指导下，坚持人口、资源和环境的可持续发展的科学理念，充分利用当前人口红利期——社会养老负担相对比较低的有利形势，加快经济社会发展，尽快建立多层次、广覆盖的社会保障体系和养老保险、医疗保险制度，为应对今后社会进一步老龄化做好各项准备。

（二）建立和完善老龄政策体系和法规体系

加快保护老年人正当权益的法律、法规建设，使老年人的民主权利、人身权利、消

---

① 70 年来我国人均预期寿命从 35 岁提高到 77 [EB/OL]. 新华网.（2019-08-22）. http://www.xinhuanet.com/politics/2019-08/22/c_1124909249.htm

费权益、社会地位得到保护，做好立法和伦理道德准备。

（三）积极发展老龄产业和大力开发老年消费市场

充分利用产业化、社会化的运行机制，推进安老、养老产业的不断发展，进一步满足广大老年人在物质、精神和文化等方面的特殊需求，逐步改善老年人的生活环境，提高老年人的生活质量。

（四）加强老龄科学研究和培养专业人才

积极组织开展人口老龄化的科学研究，制定适合我国国情、符合科学发展观的“老龄化社会对策大纲”，为有效解决老龄化所带来的各种社会问题提供理论指导和科学依据。同时，拓宽老龄事业人才培养渠道，我国高等院校应增设适应老龄事业发展的学科专业，职业技术院校应培养服务于老龄人员的实用型人才。

（五）大力弘扬中华民族尊老敬老的优良传统

充分尊重老年人情感和心理需求的人性化选择，弘扬中华民族尊老敬老的优良传统，实行“以政府为主导、以家庭为主体”的居家养老模式，从我国国情出发，按照国家、社会、家庭、个人共同负担的原则，量力择路，构建具有中国特色的养老模式和养老制度。

（六）构建多种形式、广泛覆盖的城镇社区和农村乡村的居家养老服务网络

以科学发展观为统领，以构建社会主义和谐社会为目标，不断丰富城镇社区居家养老服务设施，不断充实服务内容和形式，不断壮大专业化和志愿者相结合的居家养老服务队伍，逐步建立、健全和完善居家养老服务的组织管理体制和监督评估机制。

（七）创建健康老龄化和积极老龄化

2016 年 2 月，习近平对加强老龄工作作出重要指示强调，有效应对我国人口老龄化，事关国家发展全局，事关亿万百姓福祉。要立足当前、着眼长远，加强顶层设计，完善生育、就业、养老等重大政策和制度，做到及时应对、科学应对、综合应对。[1] 各级政府和全社会各行各业要根据老年人的需要、愿望和能力，充分发挥他们的智慧优势、经验优势、使他们真正成为社会发展的建设性力量。

延伸阅读 4-3
老龄蓝皮书：中国城乡老年人生活状况调查报告（精读）

五、全面放开二孩政策及其影响

党的十八届五中全会提出，坚持计划生育的基本国策，完善人口发展战略，全面实施一对夫妇可生育两个孩子政策，积极开展应对人口老龄化行动。专家普遍认为，此举有利于促进我国人口均衡发展。

（一）全面放开二孩政策带来的人口增加

国家统计局根据全国人口变动抽样调查数据的推算分析表明，2016 年二孩出生数量大幅上升，明显高于“十二五”时期平均水平。2017 年二孩数量进一步上升至 883 万人，比 2016 年增加了 162 万人；二孩占全部出生人口的比重达到 51.2%，比 2016 年提高了 11 个百分点。2019 年末，中国总人口突破 14 亿。与此同时，全年人口出生率降至 1952 年以来最低的 10.48‰，出生人口为 1 465 万人。国家统计局表示，虽然 2019

① 习近平李克强对加强老龄工作作出重要指示批示［EB/OL］. 中华人民共和国中央人民政府.（2016-02-23）. http://www.gov.cn/xinwen/2016-02/23/content_5045223.htm

年的人口出生率比 2018 年有所降低，但降幅有所减少（2018 年和 2017 年的人口出生率分别为 10.94‰、12.43‰），其中全面放开二孩政策起到了比较大的作用。受到全面放开二孩政策的影响，2019 年二孩占出生人口比例达 57%。在全部出生婴儿中，二孩的比例明显提高，并且超过了 50%。根据世界银行估计，中国的总和生育率从 1996 年开始一直低于 1.6，直到 2013 年才回升到 1.6，2016 年为 1.62，2018 年为 1.69。

虽然全面放开二孩政策的确在一定程度上刺激了人口的增长，但是从育龄妇女数量和生育意愿两个人口生育基数和乘数关键指标来看，这一政策带来的人口增加似乎有限。2018 年，全国 15-49 岁育龄妇女人数比 2017 年减少 700 余万人，其中 20-29 岁生育旺盛期育龄妇女减少 500 余万人。而在 2017 年，育龄妇女人数比上一年减少了 400 万人左右。根据全国妇联的一份调查显示，超过一半的一孩家庭没有生育二孩的意愿。这个数据在发达省份和城市、高学历的受访者中比例更高。调查显示，当前影响群众生育意愿的因素主要有养育成本高、托育服务短缺、女性职业发展压力大等。生育意愿的下降不仅直接影响一孩的出生数量，还会逐渐削减“全面放开二孩”政策的效果。2019 年我国出生人口总量减少的主要原因是育龄妇女人数持续减少，特别是生育旺盛期育龄妇女人数减少。15 ～ 49 岁育龄妇女人数比 2018 年减少 500 多万人，其中，20 ～ 29 岁生育旺盛期育龄妇女人数减少 600 多万人。此外，生育水平略有下降，也是影响出生人口减少的因素。

（二）全面放开二孩政策不能逆转人口老龄化趋势

2015 年之前的中国，一直在享受人口红利带来的诸多实惠。整体而言，劳动年龄人口（15 ～ 64 岁）从 1950 年开始就始终处于持续上升的趋势之中，从 1950 年最低的 3.33 亿人增长至 2014 年的 10.8 亿人，增长 224%，而同一时期的少年人口（0 ～ 14 岁）与老年人口（65 岁及以上）之和虽然也有所增加，从 2.11 亿人上升至 3.61 亿人，但 71% 的增幅远不及劳动力人口的增长。

随着 20 世纪 70 年代开始的计划生育政策的实施，一方面，人口生育率持续下滑，少年人口持续下降，从 1976 年的 3.65 亿人下降至 2011 年的 2.32 亿人，下降 36.44%；另一方面，老年人口数量持续增加，从 1960 年的 2 352 万人上升至 2014 年的 1.26 亿人，剧增 435%。因而少年人口抚养比持续下滑，从 1965 年的 74.6% 下降至 2010 年的 23.4%；与此同时，老年人口扶养比持续上升，从 1965 年的 6.1% 增长至 2015 年的 13%。截至 2018 年末，我国 60 岁以上老龄人口已经达到约 2.5 亿人，占总人口的比例为 18%，其中 65 岁及以上老年人口达 1.67 亿，占总人口的 11.9%。到 2019 年，我国 65 岁及以上人口占总人口的 12.6%。数据显示，2019 年，我国 16 ～ 59 周岁的劳动年龄人口 89 640 万人，占总人口的比重为 64.0%；60 周岁及以上人口 25 388 万人，占总人口的 18.1%，其中 65 周岁及以上人口 17 603 万人，占总人口的 12.6%。

全面放开二孩政策的实施意味着未来 5 年间人口增量会逐渐释放，达到 1 500 万～ 2 500 万人。这部分人群作为净消费者，会提高未来 5 ～ 20 年的儿童抚养比，从而进一步提高总抚养比。从长期看，全面放开二孩政策的实施增加了我国低年龄段的人口占比，到 2030 年，与初始政策相比，0 ～ 14 岁的人口占比将提升 2%，但总体上对我国人口结构影响不大，并不能从根本上改变我国的人口结构和老龄化问题。据测算，到 2030 年我国 65 岁以上人口占总人口的比例为 17%，比 2014 年增加 7%。

2020 年全国两会上，有代表提出在东北地区全面放开人口生育政策，并指出“全面放开并鼓励生育不能再拖了”。其实“全面放开生育政策”在近几年的全国两会上都会被提及，国家卫健委也早就对此进行了回应，并称“《人口与计划生育法》等法律均根据《宪法》制定，不宜立即全面删除”，且全面放开生育政策也没有明确时间表，我们仍需为未来的老龄化社会做好准备。

第二节　人口老龄化给大健康行业带来的挑战与机遇

一、大健康及大健康产业

大健康是围绕着人的衣食住行、生老病死，关注各类影响健康的危险因素和误区，提倡自我健康管理、对生命过程全面呵护的全局性理念。大健康追求的不仅是个体身体健康，而且包含精神、心理 、生理、社会、环境、道德等方面的完全健康。[1] 大健康提倡科学的健康生活和正确的健康消费，实现健康与经济社会良性协调发展。生活小细节，关乎大健康，每个人、每个家庭都需要大健康，大健康理念需要普及寻常百姓家，最终每个人都将健康掌握在自己手里。

大健康产业范畴，涉及各类与健康相关的信息、产品和服务，包含两个层面内容：一是指与人体健康相关的产品，如保健食品、药品、功能性日用品等；二是包括体检、疾病康复、社区教育等的医疗服务。目前主要指保健品、化妆品、家用健康器械产业和医疗服务业，主要包含保健营养食品、生物制药、天然美容与化妆品、医疗器械与健康器材、卫生健康用品以及健康咨询和信息服务等细分产业。

国家对全民大健康的投入是作为一项重要的战略性投资，健康产业对国民经济的贡献蕴涵无限前景。近年来，政府积极引导健康产业的持续发展。新一轮城镇化规划，有望带动居民大健康消费水平的提升。据《大健康产业蓝皮书：中国大健康产业发展报告（2018）》显示：2016 年我国大健康产业增加值规模约为 7.3 万亿元，占 GDP 的比重为 9.8%。另据《“健康中国 2030”规划纲要》，到 2030 年，我国健康服务业总规模将达到 16 万亿元。在未来，大健康产业势必乘势而上，成为拉动经济增长的朝阳产业。

延伸阅读 4-4
大力发展健康产业，促进健康中国建设

二、大健康产业面临的问题

第一，我国的大健康市场人口基数偏大，伴随着城市化的进展和老龄化的到来，人们对大健康的需求会不断地攀升，潜在的市场规模随着需求会更加庞大。然而，目前的消费群体，仍然受限于中老年及病患者。这就需要我们进一步不断开拓健康市场。

第二，城市居民的健康观念也正在转变，从以治病为主，转变到以预防为先，或两

① 张立平．大健康概念的内涵与特征探讨．人民军医，2017（1）：1-2.

者并重。这样就势必会引导健康管理咨询、服务等新兴产业的发展，当然需要探索其发展方式，同时传统的健康产业也需要思考如何进行产业和产品的升级换代。

第三，我国大健康产业链的各个环节显得比较分散，这里面就蕴含着大量的资源整合机遇。市场的竞争力正在由产业运营优势向资本运营优势转变，大健康产业的发展，势必需要寻找相应的资金、资源、技术和渠道等方方面面的有效结合途径。

第四，综观我国大健康产业，就会发现低水平的重复生产十分严重，特别是研发和技术创新不足。大健康产业的发展，一方面亟须发挥研发和技术创新的力量，另一方面需要引进较发达国家低成本研发的优势，通过依靠自主研发和引进国外创新技术促进大健康产业高质量发展。

第五，我国大健康产业的商业模式比较单一和落后，势必成为制约发展的桎梏。产业的发展必须闯出一种以“设计 + 推广产品 + 技术 + 服务 + 信息”的创新商业模式。

延伸阅读 4-5
发展大健康产业三大难

第六，我国大健康产业法规不完善，市场秩序混乱，假冒伪劣产品横行，标准和信息滞后等，造成了消费者的“信任危机”。目前，我国食品安全形势依然十分严峻，如何确保食品安全，面临着极大的挑战。因此，大健康产业必须在规范、安全的前提下，才能谈得上发展。

第七，目前，我国大健康产品始终难敌国外进口的健康产品。进口的健康产品仅以 7% 的品种，就能占领国内 40% 以上的市场份额。因此，开发出适合我国人民的高质量大健康产品、提升我国大健康产品在国内市场的比重已经势在必行。

三、大健康产业的发展机遇

2020 年 10 月，《中共中央关于制定国民经济和社会发展第十四个五年规划和二〇三五年远景目标的建议》中明确指出“十四五”时期要全面推进健康中国建设，加快发展健康产业。这无疑为大健康产业的加速发展提供了前所未有的大好机遇。

第一，建设健康中国的宏伟目标。健康是促进人的全面发展的必然要求，是国家富强和人民幸福的重要标志。没有全民健康，就没有全面小康。党的十八届五中全会从协调推进“四个全面”战略布局出发，提出“推进健康中国建设”的宏伟目标，突显了国家对维护国民健康的高度重视和坚定决心。

第二，人民群众对于医疗卫生质量的要求和健康的重视日益增加。近年来，各级政府在这方面做了大量工作，如建立了覆盖城乡的居民医保体系、逐年提高医保补助标准、推进县级公立医院改革、破除以药养医等，都使医疗卫生服务水平有了很大提高。但不可否认的是，我国基本医疗卫生服务仍存在诸多问题。许多家庭因病返贫，医患纠纷时现报端，城市医院人满为患，乡村医疗卫生机构举步维艰。同时，食品药品安全、饮水安全、职业安全和环境问题等也成为重大健康隐患，对保障国民健康带来新的压力。这使得当前我国的基本医疗卫生服务与人民群众的需求之间仍有较大差距。卫生资源总量仍然不足，结构不合理，卫生服务的公平性和可及性仍然较差，公共卫生、医疗服务和药物政策在制定、调整等方面仍存在滞后或缺失，执行力度也不够。与此同时，随着我国经济社会的快速发展，人们的生活环境、生活方式发生巨大变化，慢性病、老年病、肥胖症以及亚健康等趋于增多。解决这些问题，迫切需要树立大健康理念，发展大健康产业。

第三，人口老龄化速度加快，为大健康产业发展带来机遇。我国人口老龄化发展很快，2019 年我国 60 岁以上人口已达 2.54 亿。2019 年全球人口老龄化问题加剧，中国人口老龄化增速世界第一。预计 2030 年左右，我国将迎来老龄化高峰，老龄人口将超过 3 亿，65 岁以上人口占比将超过日本，成为全球人口老龄化程度最高的国家之一。2050 年，社会将进入深度老龄化阶段，60 岁以上人口占比超 30%。在庞大的人口数量、老龄化加剧、技术突破、互联网 +、医疗体制改革等背景下，我国的医疗健康产业必将迎来井喷式发展。近年来，我国大健康产业整体营收保持增长，2014 年市场规模为 2.5 万亿元，2018 年营收规模超过 5 万亿元，预计 2020 年将超过 9 万亿元，增幅达 32.1%。发展大健康产业，不仅可以提高人们体质和生活质量，而且可以让庞大的老龄人口变成扩大内需、推动发展的新引擎。

第四，大健康概念尚未完全普及，发展空间大。在我国，人们治病意识强、防病意识弱、保健意识差，大健康概念尚未完全普及，健康产业发展滞后。比如，在预防方面，国内健康管理企业大都还处于体检、健康咨询、健康网络服务、产品推广等初级业态，运营模式亟须创新；在治疗方面，生物医药虽然作为重点战略性新兴产业之一越来越受到重视，但其发展面临资金、技术等多方面制约；在保健方面，尚缺乏统一标准和认识，资源分散，良莠不齐，难以满足多元化、个性化的社会需求。

第五，传统中医药文化对大健康的推动。我国有着悠久的中医药文化传统，讲究“药食同源”，注重治防并举、养疗结合。应完善中医药发展政策和机制，健全中医医疗保健服务体系，提升基层服务能力。加强中医临床研究基地和科研机构建设，加强中医药人才培养。推广中医药标准和适宜技术，实施中药标准化行动计划，开展中药资源普查。积极发展中医药养生保健、健康旅游等特色服务。保护和促进民族医药发展。[①]

延伸阅读 4-6
大健康产业机遇和挑战

四、医学高职院校的应对策略

（一）健康管理人才培养目标的比较

健康产业是一种有巨大市场潜力的新兴产业，目前涉及医药产品、保健用品、营养食品、医疗器械、休闲健身、健康管理、健康咨询等多个与人类健康紧密相关的生产和服务领域。各高职院校在培养健康管理专业人才时对于素质要求比较接近，而对于人才培养在职业上的目标而言，一般都结合自己院校的专业优势，在健康行业的某一领域提出人才培养目标。如江苏卫生建康职业学院培养熟悉基础医学、临床医学、预防医学、康复医学专业的基本理论知识，掌握卫生保健、医学信息处理、心理咨询、常见慢性非传染性疾病等相关知识与技能，能从事健康管理专业方面工作的高素质技能型专门人才。广州工商职业技术学院的公共事务管理专业（食品安全与健康管理）旨在培养德智体全面发展、知识结构合理、业务能力强，具备生物学、食品科学、安全评价、管理

① 曾卫. 抓住大健康产业新机遇. 经济日报，2016-03-24.

学以及营养与食品安全的基本知识和技能，能从事食品监督检验、安全评价、质量管理以及营养保健工作的技能型人才。重庆机电职业技术大学社区康复专业培养理想信念坚定、德技并修，具有良好职业道德、工匠精神、创新精神和科学文化素养，具备较强的学习能力、创业能力和自我发展的能力，系统掌握传统和现代康复医学理论和技能，掌握康复治疗、亚健康理疗保健、心理咨询等知识与技术，具备康复治疗、康复资源协调、老年照护、心理康复、社区福利机构经营与管理能力，能够在各级社区康复机构、社会福利机构（养老福利院、儿童福利院、精神病院、伤残军人疗养院等）、亚健康保健企业、残联、社区卫生服务中心、综合医院康复科等，从事康复治疗、康复护理、心理咨询、亚健康理疗的高素质技术技能人才。①

由此可见，一方面各高职院校充分利用了各自现有的教育资源培养健康管理人才，另一方面各高职院校对于健康管理的外延把握尚不太明确，在人才培养目标方向上各有偏颇，这也会导致课程设置内容、就业岗位等诸多方面存在差异。

（二）培养高质量健康管理人才

健康产业作为新兴产业，已成为我国经济产业中一大“朝阳”产业和支柱产业。健康产业横跨第一、第二、第三产业，涉及医药产品、保健用品、营养食品、医疗器械、休闲健身、健康管理、健康咨询等与人类健康紧密相关的生产和服务领域，并形成医疗产业、医药产业、传统保健品产业、健康管理服务产业等四大基本产业集群。在发达国家，健康产业已经成为带动整个国民经济增长的强大动力。

近年来，我国健康产业也开始步入快速发展的高速路，健康管理相关人才就业前景十分广阔。因此，作为与社会经济发展关系更为密切的高职院校，开设健康管理专业，培养健康管理人才有着非常重要的社会意义。②

想一想

我们应当如何解决大健康产业发展中出现的各种问题？

议一议

人口老龄化给医药行业、社区卫生服务带来哪些重大的发展机遇？

拓展训练

选择一个社区，针对60岁以上的老年人做一次关于药品需求和医疗服务的问卷调查，撰写一份调查报告。

---

① 社区康复专业人才培养方案.［EB/OL］.重庆机电职业技术大学.（2021-03-02）. http://gj.cqvtu.com/index.php?m=content&c=index&a=show&catid=103&id=95.

② 朱晓卓，米岚，赵凌波. 高职院校健康管理专业人才培养方案的现状分析. 中国卫生事业管理，2013（2）：141-143.

第五章

正确认识深化医改进程中的分级诊疗

引言

深化医药卫生体制改革是党中央、国务院作出的重大决策，是全面深化改革和全面建成小康社会的重要任务，是维护人民群众健康福祉的重大民生工程、民心工程。自 2009 年启动新一轮医改以来，特别是党的十八大以来，各地区、各有关部门认真贯彻落实党中央、国务院决策部署，坚持把基本医疗卫生服务作为公共产品向全民提供的核心理念，坚持保基本、强基层、建机制的基本原则，坚持统筹安排、突出重点、循序推进的基本路径，攻坚克难，扎实推进改革各项工作，深化医改工作取得重大进展和明显成效。“十四五”期间，深化医改工作将坚持以人民为中心的思想，以促健康、转模式、强基层、重保障为着力点，坚持推进以治病为中心向以人民健康为中心转变，坚持推进卫生健康公共资源向基层延伸、向农村覆盖、向生活困难群众倾斜，坚持推进卫生健康基本公共服务均等化、普惠化、便捷化，坚持推进卫生健康公共服务主体多元化、方式多样化，将健康融入所有政策，推进地方卫生健康体系建设，为人民群众提供全方位全周期健康服务。

延伸阅读 5-1-1
深化医改的重大进展和明显成效

想一想

我国为什么要启动医改？

议一议

我国医疗服务体系存在哪些问题？

第一节　正确认识医疗卫生体制改革

一、医疗卫生体制改革的现状

（一）我国医疗行业的现状

当前，人民生活水平不断提高，健康需求日益增长，但我国卫生资源总量不足、结构不合理、分布不均衡、供给主体相对单一、基层服务能力薄弱等问题比较突出，维护和促进人民健康的制度体系仍需不断完善。

1. 从全国医疗卫生机构数量来看

截至 2020 年 10 月底，全国医疗卫生机构数量 102.5 万多个。与 2019 年 10 月底比较，全国医疗卫生机构增加 15 104 个。其中，医院增加 1 127 个，基层医疗卫生机构增加 15 643 个，专业公共卫生机构减少 1 129 个。在全国 3.5 万个医院中，公立医院约 1.2 万个，民营医院约 2.3 万个。与 2019 年 10 月底比较，公立医院减少 38 个，民营医院增加 1 165 个。基层医疗卫生机构约 97.2 万个，其中，社区卫生服务中心（站）3.5 万个，乡镇卫生院 3.6 万个，诊所（医务室）25.7 万个，村卫生室 61.5 万个。专业公共卫生机构约 1.6 万个，其中，疾病预防控制中心 3 424 个，卫生监督所（中心）才 0.3 万个。其他机构 0.3 万个。具体见表 5-1。

表 5-1　全国医疗卫生机构数量（个）

	2019 年 10 月底	2020 年 10 月底	增减数量
医疗卫生机构合计	**1 010 439**	**1 025 543**	**15 104**
一、医院	33 752	34 879	1 127
按登记注册类型分			
公立医院	11 914	11 876	–38
民营医院	21 838	23 003	1 165
按医院等级分			
三级医院	2 671	2 860	189
二级医院	9 410	10 059	649
一级医院	11 011	11 545	534
未定级医院	106 60	10 415	–245
二、基层医疗卫生机构	95 6162	971 805	15 643
# 社区卫生服务中心（站）	35 149	35 166	17

续表

	2019 年 10 月底	2020 年 10 月底	增减数量
# 政府办	17 715	17 408	–307
乡镇卫生院	36 166	35 878	–288
# 政府办	35 685	35 372	–313
诊所（医务室）	239 675	257 095	17 420
村卫生室	620 619	615 355	–5 264
三、专业公共卫生机构	17 534	15 805	–1 729
# 疾病预防控制中心	3 445	3 424	–21
妇幼保健机构	3 072	3 070	–2
专科疾病防治院（所、站）	1 126	1 093	–33
卫生监督所（中心）	3 113	2 994	–119
计划生育技术服务机构	5 596	3 952	–1 644
四、其他机构	2 991	3 054	63

注：# 系其中数。

2. 从全国医疗卫生机构服务量来看（见表 5–2）

医疗卫生机构的服务量不断扩大，但是医疗机构的规模却不是等比例扩大，因此造成了看病难的问题。有数据显示，2020 年 1-10 月，全国医疗卫生机构总诊疗人次达 44.1 亿人次（不包含诊所、医务室、村卫生室数据），同比下降 12.8%。

医院 26.6 亿人次，同比下降 13.8%，其中：公立医院 22.4 亿人次，同比下降 14.4%；民营医院 4.2 亿人次，同比下降 10.6%。

基层医疗卫生机构 15.2 亿人次（不包含诊所、医务室、村卫生室数据），同比下降 10.7%，其中：社区卫生服务中心（站）5.5 亿人次，同比下降 16.3%；乡镇卫生院 8.4 亿人次，同比下降 6.6%。其他机构 2.3 亿人次。

延伸阅读 5–1–2
2019 年国家医疗服务和医疗质量安全报告

表 5–2 全国医疗卫生机构医疗服务量

	诊疗人次数（万人次）		诊疗人次增长（%）	出院人数（万人）		出院人数增长（%）
	2019 年 1-10 月	2020 年 1-10 月		2019 年 1-10 月	2020 年 1-10 月	
医疗卫生机构合计	**505 691.9**	**441 026.5**	**–12.8**	**21 074.3**	**18 637.2**	**–11.6**
一、医院	308 594.7	265 994.7	–13.8	16 757.2	14 922.4	–10.9
按登记注册类型分						
公立医院	261 938.5	224 288.2	–14.4	13 879.2	11 988.6	–13.6
民营医院	46 656.1	41 706.5	–10.6	2 878.1	2 933.7	1.9

续表

	诊疗人次数（万人次）		诊疗人次增长（%）	出院人数（万人）		出院人数增长（%）
	2019 年 1-10 月	2020 年 1-10 月		2019 年 1-10 月	2020 年 1-10 月	
按医院等级分						
三级医院	159 677.7	139 235.9	–12.8	8 038.9	7 222.6	–10.2
二级医院	111 559.9	96 425.0	–13.6	6 841.5	5 884.4	–14.0
一级医院	18 655.6	15 450.7	–17.2	886.3	1 000.0	12.8
未定级医院	18 701.7	14 883.4	–20.4	990.7	815.1	–17.7
二、基层医疗卫生机构	170 114.6	151 959.1	–10.7	3 435.6	2 946.6	–14.2
# 社区卫生服务中心（站）	65 511.5	54 823.5	–16.3	286.0	234.6	–18.0
# 政府办	46 424.5	39 956.8	–13.9	216.8	181.3	–16.4
乡镇卫生院	90 302.1	84 380.3	–6.6	3 115.1	2 678.7	–14.0
# 政府办	89 537.1	83 711.4	–6.5	3 092.2	2 652.2	–14.2
三、其他机构	26 982.7	23 072.6	–14.5	881.2	768.3	–12.8

注：# 系其中数。

据《第五次国家卫生服务调查分析报告》显示，在城市地区，门诊患者认为“等候时间长”的比例为 11.0%，农村为 5.2%。等候入院时间平均为 1.24 天，其中城市地区 1.36 天，农村地区 1.12 天。

3. 从全国医疗卫生工作者数量来看

与不断增多的病人数量相比，医疗卫生从业人员数量不足，严重影响了医疗卫生服务的质量。截至 2019 年底，我国医师队伍总数达到 386.7 万人，而仅 2019 年 1-11 月就诊病人就达 77.5 亿人次，1-11 月，平均每位医生要接诊 2003 人，按照 1-11 月 280 个工作日计算，平均每个医生每天接诊 7 个病人。

由此可见，随着人们对美好生活的不断追求，对健康需求的不断增长，医疗卫生体制改革势在必行。

（二）我国医疗服务体系发展存在的问题

当前，我国医疗卫生领域存在着“看病难”的现象，这一现象是由多方面原因造成的。一方面，多数患者选择到医疗资源更好的三级医院进行诊疗。据统计，前往医院（不包含基层医疗卫生机构）进行诊疗的病人中 48.8% 选择前往三级医院进行诊疗。另一方面，和不断增长的医疗服务需求相比，三级医院的数量较少、规模较小。据统计，三级医院在三层等级医疗机构总数中只占到了 11.7%。基于以上两方面的原因，前往三级医院就诊的患者往往会感到拥挤不堪。同时，三级医院的医务人员的工作量会远远高于全国平均水平，这又增加了患者的等待时间、缩短了每位患者的诊疗时间，这便形成了人们常说的“看病难”现象。

无序的就医模式带来的严重后果主要表现在：第一，城市大医院有限的资源更加紧张；第二，病源从基层流失，基层医务工作者减少了医学实践和能力提升的机会，起不到健康“守门人”的作用；第三，看病无序或秩序混乱，加剧看病难、看病贵问题；第四，医保基金过度支付、不合理支付，给基金安全平稳运行带来危害。

二、医疗卫生体制改革稳步推进

（一）我国医改进程及阶段特点

医疗卫生体制改革主要包括卫生和医疗两部分，但是由于历史上一直没有明确的区分，所以本书将二者作为一个整体来进行回顾，而医院改革则作为主要线索。按照我国经济体制改革的阶段性特点，结合医疗改革的实际进展情况，将医疗卫生体制改革划分为五个阶段，并逐一分析每一阶段的社会经济背景、改革进程及特点。

1. 第一阶段：1978—1984 年

（1）社会经济背景。

在计划经济时期，政府坚持预防为主、以农村为重点、中西医结合等一系列正确方针路线，建立了完善的农村和城市医疗卫生服务网络，并取得了显著成就。据统计，中国人均期望寿命从 1949 年前的 35 岁提高到 1981 年的 67.8 岁；新生儿死亡率从 200‰降低到 1981 年的 37.6‰；孕妇死亡率大幅降低。但是在“文化大革命”时期，卫生事业发展受到了严重的影响，卫生费用紧缺；医疗卫生队伍青黄不接，领导水平、技术水平、工作效率都十分低下。从粉碎“四人帮”到 1978 年期间虽然做出过一些努力，但是也没有得到很好的恢复。很多医疗机构硬件设施落后，医护比例失调，护理人员不足，专家、学者、专业人员知识老化；许多地方疾病多发，卫生状况差。与此同时，卫生系统长期只重数量不重质量的问题一直没有得到解决，导致我们不得不思考新的路径进行恢复性改革的孕育。1978 年后，随着农村家庭联产承包责任制的实行，拉开了改革开放的序幕，改革开放的不断深化一方面为医改提供了动力，另一方面经济体制改革深刻影响中国社会的发展，不断对卫生事业提出新的要求。

（2）改革进程。

本阶段的改革主要针对“文化大革命”对卫生系统的严重损害进行调整、建设；同时，提高相关人员的业务技术，加强卫生机构经济管理等。

1978 年，党的十一届三中全会提出全党工作重点转移到现代化建设上来，卫生部门也以此作为契机，根据党的建设路线开始加强对卫生事业的管理。1979 年，时任卫生部部长的钱信忠在接受采访时提出“运用经济手段管理卫生事业”，全国卫生厅局长会议提出“卫生工作重点转移到医疗卫生现代化建设上，建设全国三分之一重点县”。同年，卫生部等三部委联合发布了《关于加强医院经济管理试点工作的意见》。接着又开展了“五定一奖”和对医院“定额补助、经济核算、考核奖惩”的办法，并展开了试点。传统医院管理的弊端在这一阶段逐步显露出来，随后加强医院管理的政策相继出台。1981 年 3 月，卫生部发布了《医院经济管理暂行办法》和《关于加强卫生机构经济管理的意见》，开始扭转卫生机构不善于经营核算的局面。在此基础上，1982 年卫生部颁布《全国医院工作条例》，以行政法规形式明确了对医院相关工作的要求。

在加强对医院管理的同时，也开辟了医疗主体多元化的先河。1980 年 8 月，卫生部《关于允许个体开业行医问题的请示报告》得到国务院批准，这为转变国有、集体医疗机构一统天下，形成多种所有制形式并存的医疗服务机构奠定了基础。同时，也在一定程度上弥补了国家对医疗资源投入的不足，促使国有医院的改革更加顺利地进行。

（3）阶段特点。

本阶段是恢复与改革之间的过渡时期，1980 年之前基本上进行恢复性质的建设工作，1980 年之后，当建设全面展开使更多的弊端显露出来时，重点开始向改革转移，其中主要是医疗机构内部的调整。但是这些调整都只是管理上的修修补补，并没有涉及体制上的变革。所以说这个阶段只是医改的孕育期。

2. 第二阶段：1985—1992 年

（1）社会经济背景。

1985 年可谓是医改元年，在这一年我国正式启动医改，核心思想是放权让利，扩大医院自主权。党的十二届三中全会通过的《中共中央关于经济体制改革的决定》，标志着经济体制改革全面展开。这一时期改革从农村到城市、从加强经济管理到经济体制、科技、教育、政治体制等各个领域全面展开。这为医改的全面展开奠定了基础。

（2）改革进程。

医改启动的标志事件主要有两个：一是 1985 年 1 月召开的全国卫生厅局长会议，贯彻党的十二届三中全会《中共中央关于经济体制改革的决定》的精神，部署全面开展城市卫生改革工作；二是 1985 年 4 月，国务院批转卫生部《关于卫生工作改革若干政策问题的报告》(国发〔1985〕62 号文)，62 号文提出：“必须进行改革，放宽政策，简政放权，多方集资，开阔发展卫生事业的路子，把卫生工作搞活”，由此拉开了医疗机构转型的序幕。

为了推动改革的顺利进行，1985 年 8 月卫生部下发《关于开展卫生改革中需要划清的几条政策界限》，作为更好地贯彻 62 号文的补充性规定。1989 年国务院批转了卫生部、财政部、人事部、国家物价局、国家税务局《关于扩大医疗卫生服务有关问题的意见》(国发〔1989〕10 号文)，文件提出五点：第一，积极推行各种形式的承包责任制；第二，开展有偿业余服务；第三，进一步调整医疗卫生服务收费标准；第四，卫生防疫、妇幼保健、药品检验等单位开展有偿服务；第五，卫生事业单位实行“以副补主”“以工助医”。其中特别强调“给予卫生产业企业三年免税政策，积极发展卫生产业”。此文件进一步提出通过市场化来调动企业和相关人员积极性，从而拓宽卫生事业发展的道路。

1988 年 11 月，国务院发布卫生部“三定”方案(即定职能、定机构、定编制)。这一方案确定了卫生部的基本职能，要求对直属企事业单位由直接管理转为间接管理。1989 年 11 月，卫生部颁布《医院分级管理办法》。医院按照任务和功能的不同被划分为三级十等，这一办法能更客观地反映医院的实际水平，同时也有利于医院在政府的控制下展开有序的合作和竞争。

为了巩固已经取得的成果，1989 年 2 月 14 日，卫生部和国家中医药管理局联合下发了《“七五”时期卫生改革提要》和《卫生部门加强精神文明建设的九点意见》，进一步明确了改革的指导思想和各领域改革的政策。

从 1990 年开始，卫生改革不断迈上新的台阶，全国卫生厅局长会议在贯彻十三届五中全会精神的同时，总结了卫生改革的经验，提出进一步治理整顿、深化改革的要求。同年 5 月，卫生部成立《中国卫生发展与改革纲要（1991—2000）》起草小组，此纲要先后草拟了 12 稿，不断地征求意见、讨论修改，这个过程对各部门深化对医改的认识有着重要的意义。

1991 年，第七届全国人民代表大会第四次会议提出了新时期卫生工作的方针：“贯彻预防为主，依靠科技进步，动员全社会参与，中西医并重，为人民健康服务，同时把医疗卫生工作的重点放在农村。”这可以看作是对这一阶段卫生政策的高度总结。

（3）阶段特点。

这一时期的改革主要关注管理体制、运行机制方面的问题，政府的主导思想在于“给政策不给钱”。伴随着各个领域经济体制改革的深入发展，卫生领域不可避免地受到国有企业改革的影响，政府直接投入逐步减少，市场化逐步进入医疗机构。从总体看，虽然涉及体制问题，但是本阶段的改革更多是模仿其他领域的改革，对卫生事业发展自身特性的了解和认识不足，此时改革处在初级阶段。

3. 第三阶段：1993—1999 年

（1）社会经济背景。

1992 年春，邓小平同志南方谈话后，中国共产党召开了第十四次代表大会，确立了建立社会主义市场经济体制的改革目标，掀起了新一轮的改革浪潮。1993 年，党的十四届三中全会通过了《中共中央关于建立社会主义市场经济体制若干问题的决定》，进一步明确了社会主义市场经济体制和社会主义基本制度密不可分的关系，同时指出为了适应市场经济要求，要建立产权清晰、权责明确、政企分开、管理科学的现代企业制度。在卫生医疗领域，继续探索适应社会主义市场经济环境的医疗卫生体制。

（2）改革进程。

1992 年 9 月，卫生部发布《关于深化卫生医疗体制改革的几点意见》，提出“建设靠国家，吃饭靠自己”的精神，卫生部门工作会议中要求医院要在“以工助医、以副补主”等方面取得新成绩。这项卫生政策刺激了医院创收，但在弥补收入不足的同时，也影响了医疗机构公益性的发挥，酿成了“看病难、看病贵问题”突出、群众反映强烈的后患。

针对医院注重效益而忽视公益性的倾向，卫生部门内部也展开了一系列争论。争论集中爆发于 1993 年 5 月召开的全国医政工作会议上，时任卫生部副部长的殷大奎明确表示：反对医疗服务市场化，要求多顾及医疗的大众属性和起码的社会公平。从此以后，医改领域内的政府主导和市场主导的争论几乎就没有停止过，而且逐步成为一个焦点问题被社会各界所讨论。1996 年 12 月 9 日，中共中央、国务院召开了新中国成立以来第一次全国卫生工作会议。此次会议为下一步卫生改革工作的开展打下了坚实的基础。1997 年 1 月，中共中央、国务院颁布《关于卫生改革与发展的决定》，明确提出了卫生工作的奋斗目标和指导思想，提出了推进卫生改革的总要求，在医疗领域主要有改革城镇职工医疗保险制度、改革卫生管理体制、积极发展社区卫生服务、改革卫生机构运行机制等。这些指导思想成为这一轮改革的基调和依据。

在医疗机构管理方面，1993 年 9 月，卫生部下发了《关于加强医疗质量管理的通知》，要求医务人员提高医疗质量意识。1994 年 2 月，国务院发布《医疗机构管理条例》，对医疗机构的规划布局和设置审批、登记、执业、监督管理以及相关法律责任进行了规定，将医疗机构执业管理工作纳入法治轨道。

（3）阶段特点。

这个阶段仍是在改革探索中，伴随着医疗机构市场化的是与非争议，各项探索性改革仍在进行。总体来看，缺乏整体性、系统性的改革，一些深层次的问题有待下一阶段解决。

4. 第四阶段：2000—2004 年

（1）社会经济背景。

随着社会主义市场经济的不断发展，党的执政纲领和路线与日俱进。2002 年，党的十六大提出了全面建设小康社会的奋斗目标，将社会更加和谐、人民生活更加殷实作为小康社会的重要指标。2003 年，党的十六届三中全会提出了科学发展观，即“坚持以人为本，树立全面、协调、可持续的发展观，促进经济社会和人的全面发展”，按照“五个统筹”（即统筹城乡发展、统筹区域发展、统筹经济社会发展、统筹人与自然和谐发展、统筹国内发展和对外开放）推进各项事业的改革和发展。

随着市场化的不断演进，政府卫生投入绝对额逐年增多，但是政府投入占总的卫生费用的比重却在下降。由于政府的投入不足，再加上卫生政策失当，在 2000 年之前就有一些地方开始公开拍卖、出售乡镇卫生院和地方的公立医院。2003 年非典型肺炎疫情又是对卫生体系的一次严峻考验，这次疫情直接暴露出了公共卫生领域的问题，促使人们反思现行卫生政策，客观上影响和推动了卫生体制的改革。

（2）改革进程。

作为贯彻中共中央、国务院《关于卫生改革与发展的决定》的总体文件，国务院办公厅于 2000 年 2 月转发国务院体改办、卫生部等 8 部委《关于城镇医药卫生体制改革的指导意见》。随后陆续出台了 13 个配套文件，包括《关于城镇医疗机构分类管理的实施意见》《关于卫生事业补助政策的意见》《医院药品收支两条线管理暂行办法》《关于医疗卫生机构有关税收政策的通知》《关于改革药品价格管理的意见》《关于改革医疗服务价格管理的意见》《医疗机构药品集中招标采购试点工作若干规定》《药品招标代理机构资格认定及监督管理办法》《关于实行病人选择医生促进医疗机构内部改革的意见》《关于开展区域卫生规划工作的指导意见》《关于发展城市社区卫生服务的若干意见》《关于卫生监督体制改革的意见》《关于深化卫生事业单位人事制度改革的实施意见》等。

在上述配套文件出台后，国家和地方才有了一些改革举措。2000 年 3 月，江苏省宿迁市公开拍卖卫生院，拉开了医院产权改革的序幕，共有 100 多家公立医院被拍卖，实现了政府资本的退出。2001 年，无锡市政府批转《关于市属医院实行医疗服务资产经营委托管理目标责任的意见（试行）的通知》，提出了托管制的构想；2002 年初《上海市市级卫生事业单位投融资改革方案》出台，这也是产权化改革的探索；有关部门在地方进行“医药分开”的试点，按照“医药分家”的模式将药房从医院中剥离，但未获得重大进展。

本阶段城市社区卫生服务工作受到重视，2000 年 12 月，卫生部印发《城市社区卫生服务机构设置原则》《城市社区卫生服务中心设置指导标准》《城市社区卫生服务站设置指导标准》。2001 年 11 月，卫生部印发《城市社区卫生服务基本工作内容（试行）》，同年 12 月印发《关于 2005 年城市社区卫生服务发展目标的意见》。

（3）阶段特点。

本阶段其实是各种趋势交叉最多的一个时期，随着改革的不断深入，市场化在发挥了很大作用的同时也显露出了一些弊端，尤其是非典型肺炎疫情以后，市场主导和政府主导的争论也逐渐深入，这为下一个阶段医改的到来埋下了伏笔。“三改并举”（即医疗保险制度改革、医疗卫生体制改革、药品流通体制改革配套推进）也在这一阶段确立并开始大规模实施。医院产权改革是本阶段最为明晰的脉络。从中央文件的印发到地方政府的尝试，改革的领域和层次在不断提高的同时，操作的方法和手段也日益纯熟。

5. 第五阶段：2005 年至今

2005 年以来，我国医改经历了“医疗回归公益性”“2009 年新医改方案”“‘十二五’期间深化医改”“‘十三五’健康中国建设”等具有阶段性新特征的不同时期。虽然各阶段有各自的新特征，但都是建立在 2005 年确立的医疗坚持公益性，尤其是公立医院的公益性立场之上的改革。党的十八大以来，我国医改取得了显著成效。党的十九大提出了实施健康中国战略，深化医药卫生体制改革，全面建立中国特色基本医疗卫生制度、医疗保障制度和优质高效的医疗卫生服务体系，健全现代医院管理制度。

（1）2005—2008 年：回归与冲刺。

市场化和产权改革致使公立医疗机构逐渐丧失公益性，追求经济利益成为卫生医疗领域的指挥棒。其实，早在 1993 年的全国医政工作会议上，就有人质疑和反对市场化，要求多顾及医疗的大众属性和起码的社会公平。这种争论一直持续到 2005 年才开始公开化，其标志性事件是当年 7 月《中国青年报》刊出的由国务院发展研究中心负责的最新医改研究报告，通过对历年医改的总结反思，报告认为：目前中国的医疗卫生体制改革基本上是不成功的。这种结论主要建立在市场主导和政府主导争论的基础之上，正是因为这份报告让 2005 年成为新一轮医疗体制改革的起点。

2005 年，卫生部制定《关于深化城市医疗体制改革试点指导意见》，被有关专家认为是对卫生事业的重新定性，即更加强调公立医疗机构的公益性质。2005 年也被确定为“医院管理年”，以加强对医疗机构服务质量的管理。2007 年 5 月底，国家发改委等部门组织召开卫生体制改革国际研讨会，对医改方案进行评审。此后，正式的医改方案一直都在酝酿之中。直到党的十七大才首次完整地提出了中国特色卫生医疗体制的制度框架。2008 年 10 月，《关于深化医药卫生体制改革的意见（征求意见稿）》开始在网络上征求意见。

（2）2009—2011 年：新医改亮相。

2009 年 1 月，新医改方案在国务院常务会议得以通过，中国将在 3 年内投入 8 500 亿元，提出了使城镇职工和居民基本医疗保险及新型农村合作医疗参保率提高到 90% 以上的目标。随后，中共中央、国务院《关于深化医药卫生体制改革的意见》正式出台，并公布了《医药卫生体制改革近期重点实施方案（2009—2011 年）》，这两个文件正式敲响了新医改的钟声，成为新时期医改总的指导方案。

（3）2012 年至今：深化新医改。

在“十二五”期间，我国医改主要聚焦在三个方面：一是健全全民医保体系；二是巩固和完善基本药物制度和基层运行的新机制；三是积极推进公立医院改革。根据《2014 年我国卫生和计划生育事业发展统计公报》数据显示，2014 年全国卫生总费用达 35 378.9 亿元，个人卫生支出 11 745.3 亿元（占 33.2%），婴儿死亡率降到 8.9‰，孕产妇死亡率降为 21.7/10 万。人均期望寿命达到 74.83 岁，看病难、看病贵问题得到有效缓解，总体上实现了 2012 年国务院发布的《“十二五”期间深化医药卫生体制改革规划暨实施方案》的预期目标。

2015 年 1 月，国家卫计委出台了《进一步改善医疗服务行动计划》，不久又公布了该计划的三年实施方案，力争用“3 年时间”，实现“便捷就医、安全就医、有效就医和明白就医”，使得“医疗服务水平得到明显提升，人民群众看病就医感受明显改善，社会满意度明显提高，努力构建和谐医患关系”。在此基础上，《全国医疗卫生服务体系规划纲要（2015—2020 年）》提出了要在 2020 年实现“基本建立覆盖城乡居民的基本医疗卫生制度和人民健康水平持续提升”的宏伟目标，并明确了“五项基本原则”，让医疗卫生资源在不同的属地层级实现合理的梯度配置。2016 年通过的“十三五”规划中提出了“推进健康中国建设”的新目标，要“深化医药卫生体制改革，实行医疗、医保、医药联动，推进医药分开，实行分级诊疗制度，建立覆盖城乡的基本医疗卫生制度和现代医院管理制度”；强调“两个坚持”原则，即在全面推进公立医院综合改革中坚持公益属性，坚持中西医并重，促进中医药和民族医药发展。2020 年，《中共中央关于制定国民经济和社会发展第十四个五年规划和二〇三五年远景目标的建议》（下称《建议》）提出要全面推进健康中国建设。《建议》指出，要深化医药卫生体制改革，加快优质医疗资源扩容和区域均衡布局，加快建设分级诊疗体系，加强公立医院建设和管理考核，推进国家组织药品和耗材集中采购使用改革，发展高端医疗设备。坚持中西医并重，大力发展中医药事业。中国在医改的道路上“摸着石头过河”，医改之路虽然充满不确定与风险，但是越走越明朗。

延伸阅读 5-2
“十三五”期间医改主要目标

（二）深化医药卫生体制改革的总体目标

建立健全覆盖城乡居民的基本医疗卫生制度，为群众提供安全、有效、方便、价廉的医疗卫生服务是深化医药卫生体制改革的总体目标。到 2020 年，覆盖城乡居民的基本医疗卫生制度基本建立。普遍建立比较完善的公共卫生服务体系和医疗服务体系，比较健全的医疗保障体系，比较规范的药品供应保障体系，比较科学的医疗卫生机构管理体制和运行机制，形成多元办医格局，人人享有基本医疗卫生服务，基本适应人民群众多层次的医疗卫生需求，人民群众健康水平进一步提高。

（三）新医改的总体框架

根据中共中央、国务院《关于深化医药卫生体制改革的意见》（2009 年 3 月），深化医药卫生体制改革必须要“完善医药卫生四大体系，建立覆盖城乡居民的基本医疗卫生制度”，即“建设覆盖城乡居民的公共卫生服务体系、医疗服务体系、医疗保障体系、药品供应保障体系，形成四位一体的基本医疗卫生制度”。同时还要“完善体制机制，保障医药卫生体系有效规范运转”，即“完善医药卫生的管理、运行、投入、价格、监管体制机制，加强科技与人才、信息、法制建设，保障医药卫生体系有效规范运转”。这就是我们俗称的新医改的“四梁八柱”（见图 5-1）。

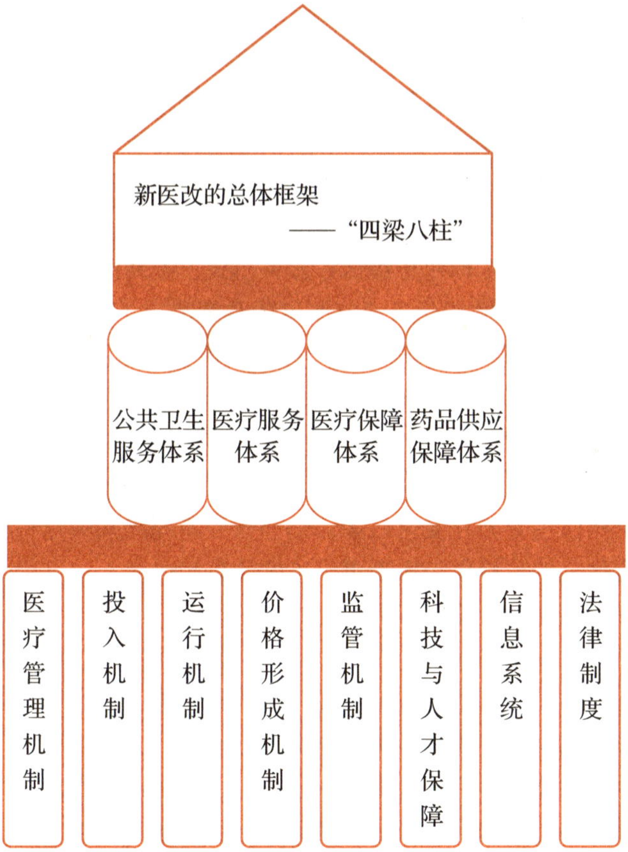

图 5-1　新医改的总体框架——“四梁八柱”

注：编者根据中共中央、国务院《关于深化医药卫生体制改革的意见》绘制。

拓展训练

1. 请大家以小组为单位，课后收集中国医改与美国医改的异同之处，并说明两者各自存在的问题。

2. 你对中国医改有什么建议？

第二节　把握机遇　顺应时代需求

一、分级诊疗制度难题的破解

（一）政策背景

1. 十八届三中全会决定要进一步深化医药卫生体制改革

要统筹推进医疗保障、医疗服务、公共卫生、药品供应、监管体制综合改革；深化基层医疗卫生机构综合改革，健全网络化城乡基层医疗卫生服务运行机制；加快公立医院改革，落实政府责任，建立科学的医疗绩效评价机制和适应行业特点的人才培养、人事薪酬制度；完善合理分级诊疗模式，建立社区医生和居民契约服务关系；充分利用信息化手段，促进优质医疗资源纵向流动；加强区域公共卫生服务资源整合；取消以药补医，理顺医药价格，建立科学补偿机制；改革医保支付方式，健全全民医保体系；加快健全重特大疾病医疗保险和救助制度；完善中医药事业发展政策和机制。

2. 国务院决定推动建立分级诊疗制度

2015 年，国务院办公厅下发《关于城市公立医院综合改革试点的指导意见》，决定推动建立分级诊疗制度。一要构建分级诊疗服务模式，推动医疗卫生工作重心下移、医疗卫生资源下沉。按照国家建立分级诊疗制度的政策要求，在试点城市构建基层首诊、双向转诊、急慢分治、上下联动的分级诊疗模式。落实基层首诊，完善双向转诊程序，推进急慢分治格局的形成，推进和规范医师多点执业。二要完善与分级诊疗相适应的医保政策。2015 年底前，试点城市要结合分级诊疗工作推进情况，明确促进分级诊疗的医保支付政策。对没有按照转诊程序就医的，降低医保支付比例或按规定不予支付。完善不同级别医疗机构医保差异化支付政策。适当拉开不同级别医疗机构的起付线和支付比例差距，对符合规定的转诊住院患者可以连续计算起付线。

3. “十三五”期间对深化医改的部署

2016 年 12 月，国务院印发的《“十三五”深化医药卫生体制改革规划》中明确提出“十三五”期间医改工作的整体构架：深化医改工作将全面贯彻落实全国卫生与健康大会精神，以建立符合国情的基本医疗卫生制度为重点，在分级诊疗、现代医院管理、全民医保、药品供应保障、综合监管等 5 项制度建设上取得新突破。

4. 国家卫计委提出：2017 年全面深化医改，全部取消药品加成

2017 年 1 月，国家卫生计生委宣传司和健康报社联合在北京举行“健康中国”传播激励计划暨 2017 年卫生计生新闻宣传工作媒体座谈会。国家卫生计生委宣传司司长毛群安提出：要全面深化医改，推进分级诊疗制度建设。在 85% 以上地市开展分级诊疗试点。以慢性病和重点人群为切入点，做实做细签约服务包，家庭医生（团队）签约服务覆盖率达到 30% 以上，重点人群覆盖率达到 60% 以上。同时要全面推开公立医院改革，在所有城市实现全覆盖，全部取消药品加成。推进医疗服务价格改革，科学控费。

5. 2021 年政府工作报告关于医疗工作的部署

推进卫生健康体系建设。坚持预防为主，持续推进健康中国行动，深入开展爱国卫

生运动，深化疾病预防控制体系改革，强化基层公共卫生体系，创新医防协同机制，健全公共卫生应急处置和物资保障体系，建立稳定的公共卫生事业投入机制。加强精神卫生和心理健康服务。深化公立医院综合改革，扩大国家医学中心和区域医疗中心建设试点，加强全科医生和乡村医生队伍建设，提升县级医疗服务能力，加快建设分级诊疗体系。坚持中西医并重，实施中医药振兴发展重大工程。支持社会办医，促进“互联网 + 医疗健康”规范发展。强化食品药品疫苗监管。优化预约诊疗等便民措施，努力让大病、急难病患者尽早得到治疗。居民医保和基本公共卫生服务经费人均财政补助标准分别再增加 30 元和 5 元，推动基本医保省级统筹、门诊费用跨省直接结算。建立健全门诊共济保障机制，逐步将门诊费用纳入统筹基金报销，完善短缺药品保供稳价机制，采取把更多慢性病、常见病药品和高值医用耗材纳入集中带量采购等办法，进一步明显降低患者医药负担。

6.“十四五”规划对医疗工作的部署

《中华人民共和国国民经济和社会发展第十四个五年规划和 2035 年远景目标纲要》（下称“十四五”规划）指出要全面推进健康中国建设，并从构建强大公共卫生体系、深化医药卫生体制改革、健全全民医保制度、推动中医药传承创新、建设体育强国、深入开展爱国卫生运动等六个方面作出了具体安排。在深化医药卫生体制改革方面，“十四五”规划指出要“坚持基本医疗卫生事业公益属性，以提高医疗质量和效率为导向，以公立医疗机构为主体、非公立医疗机构为补充，扩大医疗服务资源供给。加强公立医院建设，加快建立现代医院管理制度，深入推进治理结构、人事薪酬、编制管理和绩效考核改革。加快优质医疗资源扩容和区域均衡布局，建设国家医学中心和区域医疗中心。加强基层医疗卫生队伍建设，以城市社区和农村基层、边境口岸城市、县级医院为重点，完善城乡医疗服务网络。加快建设分级诊疗体系，积极发展医疗联合体。加强预防、治疗、护理、康复有机衔接。推进国家组织药品和耗材集中带量采购使用改革，发展高端医疗设备。完善创新药物、疫苗、医疗器械等快速审评审批机制，加快临床急需和罕见病治疗药品、医疗器械审评审批，促进临床急需境外已上市新药和医疗器械尽快在境内上市。提升医护人员培养质量与规模，扩大儿科、全科等短缺医师规模，每千人口拥有注册护士数提高到 3.8 人。实施医师区域注册，推动医师多机构执业。稳步扩大城乡家庭医生签约服务覆盖范围，提高签约服务质量。支持社会办医，鼓励有经验的执业医师开办诊所。”

7. 全国 31 个省（自治区、直辖市）2021 年“两会”医疗卫生工作部署

世界经济复苏缓慢、新冠肺炎疫情冲击全球、国际形势错综复杂，必须认清楚新发展阶段，贯彻新发展理念，构建新发展格局，充分认识危机并存、危中有机、危可转机，牢牢把握机遇，推动我国发展迈出新台阶。2021 年是“十四五”开局之年，是乘势而上开启全面建设社会主义现代化国家新征程、向第二个百年奋斗目标进军的第一年。2021 年各地的医改动向将直接影响着各地老百姓的幸福感和获得感。

北京：实施健康北京行动计划。着力构建公共卫生应急管理体系和医疗卫生服务体系，推进市区两级疾控中心标准化建设。优化分级诊疗服务，提升社区卫生服务中心和家庭医生服务水平，推动预约挂号更多依靠基层转诊。出台促进中医药传承和创新发展

实施方案。

天津：加强基层卫生健康服务能力建设，深化家庭医生签约服务内涵。深入开展“互联网+医疗健康”。深化医药卫生体制改革，推动三医联动，实施药品、医用耗材集中带量采购，合理调整医疗服务价格。

河北：着力推进健康河北建设。深化“四医联动”改革，推动公立医院高质量发展，完善医联体和乡村一体化管理功能。

山西：坚持三医联动，深化分级诊疗、全民医保、药品供应保障、现代医院管理改革。加强县级医疗集团建设。改革疾病预防控制体制。开展国家级城市医联体试点。高水平建设国家区域医疗中心，布局建设省级区域医疗中心。加快建设中医药强省。

内蒙古：深入推进健康内蒙古行动，健全公共卫生应急体系，提高应对突发公共卫生事件能力。推进分级诊疗体系建设，支持社会办医。推进中医药蒙医药传承创新。

辽宁：健全公共卫生应急物资保障体系。加强乡村卫生室建设。大力发展中医药事业，推进智慧医疗，加强健康医学研究。

吉林：深化医药卫生体制改革，推进基本公共医疗服务均等化，完善城乡三级医疗服务网络，加强医联体、医共体建设，促进优质医疗资源下沉基层。坚持中西医并重，全面提升中医药服务能力和抗疫能力，组织开展经典名方开发工作，推动中医药传承创新发展。

黑龙江：健全分级诊疗制度，完善中医药健康服务体系，实现县级中医药服务全覆盖。

上海：加快构建整合型医疗卫生服务体系，提升分级诊疗服务和家庭医生服务质量，发展中医药事业，着力增强全方位全周期健康服务能力。实施便民就医工程，深化医保制度改革，推进药品带量采购，努力保障群众获得高质量、有效率、能负担的医药服务。

江苏：加大疾病预防控制和重大疫情救治体系建设，加快推进国家医学中心、国家和省区域医疗中心建设，大力提升县级医院和基层医疗服务水平，加快推进中医药现代化。深化公立医院改革，推动分级诊疗体系建设，大力发展“互联网+医疗健康”。

浙江：深化县域医共体和城市医联体建设，实施重点人群健康关爱工程、重点慢性病干预计划。

安徽：改革完善疾病预防控制体系，提升重大传染病和突发公共卫生事件早期监测预警能力。开展城市社区卫生机构和村卫生室标准化建设。加快“互联网+医疗健康”示范省建设，推进智慧医院建设。实施“江淮名医”“徽乡名医”培养工程，开展促进中医药传承创新发展行动，支持亳州打造“世界中医药之都”。

福建：实施公共卫生应急管理体系建设行动，完善重大疫情防控机制，持续提升卫生应急处置能力。深化“互联网+医疗健康”示范省建设，强化中医药服务体系内涵和能力建设，加大全科医生培养力度。

江西：深化“三医联动”改革，完善分级诊疗体系，加快发展“互联网+医疗健康”；推进国家中医药综合改革试验区建设，完善中医药价格和医保政策，支持中药经典名方产业化和新药研发。

山东：加强各级疾控中心标准化建设，健全重大传染病监测预警体系。推进中医药传承创新发展。

河南：完善紧密型县域医共体运行机制。实施中医药传承创新能力提升工程。

湖北：加强紧密型城市医联体和县域医共体建设，提升基层医疗卫生机构服务能力。加强基层全科医生培养。全面推进药品和医用耗材省级集中带量采购工作。实施影响群众健康突出问题“323”攻坚行动。深入推进“互联网＋医疗健康”。实施中医药传承创新和基层中医药服务能力提升工程，打造李时珍中医药文化品牌。加强传染病、慢性病、职业病、地方病防控。推进残疾预防和精准康复。

湖南：大力加强公共卫生体系建设，加快完善疾病预防控制体系，健全突发公共卫生事件监测预警处置机制，加强卫生应急队伍建设和现场救护，全面提升公共卫生防控救治能力；深化医药卫生体制改革，加快建立分级诊疗体系，推进药品和耗材集中采购使用改革。发展“互联网＋医疗健康”，加快推进中医药高质量发展。

广东：深化“三医联动”改革，大力发展智慧医疗，促进公立医院高质量发展。传承创新中医药事业，加快建设大湾区中医药高地，积极创建国家中医药综合改革示范区。

广西：健全多层次医疗保障制度。加强公共卫生人才和面向基层的全科医生培养。

海南：建设“三医联动一张网”，实施基于5G物联网的基层医疗卫生机构能力提升工程，推进县域紧密型医联体和医共体建设。实施公共卫生能力提升计划。

重庆：深化医药卫生体制改革，创新医防协同机制，推进公立医院高质量发展，支持社会办医，完善药械交易采购机制，动态调整医疗服务价格，提高医保基金使用效率。推进中医药传承创新发展。

四川：深入实施“健康四川”行动，推进“三医联动”改革，加快建设省公共卫生综合临床中心、生物安全三级实验室和六大区域重大疫情防控救治基地，支持医疗卫生服务体系补短板，建设国家和省级医学中心、区域医疗中心。

贵州：深化医药卫生体制改革，推动区域医疗中心和县域医共体建设，建立三级医院联接社区卫生服务中心机制，完善分级诊疗制度。继续实施“银龄计划”和“黔医人才计划”，加强重点专科和基层医疗卫生人才队伍建设。推进“互联网＋医疗健康”示范省建设。推动中医药、民族医药振兴发展。

云南：完善公共卫生体系，深化医药卫生体制改革。持续提升县级公立医院和基层医疗卫生机构综合服务能力。加强公立医院绩效考核，推进紧密型县域医共体建设试点。推动中医药传承创新发展。

西藏：建设区域医疗中心和医联体、医共体。推进基层巡回诊疗，改革优化基层医疗卫生服务供给，“互联网＋医疗健康”覆盖到乡镇一级。

陕西：加快区域医疗中心和县域医共体建设。推动中医药传承创新，争创国家中医药综合改革试验区。

甘肃：改善省市县疾控基础条件，健全公共卫生应急救援体系，完善突发公共卫生事件检测预警处置机制。加快构建紧密型医联体，推进县级5大急危重症救治中心建设，提高基层医疗机构疫情检测、医疗救治与公共卫生服务能力。全面推广“互联网＋医疗”服务。

青海：深化公立医院改革，完善异地就医备案和费用直接结算制度。

宁夏：深化“互联网＋医疗健康”示范区建设，开展智慧医院试点。深化公立医院改革，推进区域医疗中心、医联体建设，实行药品、医用耗材集中带量采购。促进中医药传承创新发展。

新疆：加大基层卫生资源投入，完善三级医疗卫生服务网络和分级诊疗体系，持续推进“互联网＋医疗”和远程医疗工作。推进以全科医生为重点的基层医疗卫生人才队伍建设，提升基层医疗条件水平。

延伸阅读 5-3
“十三五”期间分级诊疗制度建设主要内容

（二）分级诊疗的内涵

所谓分级诊疗，就是按照疾病的轻、重、缓、急及治疗的难易程度进行分级，不同级别的医疗机构承担不同疾病的治疗，各有所长，逐步实现专业化，将大中型医院承担的一般门诊、康复和护理等分流到基层医疗机构，形成“健康进家庭、小病在基层、大病到医院、康复回基层”的格局。

（三）分级诊疗的优势

一是对于常见病、多发病在基层医疗机构诊治，医疗服务价格更低、起付线更低、报销比例更高，可极大地降低患者医疗费用负担。

二是对于疑难病、复杂病通过大型公立医院与基层联动的预约挂号、预约床位及绿色转诊通道，可明显缩短在大医院住院候床时间，为患者节约时间和费用。

（四）分级诊疗的进程

2014 年 8 月，四川省卫生计生委等 6 个部门下发《关于建立完善分级诊疗制度的意见》，决定从当年 10 月起，四川省全面实施分级诊疗制度。该意见提出了两个阶段性目标：一是到 2017 年，分级诊疗政策体系逐步完善，医疗卫生机构分工协作机制基本形成。推进居民健康卡建设与应用，实现全省医疗健康服务“一卡通”。二是到 2020 年，全省基层首诊、双向转诊、急慢分治、上下联动的新型分级诊疗格局基本形成。四川省成为全国第一个全域推进分级诊疗的人口大省，也是第一个实现与国际惯例接轨、用医保约束制度支撑分级诊疗的省。

2015 年 9 月，国务院办公厅印发《关于推进分级诊疗制度建设的指导意见》，明确到 2017 年，分级诊疗政策体系逐步完善，医疗卫生机构分工协作机制基本形成，优质医疗资源有序有效下沉，以全科医生为重点的基层医疗卫生人才队伍建设得到加强，医疗资源利用效率和整体效益进一步提高，基层医疗卫生机构诊疗量占总诊疗量比例明显提升，就医秩序更加合理规范。

2018 年 8 月 7 日，国家卫生健康委与国家中医药管理局联合印发《关于进一步做好分级诊疗制度建设有关重点工作的通知》，提出了要加快推进医联体建设、以区域医疗中心建设为重点推进分级诊疗区域分开、以县医院能力建设为重点推进分级诊疗城乡分开、以重大疾病单病种管理为重点推进分级诊疗上下分开、以三级医院日间服务为重点推进分级诊疗急慢分开等措施，进一步推进分级诊疗制度建设。

截至2017年底，全国分级诊疗试点城市已达到321个，占地市级城市总数的94.7%，取得良好效果。一是基层医疗服务能力得到有效提升。2017年全国县域内就诊率达到82.5%，较2016年末提升2.1个百分点。二是双向转诊成效进一步显现。2017年，全国上转患者1 455万例次，下转患者483万例次，同比分别增长99.8%和91.2%。三是人才流动进一步活跃。上级医疗机构向基层派出专业技术和管理人才13.5万人次，基层医务人员赴上级医疗机构进修学习11万人次，同比分别增长12.4%和20.8%。四是区域医疗资源进一步有效共享。医学影像诊断中心、医学检验实验室、病理诊断中心和血液透析中心等办医新业态快速发展，同比分别增长50%、135%、276%和57%。73.4%的医疗机构实现医联体内检查结果互认。

二、把握机遇

（一）正确分析当前就业形势

随着分级诊疗政策的进一步推进，基层医院将会需要大量的医务工作者，当代大学生必须树立扎根基层、服务基层的意识，自觉在实现全民健康的道路上贡献自己的力量。据有关数据显示，2010—2020年的毕业生人数按照2%～5%的同比增长率逐年增长（见图5-2），10年间累计毕业生人数达到5 800万人。2018年全国高校毕业生首次突破了800万人，根据教育部统计，2021年全国普通高校毕业生总规模909万，比2020年增加35万，再创历史新高，就业创业工作面临复杂严峻的形势。

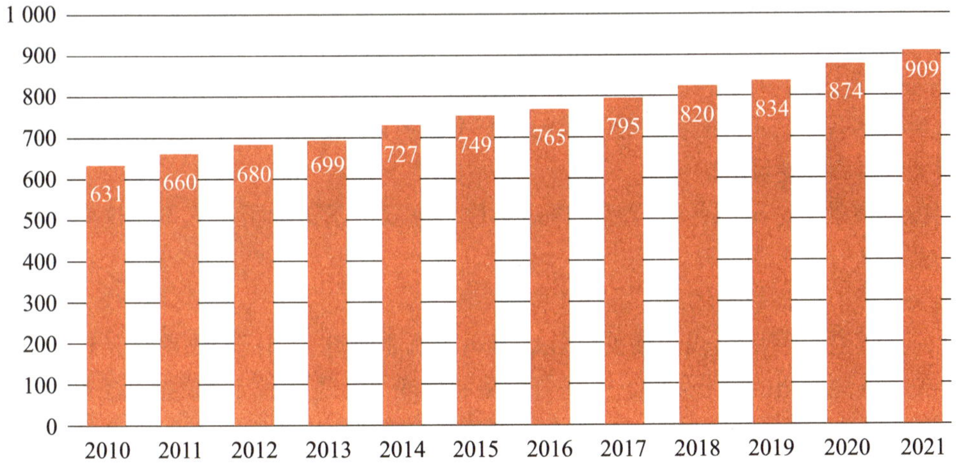

图5-2　2010—2021年全国高校毕业生人数（单位：万人）

2020年11月20日，教育部下发《关于做好2021届全国普通高校毕业生就业创业工作的通知》，该《通知》指出，促进高校毕业生就业是就业工作的重中之重。2021届高校毕业生就业形势复杂严峻，就业工作任务艰巨。为贯彻落实党中央、国务院“稳就业”“保就业”决策部署，教育部决定实施“2021届全国普通高校毕业生就业创业促进行动”，进一步完善高校毕业生就业支持体系，全力促进高校毕业生更加充分更高质量就业，服务加快构建以国内大循环为主体、国内国际双循环相互促进的新发展格局。

（二）把握分级诊疗制度带来的机遇

分级诊疗制度的核心在于实现基层首诊，基层的人员与技术能否让群众放心是首诊的关键。2018 年 1 月，国务院办公厅下发《关于改革完善全科医生培养与使用激励机制的意见》，指出要加快培养大批合格的全科医生、加强基层医疗卫生服务体系建设、推进家庭医生签约服务、建立分级诊疗制度、维护和增进人民群众健康等，明确提出了 2020 年和 2030 年两个阶段性目标。一是到 2020 年，适应行业特点的全科医生培养制度基本建立，适应全科医学人才发展的激励机制基本健全，全科医生职业吸引力显著提高，城乡分布趋于合理，服务能力显著增强，全科医生与城乡居民基本建立比较稳定的服务关系，城乡每万名居民拥有 2 ～ 3 名合格的全科医生。二是到 2030 年，适应行业特点的全科医生培养制度更加健全，使用激励机制更加完善，城乡每万名居民拥有 5 名合格的全科医生，全科医生队伍基本满足健康中国建设需求。

2018 年 9 月，为贯彻落实国务院办公厅《关于改革完善全科医生培养与使用激励机制的意见》，四川省人民政府办公厅制定《关于改革完善全科医生培养与使用激励机制的实施意见》，围绕健康四川建设任务，以推进基层医疗卫生机构全科医生增量提质、队伍稳定为目标，也针对性地提出了 2020 年和 2030 年两个阶段性目标。一是到 2020 年，适应行业特点的全科医生培养制度基本建立，适应全科医学人才发展的激励机制基本健全，全科医生职业吸引力显著提高，全科医生数量和质量基本满足家庭医生签约和分级诊疗制度需要，服务能力显著增强，城乡每万名居民拥有 3 名合格的全科医生，其中平均每个乡镇卫生院不少于 2 名（阿坝、甘孜、凉山州不少于 1 名）。二是到 2030 年，适应行业特点的全科医生培养制度更加健全，使用激励机制更加完善，城乡每万名居民至少拥有 6 名（阿坝、甘孜、凉山州至少 5 名）合格的全科医生，全科医生队伍基本满足健康四川建设需求。

在此背景下，全国各地的基层医疗单位将需要大量医疗卫生人员，这对医学生来讲，无疑是一次重要机遇。

（三）及时收集就业信息，准确定位

一是要通过网络等多渠道关注各地市州的就业信息。积极利用网络，善于利用网络，关注各地市州的就业信息，并做好收集和整理。二是要了解岗位招考条件。不同的岗位往往有不同的需求，同一个岗位不同单位的要求也有差异，必须结合自身实际情况，找到适合自己的岗位。三是要做好职业规划，准确定位。必须从现在开始，做好职业规划，明确人生定位，将自身的职业发展同实现全民健康的健康梦和实现中华民族伟大复兴的中国梦相结合。

三、转变理念

（一）培养良好的人文素养

人文就是尊重人、关心人、爱护人。中国工程院院士巴德年在 2016 年 5 月召开的“重塑诚信　共建和谐医患”座谈会上说：“为什么全世界医学博士最多？因为患者不是把病交给医生，而是把命交给医生。医生给患者开出的第一张处方，不是阿司匹林、抗

生素，而应该是关爱。”

1. 树立患者至上、医者至尊观念

患者至上、医者至尊，是以人为本思想在医院的具体化。我们的管理者要以医者为第一，尊重医者的劳动，尊重医者的创造，待同事如家人，提高医者的幸福感，从而赢得医者的忠诚。我们的医者要以患者为第一，尊重患者的生命，尊重患者的人格，待患者如亲人，提高患者的满意度，从而赢得患者的忠诚。

2. 要有人文关怀的实践

作为医务人员，最起码要做到八点：与患者互相尊重和信任；提供疗效好、损失小的医疗技术；提供热忱便捷的优质服务；营造关爱患者的医院人文环境；让患者可以充分表达自己的想法；医务人员要讲的话应该讲明白；公道处理医疗中的伦理社会法律问题；在医院管理各环节上维护患者利益。

延伸阅读 5-4
人文关怀实践案例

（二）提高临床沟通能力

1. 使用礼貌语言，尊重患者人格

俗话说：“良言一句三冬暖，恶语伤人六月寒。”在与患者进行沟通时，护士所使用的语言应是亲切、温暖、善意、礼貌的语言，不能使用影响护患关系的直、快、粗的语言，并应注意说话的态度、语气、方式，创造和谐融洽的气氛。温暖的语言会使患者对医院和医务工作者产生信任感，让就医过程更有人情味儿，从而拉近医患之间的距离。

延伸阅读 5-5
临床医患沟通艺术

2. 预防为主的针对性沟通

在护理过程中，主动发现可能出现问题的苗头，并将这类患者及家属作为沟通的重点对象，针对具体问题进行沟通，如对医疗费用有疑问的患者及其家属，可将医疗费用清单上的项目向其作详细解释，并与物价局制定的收费标准作比较，让患者及其家属相信收费是合理的。

3. 交换对象沟通

一个人沟通困难时再换他人沟通，如专业护士与患者沟通时遇到障碍，可由护士长进行沟通，做到一切为了患者，一切服务于患者，一切方便于患者，通过与患者沟通，建立亲切、温和、融洽的护患关系。

4. 集体沟通

采用公休座谈会的形式，对同一疾病的患者进行集体沟通、宣教，由专业护士和护士长一起召集病房的患者及其家属沟通，介绍医院的医疗设备、检查治疗和负责医生。护士应运用自己的专业知识及时准确地向患者讲解所患疾病的病因、发病机制、治疗和护理措施、饮食、休息、用药及预防知识、注意事项等。

延伸阅读 5-6
重庆最美乡村医生之周月华

（三）培养良好的职业精神

在 2016 年 8 月 19 日至 20 日召开的全国卫生与健康大会上，习近平总书记发表重要讲话，他指出长期以来，我国广大卫生与健康工作者弘扬“敬佑生命、救死扶伤、甘于奉献、大爱无疆”的精神，全心全意为人民服务，特别是在面对重大传染病威胁、抗击重大自然灾害时，广大卫生与健康工作者临危不惧、义无反顾、勇往直前、舍己救人，赢得了全社会赞誉。这段话有力地阐述了新时代医疗卫生职业精神，精准地反映出医疗卫生行业保障人民群众健康的神圣使命、特殊价值和崇高境界。为推进健康中国建设凝聚起磅礴力量，已成为医疗卫生行业改革发展的核心动力和重要抓手。“敬佑生命、救死扶伤、甘于奉献、大爱无疆”的精神成为医务工作者新时代的职业精神追求。

第一，学习“敬佑生命、救死扶伤、甘于奉献、大爱无疆”的精神，深入领会精神内涵。职业精神既是医务工作者的一种态度，又是医务工作者对医学事业的信念、信心，体现自己的价值取向。只有将职业精神融入个人的价值取向和理想信念之中，体现于日常工作中，才能汇聚成一种强大的精神力量。

第二，从我做起，在日常工作中时刻践行职业精神。勤勉敬业，踏实工作，不忘初心，在平凡的岗位上履职尽责，有原则、有担当，时刻坚守底线思维。

第三，在实际工作中，救死扶伤不是仅凭热血和激情就可以实现的，医务工作者必须得有为患者除病祛疾的真本领。要承载患者的信任与期待，需要医务工作者细致入微地密切观察、冷静专业地作出判断、及时准确地予以处理。这要求医务工作者必须具备高度的专业素养、扎实的专业技能，并且严守专业准则。严格执行“三查七对”“三级查房”制度等诊疗规范，用勤勉敬业、一丝不苟、精益求精浇筑起救助患者的坚实根基。

议一议

请以小组为单位，同学之间相互讨论，在分级诊疗背景下，作为高职院校医学生如何正确给自己定位，找到一份与专业相关的工作？

第六章

关注生态环境　建设绿色医院

引言

生态兴则文明兴，生态衰则文明衰。面对资源过度消耗、环境污染严重、生态系统退化的严峻形势，尤其是近些年突显出来的雾霾问题，党中央从“五位一体”总体布局和“四个全面”战略布局出发，树立“绿水青山就是金山银山”的强烈意识，将生态文明建设视为关系中华民族永续发展的根本大计，努力走向社会主义生态文明新时代。党的十九大首次把“美丽”作为社会主义现代化建设目标，“美丽中国”建设写入新修订的宪法中，习近平生态文明思想的内涵也在不断丰富。大学生是中国特色社会主义事业的接班人，必须认识到保护生态环境是功在当代、利在千秋的伟大事业，必须要自觉树立尊重自然、顺应自然、保护自然的生态文明理念。

绿色医院是现代医院发展的一大趋势，医学生要以长远的眼光去了解和关注绿色医院理念，为将来适应绿色医院发展要求和建设绿色医院打好基础，在未来的工作中要为和谐医患关系、发展绿色医疗、建设美丽中国、实现中华民族永续发展做出应有的贡献。

想一想

为什么说“生态文明建设是关系中华民族永续发展的根本大计”？

第一节　关注生态环境　认识大气污染

一、生态环境与生态文明建设

“生态环境”一词来源于20世纪50年代初期对俄语“экотоп”和英语“ecotope”的翻译。若以人类为主体，它是指“对人类生存和发展有影响的自然因子的综合”。[1]生态环境是人类生存和发展的主要物质来源，承受着人类活动产生的废弃物和各种作用结果。良好的生态环境是人类发展最重要的前提，同时也是人类赖以生存、社会得以安定的基本条件。[2]

生态文明建设是中国特色社会主义事业的重要内容，是“五位一体”总体布局的重要一环，是坚持和实施科学发展观战略的必然要求，关系着人民福祉和民族未来的长远大计，必须把生态文明建设摆在全局工作的突出地位。当前，我国正处于工业化完成前的社会向社会主义现代化社会迅速转型的关键时期，经济的快速发展给资源、能源和环境带来巨大压力，而转变经济增长方式、建设现代经济体系需要在发展理念上掀起一场变革。

二、我国生态文明建设面临的严峻形势

《中华人民共和国环境保护法》规定：“保护环境是国家的基本国策。”“一切单位和个人都有保护环境的义务。地方各级人民政府应当对本行政区域的环境质量负责。”党的十八大以来，党中央开展了一系列根本性、开创性、长远性工作，加快推进生态文明顶层设计和制度体系建设，推动生态环境保护发生历史性、转折性、全局性变化，生态环境质量持续好转，出现稳中向好趋势，但成效并不稳固。生态文明建设正处于压力叠加、负重前行的关键期，已进入提供更多优质生态产品以满足人民日益增长的优美生态环境需要的攻坚期，也到了有条件、有能力解决生态环境突出问题的窗口期。

延伸阅读 6-1
秦岭别墅调查：总书记六次批示此事　背后究竟有哪些隐情

从媒体报道来看，部分地区生态遭到人为破坏而导致生态严重失衡的现象仍然存在，如秦岭违法建造别墅、千岛湖填湖造地建高尔夫球场、青海木里煤田超采破坏植被、新疆卡拉麦里保护区“缩水”给煤矿让路、祁连山生态环境破坏问题等，这些生态破坏事件的处理均得到习近平总书记的亲自批示，其中轰动一时的祁连山生态破坏事件和秦岭违法建造别墅事件是在习近平总书记“扭住不放，一抓到底”

① 王孟本.“生态环境”概念的起源与内涵. 生态学报，2003，23（9）：1910-1914.
② 曹光杰. 中国生态环境问题分析. 临沂师专学报，1999，21（3）：23-26，33.

的多次批示下才得以彻底解决。此外，环境污染如大气污染、水污染、土壤污染、声污染等也严重影响着人民群众的身体健康。

（一）生态破坏导致生态失衡

1. 森林资源相对缺乏，水土流失仍然严重

据第九次全国森林资源清查（2014—2018 年）显示，与上次相比，我国森林面积由 2.08 亿公顷增加到 2.20 亿公顷，森林覆盖率由 21.63% 提高到 22.96%。但是，我国总体上依然缺林少绿、生态脆弱，生态产品短缺与日益增长的社会需求之间的矛盾还相当突出，森林覆盖率远低于世界 31% 的平均水平，人均森林面积不足世界人均森林面积的 1/3；人均森林蓄积仅为世界人均森林蓄积的 1/6。中国森林资源总量位居世界前列，但人均占有量少。

水利部公布 2019 年全国水土流失动态监测结果表明，全国水土流失面积 271.08 万平方公里，占国土面积（未含香港特别行政区、澳门特别行政区和台湾省）28.34%，其中，西部地区水土流失最为严重，面积（227.07 万平方公里）占全国总水土流失面积的 83.76%。当前我国仍有超过国土面积的 1/4 的水土流失面积，面积大、分布广，治理难度越来越大，特别是中西部地区基础设施建设与资源开发强度大，水土资源保护压力大，黄土高原、东北黑土区、长江经济带、石漠化等区域水土流失问题依然突出。

2. 地下水位明显下降，土地荒漠化和沙化严重

长期以来，我国地下水都处于过度开采状态。有研究表明：全国 675 个城市中有 400 多个城市以地下水作为饮用水源，北方地区 65% 的生活用水、50% 的工业用水和 33% 的农业灌溉用水来自地下水。北京、天津、河北、河南、山东、山西、陕西、甘肃和新疆等许多地区地下水均处于超采状态①，华北地区的地下水位更是以每年 12cm 的速度下降。

近年，中国通过实施京津风沙源治理、石漠化治理、三北防护林、退耕还林等重点工程，启动沙化土地封禁保护区和沙漠公园建设，荒漠化和沙化治理成效显著。2019 年中国治理沙化土地面积 226 万公顷，完成石漠化治理 25 万公顷。荒漠化和沙化面积已连续 3 个监测期实现“双缩减”；岩溶地区石漠化土地总面积年均减少 38.6 万公顷，年均缩减率为 3.45%。尽管荒漠化防治取得显著成绩，但中国仍然是世界上荒漠化最严重的国家之一，荒漠化土地面积占陆地国土面积的 1/4，石漠化面积 10 万平方公里，防治形势依然严峻。

3. 草原退化仍在持续，濒危物种持续增加

当前，我国天然草原面积近 4 亿公顷，约占国土面积的 41.7%、全球草原面积的 12%，总量居世界第一。由于过度放牧、草原灾害、违法征占用、过度抽取地下水等，使得草原退化、沙化问题依然存在。以草原灾害为例，2020 年全国发生共发生草原火灾 13 起，受害草原面积 11 046 公顷。据统计，2019 年全国草原生物灾害危害面积 6 419.91 万公顷，约占全国草原总面积的 16.05%。其中，严重危害面积 2 142.37 万公顷，约占全国草原总面积的 5.36%。

我国是世界上生物多样性最为丰富的 12 个国家之一，拥有陆地生态系统的各种类

① 王熹，王湛，杨文涛，等. 中国水资源现状及其未来发展方向展望. 环境工程，2014（7）：1-5.

型，物种数量居北半球国家第一，是世界四大遗传资源起源中心之一[①]。但同时，我国也是生物多样性受到最严重威胁的国家之一。对全国 34 450 种高等植物的评估结果显示，受威胁的高等植物有 3 767 种，约占评估物种总数的 10.9%；属于近危等级（NT）的有 2 723 种；属于数据缺乏等级（DD）的有 3 612 种。需要重点关注和保护的高等植物达 10 102 种，占评估物种总数的 29.3%。对全国 4 357 种已知脊椎动物（除海洋鱼类）受威胁状况的评估结果显示，受威胁的脊椎动物有 932 种，约占评估物种总数的 21.4%；属于近危等级（NT）的有 598 种；属于数据缺乏等级（DD）的有 941 种。需要重点关注和保护的脊椎动物达 2 471 种，占评估物种总数的 56.7%。

议一议

同学间相互讨论，说出自己所知道的致力于保护生态环境的非政府组织（NGO）名称（国内外均可），并列举其一两个事例。

（二）环境污染危害人体健康

1. 主要环境污染现象[②]

（1）大气污染。

在导致中国居民过早死亡的“杀手”中，空气污染已排在了第五名。2019 年，全国 337 个地级及以上城市中，157 个城市环境空气质量达标，占全部城市数的 46.6%；180 个城市环境空气质量超标，占 53.4%；469 个监测降水的城市（区、县）酸雨频率平均为 10.2%，出现酸雨的城市比例为 33.3%，酸雨区面积约 47.4 万平方千米，占国土面积的 5.0%，其中较重酸雨区面积占国土面积的 0.7%。酸雨类型总体仍为硫酸型，酸雨主要分布在长江以南——云贵高原以东地区。

2019 年 3 月，时任生态环境部部长李干杰在第十三届全国人大第二次会议上说，大气重污染三大影响因素“基本搞清楚了”——污染排放、气象条件、区域传输，其中污染排放是主因和内因。工业、燃煤、机动车、扬尘是污染排放的四大来源，占比达 90% 以上。硝酸盐、硫酸盐、铵盐和有机物是 PM2.5 的主要组分，占比达 70% 以上。气象条件对大气重污染的影响也非常明显。“风速低于 2 米、湿度大于 60%、近地面逆温、混合层高度低于 500 米，这样的天气极容易形成重污染天气。”区域传输方面，以“2+26”城市为例，相互之间的影响平均为 20% ～ 30%，重污染天气发生时，可能达到 35% ～ 50%，个别城市可能会达到 60% ～ 70%。“相互之间的影响还是比较明显的，必须要实施联防联控。”

（2）水污染。

中国水资源总量近 $3 \times 10^8 m^3$，居世界第六，但人均占有量不足世界人均占有量的 1/4[③]，而且许多地区的水资源遭到不同程度的污染。2019 年，全国地表水监测的 1 931 个水质断面（点位）中，水质优良（Ⅰ ～Ⅲ类）占 74.9%，比 2018 年上升 3.9 个百分点；丧失使用功能（劣Ⅴ类）占 3.4%，比 2018 年下降 3.3 个百分点，水质进一步改善。长江、

① 李克强强调保护生物多样性. 人民日报（海外版），2010-05-20.
② 本部分数据主要来源于 2019 年《中国生态环境状况公报》。
③ 中国水资源现状. 能源与节能，2016（4）：144.

黄河、珠江、松花江、淮河、海河、辽河七大流域和浙闽片河流、西北诸河、西南诸河监测的 1 610 个水质断面中，Ⅰ～Ⅲ类水质断面占 79.1%，劣Ⅴ类占 3.0%，主要污染指标为化学需氧量、高锰酸盐指数和氨氮。由此可见，我国水污染防治形势依然严峻，在城乡环境基础设施建设、氮磷等营养物质控制、流域水生态保护等方面还存在一些突出问题。

（3）土壤污染。

土壤污染的类型主要分为四种：一是有机污染，如有机农药、石油、城市污水等带来的污染；二是无机污染，如常见的镉、汞、砷、铅等重金属污染；三是放射性元素污染，如因核原料开采和使用不当带来的核污染；四是生物污染，如因生活污水、垃圾、医院污水等当中含有病原体和带病有害生物种群带来的土壤污染。据报道，我国土壤局部污染仍然严重，受污染土壤占到 13.6%，其中中度以上污染土壤占 2.6%，轻微污染占 11%，而耕地中度以上污染占 2.9%，并且污染的速度在继续加快。据统计，我国有 1 300 万～1 600 万亩的农田土壤受到农药污染，全国每年因重金属污染而导致的粮食减产多达 1 000 余万吨，受重金属污染的粮食就有 1 200 万吨，经济损失达 200 亿元以上。[①]

（4）声污染。

一般情况下，声音超过 50 分贝会影响人休息和睡眠，超过 70 分贝则会影响学习和工作。2019 年，开展昼间区域声环境监测的 321 个地级及以上城市平均等效声级为 54.3 分贝。开展昼间道路交通声环境监测的 322 个地级及以上城市平均等效声级为 66.8 分贝。开展功能区声环境监测的 311 个地级及以上城市各类功能区昼间达标率为 92.4%，夜间达标率为 74.4%。

延伸阅读 6-2
噪声危害是继空气污染之后人类公共健康的第二大杀手

除此之外，常见的污染还有光污染、电磁辐射污染、核污染等。

2. 大气污染之雾霾

雾霾是雾和霾的组合词，常见于城市。雾是一种自然天气现象，是由于大量的微小水滴或冰晶悬浮在近地面空气中而形成的气溶胶系统，多出现于秋冬季节，当目标物的水平降低到肉眼能见度的 1 000 米以内，就将这种天气现象称为雾。霾，也称灰霾（烟雾）。跟雾不一样，霾是空气中微小颗粒物所形成的固体气溶胶，这些颗粒物不是单纯的某一种物质，绝大多数都是因人类活动排放在空气中的各种微小固体和液体以及它们之间通过物理或化学作用混合而成的。我国不少地区将雾并入霾一起作为灾害性天气现象进行预警预报，统称为“雾霾天气”。

一般来说，我们通常所讲的大气污染中的颗粒物是指直径在 0.01 ～ 100 微米（μm）的粒子。现在被人们熟知的 PM2.5 实际上就是指直径小于等于 2.5 微米的大气颗粒物（气溶胶）的总称。之所以 PM2.5 最受关注，是因为它能长时间悬浮在空气中，经久不散，被人吸入肺中后能直达肺泡，甚至是血液系统中，从而诱发呼吸系统疾病、心脑血管疾病等。

（1）雾霾的主要来源。

一是燃烧煤炭。煤炭在我国能源消费中具有相当重要的地位，根据英国石油公司 2016 年公布的《BP 世界能源统计年鉴》数据显示，2015 年中国的能源结构中对于煤炭的依赖已经比 10 年前降低了 10 个百分点，但仍然占到 64%，并且在全球煤炭消费总量

① 臧春明，李艳晶．我国土壤污染现状与治理修复研究．国土资源，2018（4）．

中首次超过 50%。由清华大学和美国健康影响研究所（HEI）领导的一项综合研究“中国燃煤和其他主要空气污染源造成的疾病负担”发现，燃煤是造成空气污染、影响健康的单一最大来源。仅在 2013 年，中国就有 36.6 万人由于燃煤导致的空气污染而过早死亡。

二是汽车尾气。城市有毒颗粒物的来源首先是汽车尾气。据生态环境部发布的《中国移动源环境管理年报（2020）》数据显示，2019 年，全国机动车保有量达到 3.48 亿辆，比 2018 年增长 6.4%，其中，新能源汽车保有量达到 381.0 万辆。全国机动车四项污染物排放总量为 1 603.8 万吨，其中，一氧化碳（CO）、碳氢化合物（HC）、氮氧化物（NOx）、颗粒物（PM）排放量分别为 771.6 万吨、189.2 万吨、635.6 万吨、7.4 万吨。汽车是污染物排放总量的主要贡献者，其排放的 CO、HC、NOx 和 PM 超过 90%。

三是工业生产排放的废气。比如冶金、窑炉与锅炉、机电制造业，大量汽修喷漆、建材生产、窑炉燃烧排放的废气。

四是北方冬季烧煤供暖所产生的废气。

五是建筑及工程活动和道路交通产生的颗粒物。建筑物在建造、翻新、拆除等过程中对泥土的挖填、金属的焊接、材料的切割等，都会造成大量的颗粒物排放在空气中。道路上行驶的交通工具也会造成扬尘散向空中，尤其是地面上高速行驶的车辆。

六是可生长颗粒，细菌和病毒的粒径相当于 PM0.1 ～ PM2.5，空气中的湿度和温度适宜时，微生物会附着在颗粒物上，特别是油烟的颗粒物上，微生物吸收油滴后转化成更多的微生物，使得雾霾中的生物有毒物质增多。

七是家庭装修中会产生粉尘“雾霾”。室内粉尘弥漫，不仅有害于工人与用户健康，增添清洁负担，当粉尘严重时，还会给装修工程带来诸多隐患。

（2）雾霾对人体健康有极大的危害。

雾气看似温和，却含有对人体有害的细颗粒、有毒物质达 20 多种，包括酸、碱、盐、胺、酚等，以及尘埃、花粉、螨虫、流感病毒、结核杆菌、肺炎球菌等，其含量是普通大气水滴的几十倍。与雾相比，霾对人的身体健康的危害更大。由于霾中细小粉粒状的飘浮颗粒物直径一般在 0.01 微米以下，可直接通过呼吸系统进入支气管，甚至肺部。所以，霾影响最大的就是人的呼吸系统，造成的疾病主要集中在呼吸道疾病、心脑血管疾病、鼻腔炎症等病种上。同时，雾霾天气时，气压降低、空气中可吸入颗粒物骤增、空气流动性差，有害细菌和病毒向周围扩散的速度变慢，导致空气中病毒浓度增高，疾病传播的风险很高。

除此之外，雾霾天气还可能会带来心理问题。试想，连续几天不见阳光、空气质量不好、能见度低、出行不便，使人们的生活和工作受到严重影响，极易使人心情烦躁，产生不安情绪，从而对客观生活环境感到悲观，引发心理疾病。

（3）严重雾霾天气的应对措施。

第一，雾霾天气少开窗。为了将雾霾抵挡在门外，在家时应尽量避免开窗，尤其是在早上和傍晚雾霾严重的时候。

第二，减少外出，必须外出时应装备齐全。雾霾天气外出会增加感染呼吸道疾病的概率，但对于大部分人而言，不可能做到完全不出门，所以出门一定要戴口罩，而且最好戴能够预防 PM2.5 的专业口罩。

第三，饮食清淡，多喝水，适量补充维生素。雾霾天气要尽量避免重口味、油炸、辛辣等过于刺激的食物，多吃蔬菜和水果，补充维生素，多喝热水，从而缓解雾霾对身体的影响。

第四，注意运动方式。雾霾天气尽量避免外出运动，尤其是早上和傍晚雾霾严重时，喜欢晨练的人特别要注意，最好在室内开展运动。

第五，做好个人卫生。雾霾天气的有害物质和粉尘较多，容易附着在衣物上，特别是外出归来时一定要及时换洗衣服、洗手、漱口。同时应清洗面部及裸露的肌肤，只有保持皮肤和鼻腔的清洁才能避免炎症和感染。

第六，室内多栽绿植。如果担心被雾霾“囚禁”在室内，就可以多放些绿植在室内，既可以缓解“非法入侵”的雾霾，又可以使人心情愉快。比如在自家阳台、露台、室内多种植绿萝、万年青等常绿植物，因为它们的叶片较大，吸附能力相对较强。此外，散尾葵也是净化空气效果较好的植物，被誉为“最有效的空气加湿器”。这些植物都是清洁居室空气的较佳选择。

想一想

你对你的家乡或所在城市的生态环境满意吗？请加以阐述。

议一议

你觉得可以从哪些方面减少空气中的雾霾？

三、树立生态文明新理念

习近平总书记在2018年的全国生态环境保护大会上强调，生态环境是关系党的使命宗旨的重大政治问题，也是关系民生的重大社会问题。党的十八大以来，以习近平同志为核心的党中央加快推进生态文明顶层设计和制度体系建设，把生态文明建设纳入制度化、法治化轨道，建立并实施中央环境保护督察制度，大力推动绿色发展，深入实施大气、水、土壤污染防治三大行动计划，率先发布《中国落实2030年可持续发展议程国别方案》，实施《国家应对气候变化规划（2014—2020年）》，推动生态环境保护发生历史性、转折性、全局性变化，为建设美丽中国、维护全球生态安全做出更大贡献。

党的十九大报告首次把“美丽”作为社会主义现代化奋斗目标之一，将原来的“富强民主文明和谐”进一步拓展为“富强民主文明和谐美丽”。这是针对我国社会主要矛盾变化做出新的部署安排，也是对加快建设美丽中国的重要部署。报告中还明确提出要通过推进绿色发展、着力解决突出环境问题、加大生态系统保护力度、改革生态环境监管体制等，加快生态文明体制改革，建设美丽中国。联合国环境规划署第27次理事会通过了推广中国生态文明理念的决定草案，标志着中国生态文明的理论与实践在国际社会得到认同与支持。同时，新发展理念、生态文明建设和建设美丽中国的要求已经写入了新修正的宪法中。此外，习近平总书记还提出了“两山论”，认为“绿水青山就是金山银山”；系统论述了“新发展理念”，强调要坚持绿色发展，加大环境治理力度，以提高环境质量为核心，实行最严格的环境保护制度；指出了“小康全面不全面，生态环境质量是关键”，认为生态破坏严重、生态灾害频繁、生态压力巨大等突出问题是全面建成小康社会最大的短板等。2020 年 2 月 24 日，十三届全国人大常委会第十六次会议通过了《关于全面禁止非法野生动物交易、革除滥食野生动物陋习、切实保障人民群众生命健康安全的决定》，对维护生物安全和生态安全，加强生态文明建设，以及疫情防控和经济社会发展提供了法律支持。这一系列对于生态文明建设的新举措、新论断、新理论已经汇聚和凝练，形成了习近平生态文明思想。对于加快构建生态文明体系、推动绿色发展、提高环境治理水平等具有重要指导意义。

延伸阅读 6-3
五大发展理念之绿色发展

2018 年，十九届三中全会决定组建生态环境部和自然资源部。生态环境部的管理对象是环境污染，主要职能是制定法规、政策标准，并进行监测和督查。自然资源部的管理对象是生态系统，主要职能是摸清家底、确定自然资源产权，以及山水田湖草整体保护、系统修复、综合治理等。为推动建设美丽中国、加强生态环境保护，将环境保护部职责同其他部门生态环境保护职责进行整合，组建生态环境部，统一行使生态和城乡各类污染排放监管和行政执法职责。国家应对气候变化和减排方面的具体工作由生态环境部承担。生态文明建设的管理体制初步理顺，这将对我国生态文明建设的精细化管理起到积极作用。十九届五中全会审议通过了《中共中央关于制定国民经济和社会发展第十四个五年规划和二〇三五年远景目标的建议》（以下简称《建议》），其中对于我国“十四五”时期的国民经济与社会发展规划以及 2035 年远景目标提出了整体性的构想与原则要求。这标志着，包括生态文明建设在内的新时代中国特色社会主义建设即将开启一个崭新阶段——从全面建设小康社会到全面建设社会主义现代化国家。因而，接下来推进生态文明建设、深化生态文明体制改革的一个重要维度就是全面发挥“十四五”规划的统领与规约作用，而这尤其体现在如下三个方面。

一是理念引领作用。《建议》特别强调的两大生态文明理念是“绿水青山就是金山银山”和作为五大新发展理念之一的“绿色”发展理念。就前者而言，《建议》还进一步指出了“坚持尊重自然、顺应自然、保护自然”、“坚持节约优先、保护优先、自然恢复为主”、“守住自然生态安全边界”等三个观念的重要性。因而，可以预期的是，我国“十四五”时期的生态文明建设将会更加自觉地置于“绿水青山就是金山银山”和绿色发展理念的引领之下，进而明确致力于更大力度的自然生态环境修复、更高标准（质量）的生态环境保护治理和更加绿色的经济社会现代化发展。相应地，生态文明建设将会开启一个政策举措落实程度更高、制度体制创新活力更大、人民群众获得感更强烈的新时期。

二是原则规范作用。《建议》着重强调了新时期生态文明建设过程中必须遵循如下三大原则：统筹协调“五位一体”总体布局、建设人与自然和谐共生的现代化、大力推进绿色可持续发展。就总体来说，贯穿这三大原则的主线是通过加大绿色可持续发展推进力度来构建人与自然和谐共生的现代化建设新格局，实质性提升人与自然、社会与自然、人口资源环境与经济社会发展等之间的协调和谐程度，从而不断推进富强民主文明和谐美丽社会主义现代化强国目标的逐步实现。

三是目标约束作用。《建议》同时勾勒了我国“十四五”规划目标和2035年远景目标。生态文明建设的近期目标是“生态文明建设实现新进步”，具体表现在国土空间开发保护格局得到优化，能源资源配置更加合理、利用效率大幅提高，主要污染物排放总量持续减少，生产生活方式绿色转型成效显著，生态环境持续改善、生态安全屏障更加牢固、城乡人居环境明显改善。远景目标包括“生态环境根本好转、美丽中国建设目标基本实现”，尤其是广泛形成绿色生产生活方式、碳排放达峰后稳中有降。

我国已成为全球生态文明建设的重要参与者、贡献者、引领者，主张加快构筑尊崇自然、绿色发展的生态体系，共建清洁美丽的世界。要深度参与全球环境治理，增强我国在全球环境治理体系中的话语权和影响力，积极引导国际秩序变革方向，形成世界环境保护和可持续发展的解决方案。

作为当代大学生，一是要深刻理解党和国家关于生态环境保护和生态文明建设的重要举措和系列理论，牢固树立尊重自然、顺应自然、保护自然生态文明新理念。二是要切实增强责任感和使命感，自觉接受生态文明教育，做到将生态文明理念内化于心、外化于行。三是要倡导和践行绿色生活方式，尽量购买绿色低碳产品，使用环保可循环利用产品，深入开展文明餐桌行动，节约资源，绿色出行等。四是要开展主题实践活动，积极组织开展城市绿地的管护、义务植树造林、保护母亲河等形式多样的环保志愿服务活动。五是要加强宣传力度，充分运用电视、广播、网络等多种媒体，采取开展主题班会、举办环境论坛等多种形式加大宣传，利用“世界地球日”“世界环境日”“世界土地日”“世界水日”等重要时间节点，开展生态文明宣传教育和主题科普活动。六是要从自我做起、从小事做起，带头节水、节电、节能，形成示范引领作用，逐步形成“保护环境、人人有责”的良好校园风尚。

延伸阅读 6-4
为了中华民族永续发展——习近平总书记关心生态文明建设纪实

拓展训练

1. 大学生可以从哪些方面为保护生态环境做出努力?

2. 你的家乡或所在城市生态环境遭到破坏或污染最严重的是什么？如果让你给当地政府或生态环境部门写一些建议，你会写什么?

第二节　改善医疗环境　建设绿色医院

一、绿色医院的基本含义

“绿色医院”的概念是于2003年提出的，中国医院协会当时在全国推出了第三主题

延伸阅读 6-5
台湾慈济医院

“绿色医疗环境，创百姓放心医院”活动，并制定了创建“绿色医院”的五项具体标准，即医院环境优美化、医院室内洁净化、医院患者饮食绿色化、污水污物无害化和医疗设施管理安全化。在“绿色医院”的内涵和外延的界定上，业界和学界理解各有不同①，目前国内外还未有统一的定义。在这里，我们采用被业界和学界认同较高的一种观点，即绿色医院应该具备拥有绿色的建筑、让患者享受到绿色的医疗、能有效保障患者的安全和维持医患之间的和谐等四个方面的要素。

二、绿色医院的具体要求

（一）绿色医疗

绿色医疗是以患者为中心（以人为本），以促进患者生理、心理健康为目标，提供安全、合理、有效、人性化的医疗服务，并注重医疗服务的持续改善，以及医疗服务与环境资源的协调发展。② 为便于理解，我们在此采用王吉善的定义：绿色医疗至少应包含 6 方面的内容，即绿色医疗应有公园一样的就诊环境；绿色医疗应是清洁的医疗；绿色医疗应有畅通的服务流程；绿色医疗更加关注患者安全；绿色医疗主动减少医源伤害；绿色医疗共建医患和谐等。③

“绿色医院”与“绿色医疗”在内涵上有所重叠，但也有区别。前者是载体，后者是核心，即“绿色医院”是“绿色医疗”的重要载体和表现形式，而“绿色医疗”则是“绿色医院”的内在要求和核心。

（二）绿色建筑

延伸阅读 6-6
医院建筑的“绿色”实践

国内将绿色建筑定义为：在建筑的全寿命周期内，最大限度地节约资源（节能、节地、节水、节材）、保护环境和减少污染，提供健康、适用和高效的使用空间，并与自然和谐共生的医院建筑④。住房和城乡建设部曾先后制定过《绿色建筑评价标准》《绿色建筑评价技术细则》《绿色建筑评价标识管理办法》等多项标准和管理办法；2016 年 8 月 1 日，国家标准《绿色医院建筑评价标准》正式开始实施，其核心内容是场地优化与土地合理利用、节能与能源利用、节水与水资源利用、节材与材料资源利用、室内环境质量、运行管理和创新。

国外对于绿色建筑的思考是建立在 20 世纪 60 至 70 年代因能源危机引发的对绿色环境可持续发展的意识的基础上，英国、美国等国家率先提出绿色建筑评估体系，如美国在 2003 年 12 月制定并发布了世界上第一个有关绿色医疗建筑的指导性评价工具，即《医疗建筑绿色指南》。该指南的 2.2 版分为建造和运行两个版本，建造版本评价体系包括节水、能源、环境质量等，运行版本评价体系包括可持续性场址管理、化学物质管

① 马中立，查丹．“绿色医院”建设的内涵研究．解放军医院管理杂志，2007，14（4）：279-280.

② 潘常青，余雷，吴锦华，等．对绿色医疗的探索与思考．中国医院，2012，16（2）：19-22.

③ 王吉善．什么是绿色医疗．中国卫生质量管理，2011，18（2）：1-2.

④ 羊轶驹，曾娜，沈敏学，孙振球．绿色医院的国内外发展现状．中南大学学报（医学版），2013，38（9）：949-953.

理、废弃物管理、环境服务等。[1] 2008 年，英国发布了医疗绿色建筑环境评价体系，涵盖了医疗废弃物、污染、能源、健康等诸多方面。

（三）绿色环境

绿色医院就是要像公园一样，有绿色的就诊环境，让患者能在放松、舒适、充满绿意的环境中保持心情愉悦，从而利于患者康复。美国一位专家进行了一项长达 10 年的关于环境对患者的影响的研究。结果表明，如果患者可以从他们的窗户看到室外园林的树木比他们直接看到砖墙需要的药品减少 30%，而且康复速度提高 30%。[2]

因此，绿色医院除了要满足现代化医院的技术“硬指标”以外，还应在环境上下功夫，尽量做到人性化，营造出自然、健康、舒适的就医环境。医院的整体规划既要考虑绿地的占比，又要提高园林景观的观赏性，让患者推开病房的窗户就能看见绿色；同时医院建筑内部、病房内也应栽植盆景；医院的建筑及内部装饰也要体现人性化，做一些环境装饰，用丰富的色彩代替单一的色彩，适当增添暖色调。

延伸阅读 6-7
让每一位患者都拥有一扇窗户——新加坡黄廷芳综合医院

（四）清洁医疗

在 2016 年国家环境保护部发布的《国家危险废物名录》中，医疗废物被列为 1 号危险废物，具有毒性和感染性。据生态环境部发布的《2020 年全国大、中城市固体废物污染环境防治年报》显示，2019 年 196 个大、中城市医疗废物产生量 84.3 万吨（见图 6-1），前 10 位城市产生的医疗废物总量为 27.7 万吨（见表 6-1），占全部信息发布城市产生总量的 32.9%。

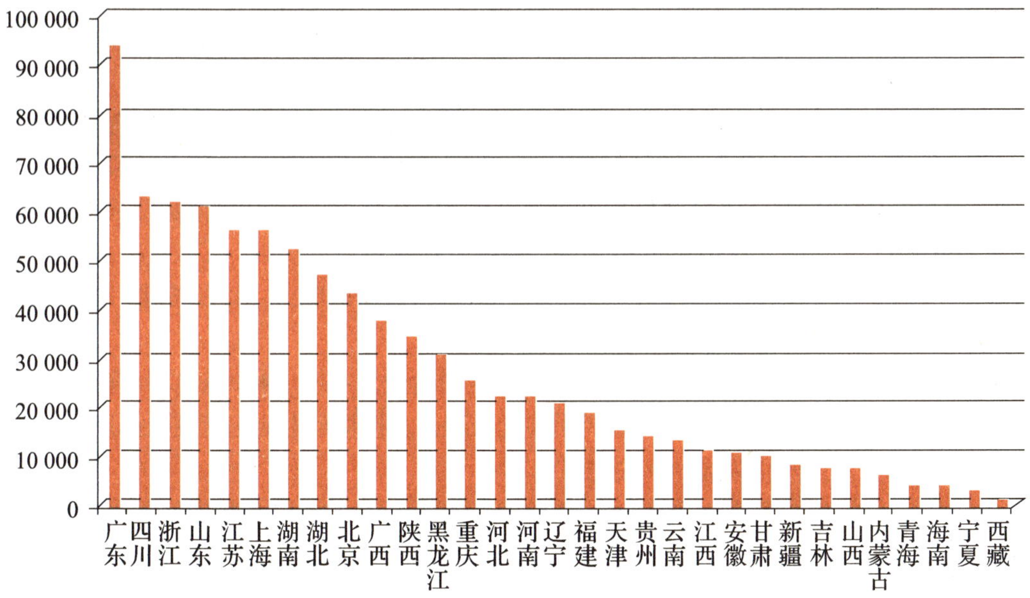

图 6-1 2019 年各省（区、市）医疗废物产生情况（单位：吨）

资料来源：中华人民共和国生态环境部，2020 年全国大、中城市固体废物污染环境防治年报

---

① 刘超，沈晋明，陆文. 绿色医疗建筑的评价. 洁净与空调技术，2010（1）：4-7.

② 王吉善. 什么是绿色医疗. 中国卫生质量管理. 2011，18（2）：1-2.

表 6-1　2019 年医疗废物产生量排名前十的城市　　（单位：吨）

序号	城市名称	医疗废物产生量
1	上海市	55 713.0
2	北京市	42 800.0
3	广东省广州市	27 300.0
4	浙江省杭州市	27 000.0
5	四川省成都市	25 265.8
6	重庆市	25 210.8
7	河南省郑州市	21 701.6
8	湖北省武汉市	19 500.0
9	广东省深圳市	16 500.0
10	江苏省南京市	16 100.0
合计		277 091.2

资料来源：中华人民共和国生态环境部 2020 年全国大、中城市固体废物污染环境防治年报

我国每年产生的医疗废物到底有多少呢？虽然目前没有官方的权威数据，但是根据国家卫健委发布的《2019 年我国卫生健康事业发展统计公报》数据显示，2019 年全国医疗卫生机构入院人数 26 596 万人，病床使用率达到 83.6%，出院者平均住院日为 9.1 日。按照世界卫生组织（WHO）统计的发展中国家每张病床每天可以产生 0.5 ～ 2.5kg 医疗废物来推算，我国每年产生的医疗废物总量相当惊人。

面对如此庞大的医疗废物产生量，现实中是如何处理的呢？总体来讲我国目前有以下五种途径：

延伸阅读 6-8
买卖 9.6 吨医疗垃圾　涉案 5 名被告最高被判四年

第一，直接卖给小商贩。曾有记者对北方某省医疗废物去向做过暗访调查，发现许多医院产生的医疗废物直接卖给了小商贩，或经过简单处理重新包装成新的“医疗用品”，或未经严格消毒便被制成饮料杯、塑料袋等流入市场，威胁人体健康。

第二，随意丢弃。有些偏远地区的医院或小诊所等将医疗垃圾随意丢弃，危害人体健康。

第三，将医疗废物混入生活垃圾。有些农村地区或者偏远地区的小医院、小诊所未经无害化处理，直接将产生的医疗废物扔进垃圾站，给人民健康带来隐患。

第四，直接焚烧填埋。目前，许多农村地区的医疗机构不具备集中处置医疗废物的条件，就采取直接焚烧或者掩埋的方式进行处理。焚烧后会产生二噁英等有害物质，并且有些带有金属的医疗废物并不能通过焚烧解决，只能通过掩埋的方式，这样又会污染土壤和地下水源。

第五，集中回收处理。这是目前处理医疗废物最为合理的一种方式，它是由指定的专业企业集中对某个地区产生的医疗废弃物进行处理。2018 年的统计数据显示，200 个

大、中城市医疗废物产生量 81.7 万吨，处置量 81.6 万吨，大部分城市的医疗废物都得到了及时妥善处置。2019 年，全国各省（区、市）共颁发 442 份危险废物经营许可证用于处置医疗废物，全国医疗废物经营单位实际处置量为 118 万吨。与实际产生的医疗废物量相比，我国的医疗废物实际处置能力还是相对较弱。

议一议

我国医疗废弃物回收处理中存在哪些问题？如何解决，才能使之符合生态、环保的要求？

（五）医院感染防控

世界卫生组织曾对全球 55 家医院感染现患率进行调查，平均 8.7% 的住院病人发生感染。[①] 在美国，医源性感染已成为第四位死因。[②] 据估计，我国每年有 500 万人发生医院感染，直接经济损失为 100 亿～150 亿人民币 [③]，若包括间接经济损失则无法估量。

从医院感染的发生条件来看，必须要有传染源、传染途径和易感染人群。据此，消毒隔离和无菌操作是预防和控制医院感染的两个基本环节。医院空气质量的好坏直接影响医疗质量水平，室内空气微生物污染是医院内环境污染的重要方面，也是医院感染的重要因素，许多的疾病因子均可通过空气扩散传播。[④]

因此，从绿色医疗的角度来讲，防控医院感染首先要改善医疗环境，营造绿色氛围，尤其是要改善医院空气质量，具体来讲包括以下两个方面：

第一，改造或重建医院感染管理的重点部门，对传染源进行严格控制。例如对手术室、消毒室、血液透析室、重症监护室等进行改造或重建，使之符合绿色医院建筑的环境卫生和感染控制要求。同时，对医疗废物及时进行集中消毒处理，存放在指定、安全和密闭的地方，不得随意乱堆乱放。

第二，改造院内环境，保证医院室内的空气质量。在规划医院院内绿化时，应多栽植一些制氧较快的树木和具有芳香味道的花草，让患者享受到洁净、芳香的空气。同时，医院各病区应有空气净化、空调送风等设施，尽量让自然风能直达医院室内空间。此外，还应在医院各大厅、病区室内栽植一些观赏性和功能性盆景，这不仅能改善室内空气质量，还能缓解患者的紧张情绪。

延伸阅读 6-9
浙江省中医院发生重大医疗事故

延伸阅读 6-10
韩国 MERS 再次敲响医院感染防控的警钟

---

① Kohn L，Corrigan J，Donaldson M. To err is human：building a safer health system. Washington，DC：Institute of Medicine，National Academy Press，1999.// 索继江，朱士俊. 绿色医疗与医院感染防控. 中国医院，2011，15（11）：2-4.

② 王羽. 医院感染管理办法释义及适用指南. 北京：中国法制出版社，2006.

③ 王淑惠. 医院感染现状及控制措施. 中国城乡企业卫生，2014（5）：26-27.

④ 杨华明，易滨. 现代医院消毒学. 北京：人民军医出版社，2002：185-193.

（六）和谐的医患关系

和谐的医患关系是指以医生为中心的群体（医方）与以患者为中心的群体（患方）在医学活动中建立起来的和睦、融洽、相互理解和信任的一种人际关系。

作为医学生，掌握构建和谐的医患关系的方法十分有必要。总的来讲，从自身出发，至少要做到以下五点：

第一，以人性化服务为中心，寻找服务创新点。

第二，坚持社会效益准则，诚信行医。

第三，学习医患沟通技巧，加强医患沟通。

第四，夯实专业知识和技术，提供精湛服务。

第五，按规按章办事，增进医患互信。

延伸阅读 6-11
如何防止医患纠纷变“医闹”

延伸阅读 6-12
“医闹”如何从“不敢”到“不愿”

延伸阅读 6-13
检察机关突出打击故意伤害医务人员，起诉 3 308 人

拓展训练

请选择一家医院或诊所，对其产生的医疗废物的处理和去向进行调查，并写出一份调查报告。

第七章

树立大国形象　推进特色外交

引　言

党的十九大以来，以习近平同志为核心的党中央在深刻思考人类前途命运、中国和世界发展大势的基础上，在“五位一体”总体布局和“四个全面”战略布局的指引下，高瞻远瞩、总揽全局，走出一条以打造人类命运共同体为目标遵循、以构建合作共赢的新型伙伴关系为核心内涵、以“一带一路”倡议为践行路径的中国特色大国外交之路。

中国特色大国外交战略顺应了时代发展，是中国外交思想和国际战略的重大创新和发展，深刻反映了世界发展态势和国际格局的重大变化，深刻反映了中国国际影响力的提升和中国与世界关系的历史性变化。我国已经进入实现中华民族伟大复兴的关键阶段，我国对世界的依靠、对国际事务的参与在不断加深，世界对我国的依靠、对我国的影响也在不断加深。当前机遇与挑战共存，我国要善于化危为机、转危为安。因此，我们要创新对外工作理念，着力建设中国特色大国外交，更好地维护国家主权、安全、发展利益，为我国和平发展营造更加有利的国际环境，维护和延长我国发展的重要战略机遇期，维护世界和平稳定，促进共同发展。

想一想

什么是中国特色大国外交？

第一节　高举和平旗帜的中国特色大国外交

中国特色大国外交，贵在“特色”，重在“大国”，底蕴是“和平”，旨在走出一条与传统大国不同的强国之路。它具有鲜明的中国特色、中国风格、中国气派，是高举和平、发展、合作、共赢旗帜的外交，发展了新的和平观、安全观、义利观，体现了中国走和平发展之路的坚定决心，展示了一个发展中大国始终不渝地奉行互利共赢开放战略的责任与担当，回答了拥有 14 亿人口的大国外交举什么旗、怎么走、怎么动、有什么未来的问题，澄清了外部世界对中国“国强必霸”的疑虑。

一、中国特色大国外交的根本政治保障及根基

党的领导是中国特色大国外交根本政治保障。①“党政军民学，东西南北中，党是领导一切的”②。办好中国的事情，关键在党。新中国外交 70 多年的经验告诉我们，无论面对什么样的惊涛骇浪，党的集中统一领导，都能够使中国外交乘风破浪，筑牢抵抗风险的堤坝。习近平总书记强调，外交是国家意志的集中体现，必须坚持外交大权在党中央。因此，走中国特色大国外交之路，就要坚持以维护党中央权威为统领，加强党对外交工作的集中统一领导，充分发挥我国的政治优势和制度优势，统筹调动各领域资源和力量，形成适应新时代要求的中国特色大国外交。

中国特色社会主义是中国特色大国外交的思想与理论核心，体现了中国外交的本质特征，是中国外交的根基所在。习近平强调，要坚持中国特色社会主义，坚持我国的发展道路、社会制度、文化传统、价值观念。“在中国这样一个有着 5 000 多年文明史、13 亿多人口的大国推进改革发展，没有可以奉为金科玉律的教科书，也没有可以对中国人民颐指气使的教师爷。”③“我们不在乎别人说我们什么，真正在乎的是有一个好的环境来发展自己。只要历史证明中国社会主义制度的优越性就够了，别国的社会制度如何我们管不了。”④中国特色社会主义强调根据自己的见解行事，不受外界的干扰，“中国的事情要按照中国的情况来办，要依靠中国人自己的力量来办”⑤。开拓中国特色大国外交新局面，就要旗帜鲜明地坚持中国特色社会主义，要增强道路自信、理论自信、制

① 王毅．谱写中国特色大国外交的时代华章［EB/OL］．人民网．(2019-09-23)［2020-05-20］．http://theory.people.com.cn/gb/n1/2019/0923/c40531-31366751.html.

② 习近平．决胜全面建成小康社会　夺取新时代中国特色社会主义伟大胜利——在中国共产党第十九次全国代表大会上的报告．北京：人民出版社，2017：20.

③ 习近平．在庆祝改革开放 40 周年大会上的讲话［N］．人民日报，2018-12-19.

④ 邓小平．邓小平文选：第 3 卷［M］．1 版．北京：人民出版社，1993：360.

⑤ 邓小平．邓小平文选：第 3 卷［M］．1 版．北京：人民出版社，1993：3.

度自信、文化自信，在道路、制度、方向、价值观上保持定力，决不含糊。

二、和平发展观是中国特色大国外交理念的基石

中国承诺始终做世界和平的建设者、全球发展的贡献者和国际秩序的维护者，构建以合作共赢为核心的新型国际关系，打造人类命运共同体，与各国互帮互助、互惠互利。

（一）建立以合作共赢为核心的新型国际关系

坚持互利共赢的开放战略，强调“变赢者通吃为各方共赢”，将合作共赢理念运用到政治、经济、安全、文化等对外合作的方方面面；强调“志同道合是伙伴，求同存异也是伙伴”，摒弃对抗思维，在坚持不结盟原则的前提下广交朋友，走一条结伴而不结盟的新路，形成遍布全球的伙伴关系网络；坚持和平发展与捍卫国家核心利益的辩证统一，强调坚定不移走和平发展道路，同时决不能放弃我们的正当权益，决不能牺牲国家核心利益。

议一议

新型国际关系新在何处？如何理解？

（二）倡导以命运共同体为基点的新安全观

新安全观是以命运共同体为认识新型国际关系的基点，摒弃把自己的安全建立在别人的不安全之上的旧思维，强调只有合作才能应对当前的各种传统和非传统安全挑战，只有通过促进共同安全才能保证自身安全。在2018年3月召开的第十三届全国人民代表大会第一次会议上，习近平总书记发表重要讲话，再一次强调了中国的对外方针：“中国将继续高举和平、发展、合作、共赢的旗帜，始终不渝走和平发展道路、奉行互利共赢的开放战略。中国将继续积极维护国际公平正义，主张世界上的事情应该由各国人民商量着办，不会把自己的意志强加于人。中国将继续积极推进‘一带一路’建设，加强同世界各国的交流合作，让中国改革发展造福人类。中国将继续积极参与全球治理体系变革和建设，为世界贡献更多中国智慧、中国方案、中国力量，推动建设持久和平、普遍安全、共同繁荣、开放包容、清洁美丽的世界，让人类命运共同体建设的阳光普照世界！”

（三）树立以义利兼顾为主要内容的义利观

“国不以利为利，以义为利也。”这既反映了中华文明的优秀传统，又体现了社会主义制度的本质要求，体现了新时期中国外交的核心价值观，反映了新形势下中国处理国际事务的基本取向。中国对外交往不是仅仅追求经济利益，而是讲信义、重情义、扬正义、树道义，义利兼顾、义利平衡。尤其是对发展中国家，强调坚持义利并举、以义为先、弘义融利，不断加强同发展中国家的团结合作，维护发展中国家的正当权益，致力于促进中国与广大发展中国家的共同振兴。

三、中国特色大国外交的实践特征

（一）和平是中国特色大国外交的底蕴

中华文化崇尚和平，以和为贵，主张“己所不欲，勿施于人”。中国坚持社会主义

道路，社会主义核心价值观追求平等、注重和平、反对霸权，这也是中华人民共和国成立初期外交的优良传统。1949 年以来，我们所倡导和坚持的和平共处五项原则，已经成为公认的国际关系基本准则，成为处理国与国关系的基本遵循。和平是我们发展的环境，没有和平，就不会有发展。中国的发展需要和平的外部环境，中国的发展又助力世界和平。

（二）全方位是中国特色大国外交的表现

中国特色大国外交不是只注重大国关系的外交，而是强调作为主体的大国所应有的外交。大国与世界有着密切的联系，有着广泛的利益相关性，因此，外交也必然是全方位的。中国特色大国外交是注重发展与安全的外交，涉及周边、大国、发展中国家，既有双边关系，也有多边关系，包含经济、政治、文化、安全等内容。中国特色大国外交强调要抓好周边外交工作，打造周边命运共同体，秉持“亲诚惠容”的周边外交理念，坚持与邻为善、以邻为伴，坚持睦邻、安邻、富邻，深化同周边国家的互利合作和互联互通；强调要运筹好大国关系，构建健康稳定的大国关系框架，扩大同发展中大国的合作；强调要同广大发展中国家团结合作，把中国发展与广大发展中国家共同发展紧密联系起来；强调要推进多边外交，推动国际体系和全球治理体系变革，增强中国和广大发展中国家的代表性和话语权。

延伸阅读 7-1
中国特色大国外交到底啥样？这次总书记谈得很全面

拓展训练

以小组为单位，分析讨论“中国未来如何更好地践行中国特色大国外交理念”。

第二节　大国关系发展新局面

国际力量此消彼长，国家之间基于新思想观念和行为方式的互动也在不断衍生出新的国际惯例、国际规划乃至新的国际制度。与此同时，中国正在更加积极参与国际体系建设。这一切就构成了中国外交战略调整的前提与基础。

一、博弈与合作中的中美关系

中美两国，一个是世界上最大的发展中国家，拥有丰富的劳动力资源、明显的成本优势、广阔的市场和无可限量的发展潜力；另一个是拥有世界上最强大的经济和科技实力的发达国家。中美两国的关系，直接影响到世界经济的发展。简要地说，中美关系的本质是：既不是敌人，也不是盟友；既有竞争又有合作，既有斗争又有对话，既有遏制又有缓和的重要而复杂的关系。但随着新冠肺炎疫情在美国的继续蔓延，特朗普政府对疫情防控令人失望的表现，加之其实行极端错误的反华政策，使得中美关系一度遭遇两国建交以来前所未有的严重困难。这一情况伴随新一届美国政府——拜登政府的上台，中美之间的关系又呈现出新的状态。

（一）目前中美两国各自面临的最重要问题

对中国来说，目前最重要的就是稳定和发展。发展需要稳定的局面，因此稳定是必备的条件。首先就是要稳定国内形势。在全国人民的共同努力下，国内冠肺炎疫情防控取得重大战略成果。但于此同时，不容忽视的是受新冠肺炎疫情影响，我国政治、经济、社会发展当前任然面临诸多问题。国内消费、投资、出口下滑，就业压力显著加大，企业特别是中小微企业困难凸显，金融等领域风险有所积聚，基层财政收支矛盾加剧。政府工作存在不足，形式主义、官僚主义仍较突出，少数干部不作为、不会为。一些领域腐败问题多发。这些都是我们需要正视的问题，也是影响国内稳定的风险控制点。

对于美国来说，主要是国内经济发展和国家治理面临诸多问题。2008 年的金融危机暴露了美国虚拟经济的脆弱性，美国经济陷入困境导致其全球影响力衰减。尤其是在 2010 年，中国占全球制造业比重达到 19.8%，超过了美国的 19.4%，一个多世纪以来美国制造业第一大国的宝座首次易主。[①] 再加上新冠肺炎疫情的冲击，特朗普政府已经迫不及待地“重启美国经济”。美国国内经济需要提振，社会不公平现象日益突出，贫富分化严重，底层民众与政治“精英”的价值观严重分化。资产阶级政党毫无底线的恶性竞争等，极大地撕裂了美国社会，导致没有任何一个政党具备重新整合整个国家的力量。这些现实问题使得美国无论是在其经济发展抑或是国家治理方面都面临诸多难题。

因此，中美两国目前各自最主要的任务都是稳定与发展。中国周边的稳定与安全问题是美国遏制中国发展的一个重要突破口，这也是影响中美两国之间关系的重要因素。

（二）中美两国之间的战略矛盾重点

虽说中国的崛起对美国的霸权不利，但总体上来说目前对美国还构不成重大的挑战。而特朗普政府在 2017 年美国国家安全战略报告中，在许多战略性议题上将中国作为潜在或现实的竞争对手，更多以竞争而并非合作、双赢的眼光认识中美关系。对于中国而言，一直是以友好的姿态和合作共赢的实际行动处理两国之间的关系，践行着在和平中谋发展、用发展促和平的理念。实现社会主义现代化和中华民族伟大复兴是中国早已明确的战略目标，中国从未谋求霸权地位。所以霸权之争不是中美矛盾的焦点，经济上的冲突才是目前最大的矛盾。目前中美之间的一切对抗或称之为不合作都是围绕着经济这一主题。

（三）中美关系的新发展

2017 年 4 月 6 日—7 日，习近平主席在美国佛罗里达州海湖庄园同美国总统特朗普举行中美元首会晤。两国元首进行了深入、友好、长时间的会晤，双方高度评价中美关系取得的历史性进展，同意在新起点上推动中美关系取得更大发展，更好惠及两国人民和各国人民。

2017 年 11 月 8 日，应国家主席习近平邀请，美国总统特朗普抵达北京，开始对中

① 年猛. 美国制造业复兴战略的冷静思考及中国应对［EB/OL］.（2016-04-20）［2020-07-10］. http://sike.news.cn/statics/sike/posts/2016/04/219495504.html..

国进行国事访问。这是特朗普就任美国总统以来首次访华。特朗普访华期间，中美两国领导人就共同关心的重大问题再次进行战略性沟通，在海湖庄园会晤、汉堡会晤基础上达成新的重要共识，加深相互了解和友谊，促进两国各领域交流与合作，为新时代中美关系发展描绘蓝图。

2018 年 3 月份开始的中美贸易摩擦，为中美关系的顺利发展制造了阴影。2018 年 3 月 8 日，美国政府以反倾销为由，宣布对由包括中国在内的多国进口的钢材、铝材，分别加征 25% 和 10% 的关税。随后，在短时间内，又对中国采取了几项重大的贸易制裁措施：3 月 23 日，特朗普签署对华贸易备忘录，宣称根据特别 301 调查，将对 500 亿美元的进口中国商品加征 25% 的关税，并随后在其推文中称，可能对 1 000 亿美元的进口中国商品加征 25% 的关税；4 月 4 日凌晨，美国政府依据特别 301 调查单方认定结果，宣布对原产于中国的 1 300 余种进口商品加征 25% 的关税，涉及 500 亿美元的中国对美出口额。4 月 16 日，美商务部宣布对中国中兴通讯禁售任何电子技术和通讯元件。显然，摩擦的规模，特别是摩擦的影响，都显示中美贸易摩擦已迅速成为中美摩擦最突出的主题和最重要的特点。中国当即以实际行动告诉美国，对美国挑起的贸易战，中国有坚定的决心、强大的实力捍卫国家利益。此后，中美贸易摩擦不断发酵，对双方乃至区域经济的发展都产生了不同程度的影响。

2019 年 2 月 14 日和 15 日在北京举行的中美新一轮高级别磋商取得了重要阶段性进展。中美经贸摩擦发生以来，影响全球经济发展、政治安全和战略稳定的中美关系走向备受世界瞩目，因为世界的和平与繁荣离不开中美关系的良性互动。2019 年年末，中美两国经过艰苦谈判，达成第一阶段贸易协议，这对两国和世界经济来讲都是利好消息。中美贸易摩擦直接影响了两国的贸易额。2019 年中美贸易数据全面下滑。1—12 月中美进出口累计 5 412 亿美元，较 2018 年下降 14.6%；其中出口 4 185 亿美元，下滑 12.5%；进口 1 227 亿美元，下滑 20.9%。[①]2020 年 1 月 15 日，中美两国在华盛顿签订中美经贸协定（第一阶段），协定显示中国 2020 年和 2021 年将在 2017 年的进口额的基础上，从美国新增进口共计 524 亿美元的能源产品。贸易战紧张局势得到缓和。

2020 年上半年，随着疫情逐渐蔓延全球，美国作为全球最具影响力的发达国家，却对疫情应对处置不力，不仅没有对全球疫情发挥领导作用，反倒成为受疫情冲击最严重的国家。彼时的中国在疫情发生之初积极抗疫，为全世界争取时间，本着人类共同命运一体的理念，携手各国共同抗疫。在应对疫情中，中国以不争的事实展示大国责任与大国担当，但个别美国政客依旧别有用心，要求中国全面接受疫情情况的调查，其“问责”法案，枉顾事实，企图通过造谣来掩盖自己抗疫不力的事实，而这种粗鄙的做法却被事实一次次“打脸”。

除此以外，美国还对华开展“科技冷战”，把中国多家高科技企业列入“黑名单”；不断在台湾、香港、涉疆等问题上干涉中国内政，大搞强权政治、霸凌主义。这些行为损害了 40 余年积累起来的中美互信，也冲击了整个世界的稳定和发展。

2021 年 2 月 11 日，中国农历除夕上午，中国国家主席习近平同美国总统拜登通电

① 数据来源：海关总署副署长邹志武介绍 2019 年全年进出口情况 [EB/OL]．（2020-01-16）[2020-07-10]．http://cn.chinagate.cn/webcast/2020-01/16/content_75656869.htm.

话。这是拜登入主白宫之后中美两国元首首次通话，意义重大，向世界释放了积极信号。

40余年来，中美关系历经风雨，曲折前行，最重要的启示就是“合则两利，斗则俱伤”。中美两国经济利益高度融合，各领域交往日益密切，合作是中美两国唯一正确的选择。从未来发展趋势来看，中美之间既竞争又合作将是今后10到20年的常态，无论是从中美两国人民的长远利益出发，还是考虑到中美两国承担的国际责任，都要求必须共同找到最大发展中国家和最大发达国家的和平相处之道，共同开辟造福两国、惠及世界的互利共赢之道。为此，两国要立足长远目标，保持战略定力，确保未来两国关系健康稳定发展。对于美国而言，应重建客观正确的对华认知，回归理性务实的对华政策，把中美关系扳回健康发展的轨道，实现不冲突不对抗、相互尊重、合作共赢。对于中国而言，一方面要高度重视与美国关系的正常发展，另一方面也要充分认识与美国竞争的长期性、复杂性，既不狂妄自大，也不妄自菲薄，坚持从斗争中求团结，牢牢掌握中美竞争与合作的主动权，努力开创中美关系发展新局面。

想一想

自1979年中美建交以来，中美关系历经风雨，并随着世界格局的变化发生着深刻的改变。迈入新时期，面对“百年未有之大变局”，我们应该如何看待和把握当前的中美关系？

二、中欧务实合作提质升级

2020年是中欧建交45周年，中欧关系正被不断注入新活力、赋予新内涵。45年里，中国和欧盟各自走过了不平凡的道路，中欧关系始终保持了良好发展势头。双方扩展与深化互利合作，积极建设和平、增长、改革、文明四大伙伴关系，已建立全面战略伙伴关系，为各自发展带来更多机遇，给双方人民带来更多利益。中欧合作领域日益广泛，利益融合渐趋深入，彼此需求有增无减，在许多方面取得重要进展。

（一）中欧关系稳中向好

1. 战略互信不断巩固

2018年7月，李克强总理出席第七次中国—中东欧国家领导人会晤；10月，李克强总理出席第十二届亚欧首脑会议；11—12月，习近平主席访问西班牙、葡萄牙。2019年3月，习近平主席访问意大利、摩纳哥、法国；4月，第二十一次中欧领导人会晤成功举行，就继续深化中欧合作发表了重要联合声明。这样频密的高层往来增进了双方互信，也为中欧关系的发展注入新的政治动力。

正如国务委员兼外交部部长王毅在十三届全国人大三次会议视频记者会上讲到的，中欧建交45年以来双方积累的最重要经验是，“我们完全可以通过平等对话来增进信任，完全可以通过建设性沟通来处理分歧”。中欧之间并不存在根本利害冲突，开展互利合作的空间越来越广，支持多边主义的共识越来越多。从人类发展进程的宽广角度看，中欧不应是制度性竞争对手，而应是全方位战略伙伴。中欧之间的交往应当是相互成就的正循环，而不是你输我赢的淘汰赛。

2. 合作交流更上层楼

中欧双边贸易额呈快速增长，据欧盟统计局统计，2019 年，欧盟同中国双边货物贸易额为 5 596 亿欧元，增长 5.6%。其中，欧盟对华出口 1 983 亿欧元，自华进口 3 613 亿欧元，分别增长 5.5% 和 5.7%；欧盟对华贸易逆差 1 630 亿欧元，增长 5.9%。① 中国是欧盟第二大出口市场和第一大进口来源地。2020 年 4 月，中欧以视频方式举行了第二十八轮中欧投资协定谈判，双方围绕协定文本和清单出价进行了磋商，并取得积极进展。中欧就循环经济、蓝色伙伴、海关合作等签署了新合作文件，充分释放中欧作为两大市场的合作潜力，造福双方人民。双方就加强互联互通战略对接达成重要共识，在科技创新、能源、极地等领域的合作不断推进。“中欧旅游年”、中欧文化艺术节等活动异彩纷呈，带动高校、智库、青年等各界交往热流涌动，有力促进了人文交流。

3. 中欧关系的全球意义更加突出

作为世界的两支重要力量，中欧肩负着维护全球发展稳定的重要使命，双方不断加强在可持续发展、世贸组织改革等全球和地区热点问题上的协调与配合，不断提升中欧关系的战略性和全球意义。中欧在支持多边主义方面有更多共同语言，双方携手改善全球治理，就气候变化问题发表联合声明，就伊朗核问题、叙利亚问题等国际与地区热点保持密切沟通。中欧致力于维护开放自由的多边贸易体系，已就世贸组织改革问题建立了联合工作组，并会同其他成员联合提出了两份改革提案。

中欧已形成“你中有我、我中有你”的利益交融格局，互为发展机遇，双方是合作伙伴而不是制度性对手，双方的共同利益远远大于分歧，欧方应正确看待中方发展，通过务实合作实现互利共赢。中方将继续推进改革开放，在实现自身发展的同时为更多国家发展带来机遇。当前，欧洲新冠肺炎疫情形势仍未得到根本缓解，抗疫任务依然艰巨。合作抗疫离不开双方共同努力，在反对将疫情政治化、污名化的虚假信息，设法克服疫情对经济的冲击，维护产业链、供应链安全上，双方还需通力合作，通过推进各项双边合作大计，将中欧关系推进到一个新的发展阶段和更高水平，共同维护地区和国际社会的健康、繁荣和稳定。

（二）英国“脱欧”后的中英关系

中英于 1954 年 6 月建立代办级外交关系，1972 年 3 月升格为大使级外交关系。至今，中英关系历经波折，总体上朝着积极稳定的方向发展。

2015 年 10 月，习近平主席对英国进行国事访问，开启了中英关系的“黄金时代”。2016 年 9 月，习近平主席同来华出席二十国集团（G20）杭州峰会的英国首相特雷莎·梅举行首次会晤，双方再次确认了中英关系“黄金时代”的大方向。2018 年 2 月，习近平主席在会见特雷莎·梅时强调，中英双方应顺应时代潮流，结合两国各自发展阶段和合作需求，赋予中英关系新的时代内涵，共同打造“黄金时代”增强版。

---

① 数据来源：中华人民共和国商务部. 欧盟统计局公布 2019 年欧盟对外贸易数据.（2020-02-24）[2020-05-22]. http://www.mofcom.gov.cn/article/i/jyjl/m/202002/20200202938686.shtml.

时至今日，虽然中英双边关系总会出现一些有悖双方共同利益的不利因素，但是，中英“黄金时代”的总体发展态势是良好稳定的。总体而言，中英双边关系有以下几大特点：第一，经济合作是中英双边关系的稳定器与压舱石。近年来，中英关系“黄金时代”成果丰硕，“你中有我、我中有你”的互利共赢格局不断巩固。2017 年，中英双边货物贸易额达 790.32 亿美元，较上年增长 6.2%。[①] 第二，中英人文交流蓬勃发展，民间交往日益频繁。双方人文交流范围已经覆盖了教育、文化、艺术、体育、青年、媒体、医疗等众多领域。从交流机制创立至今，中英两国政府一道，努力夯实中英双边关系的民意基础与文化基座。第三，中英是“一带一路”的天然战略伙伴，合作前景十分广阔。2017 年，义乌—伦敦班列首次往返，实现中英贸易物流全陆地运输，标志着中欧班列开通“最后一公里”，使“一带一路”延伸到欧洲最西端。第四，政冷经热的局面没有改变，意识形态分歧依然存在。中英双方由于截然不同的历史文化背景与政治文化传统，在意识形态领域依然存在较为明显的分歧。但是，总体而言，由于中国牢牢把握了中英双边关系的主动权，双方在政治领域的冲突与分歧完全可控。

2016 年 6 月，英国公投“脱欧”，为当前复苏艰难的世界经济再添不确定性。“脱欧”公投以来，“脱欧”进程对英国政治、经济、社会和对外关系的影响不断显现，面临多方面国家转型的机遇和挑战。但与英国“脱欧”的不确定性相比，中英“黄金时代”的定位赋予了两国合作难能可贵的相对稳定性。双边关系务实推进，两国政治、经济与人文科技等交流总体向好，“一带一路”框架下大项目合作也取得实质进展。

2020 年 1 月 31 日，英国正式脱离欧盟。“脱欧”后，英国经济将在短期内受到冲击和表现出长期不确定性，因此英国将加快其与世界主要经济体商签经贸合作协议的步伐。中国作为世界第二大经济体，是英国希望与之签订自由贸易协议的国家之一。英国曾经表示，愿意探索“脱欧”后与中国商谈自贸协定的可行性。

2020 年，中英在抗疫中密切协调合作，不仅相互提供抗疫物资，而且加强防疫信息分享和经验交流，推进疫苗和药物研发等领域合作。两国都支持多边主义，支持世卫组织在全球抗疫中发挥重要作用，支持加强二十国集团框架内的抗疫合作，推动完善全球卫生治理。中英将分别举办《生物多样性公约》第十五次缔约方大会和《联合国气候变化框架公约》第二十六次缔约方会议（延期至 2021 年举行），这两次会议将为中英双方加强应对气候变化、环境保护、野生动植物保护等方面的合作提供宝贵机遇和重要平台。此外，2020 年也是中英关系“黄金时代”五周年，中英关系站在新的发展起点，面临新的发展机遇，在构建人类命运共同体上将承担更多责任，双方应凝聚理念共识，坚定维护多边主义和自由贸易，坚持互利共赢合作导向；强化国际协作，加强在重大国际和地区事务中的沟通协调，共同应对全球性挑战；深化务实合作，加强优势互补，深化“一带一路”第三方市场合作；倡导文化多元性和文明交流互鉴，为世界和平与发展做出新的贡献。

① 温希强. 2017 年中英双边货物贸易额逾 790 亿美元［EB/OL］.（2018-01-24）［2020-04-16］. http://www.gov.cn/xinwen/2018-01/24/content_5260049.htm.

（三）中德之间的“创新伙伴关系”

德国是欧洲最大的经济体，是中国在欧洲最大的贸易伙伴、外资和技术引进来源地。当前，世界政治经济充斥着不确定性，英国“脱欧”使全世界对欧盟一体化进程的前景颇为忧虑。在“逆全球化”甚嚣尘上、全球治理处于十字路口的局势下，中国和德国作为世界第二大和第四大经济体、主要贸易大国和制造业大国，在全球事务中极具影响力，两国携手并进不仅有利于欧亚地区的稳定繁荣，也为发展中国家与发达国家高效开展国际合作提供了有益参考，为处在关键转折期的全球经济治理注入了稳定剂。

“中德两国要做合作共赢的示范者、中欧关系的引领者、新型国际关系的推动者、超越意识形态差异的合作者。”习近平主席2018年5月会见德国总理默克尔时强调。这是中德双方推进两国关系的新方向。2014年中德建立全方位战略伙伴关系以来，两国关系得到长足发展，合作广度和深度达到前所未有的水平，中德关系进入新时代。中德双方都是出口大国、外汇储备大国、制造业大国，面对当今世界保护主义和单边主义抬头的态势，两国已从一般意义上的经贸合作，上升到塑造新型国际关系、维持多边贸易体系、维护世界和平发展乃至塑造未来合作方向的层面。

2019年，总体上看，中德两国务实经贸合作保持了前进势头，互利共赢仍是主流，但意识形态分歧和利益矛盾进一步凸显，不确定因素引人关注。习近平主席先后于3月、6月和9月在巴黎、大阪和北京的多边、双边场合与德国总理默克尔进行了三次会晤，就双边关系和共同关心的国际问题交换意见，特别是9月默克尔访华期间，双方就经济领域合作取得共识并签订11项协议，体现了中方新一轮开放举措在中德关系中得以优先落实。中德贸易额约占中欧总贸易额的三分之一，超过英、法、意三国同中国贸易额的总和。自2016年起，中国已连续三年成为德国在全球范围的第一大贸易伙伴。与此同时，两国之间人员往来频繁，平均每年超过150万人次，对增进民间的相互了解发挥着不可低估的作用。然而，与其他一些西方国家相似，德国对中国快速崛起的“不适应”和“焦虑感”日益凸显，甚至视中国为“制度竞争对手”，在投资、高新技术转让、产业政策等方面对中国的防范和戒备不断加强，在世贸组织改革、知识产权保护、产能过剩、国有企业补贴等问题上策应美国对中国进行指责和打压。德国对中国态度充满了两面性、复杂性和多样性。

在当前“逆全球化”思潮和保护主义倾向抬头等背景下，中德双方应本着相互尊重、平等互利、求同存异、合作共赢的原则，从国际大局和中德两国的长远利益出发，坚持不渝地努力推进两国“全方位战略伙伴关系”，致力于构建开放型世界经济，继续推进双向开放，支持贸易自由化和投资便利化，维护经济全球化和多边贸易体系，为两国的共同繁荣、两国人民的福祉、世界的和平与稳定作出贡献。作为世界上两个有重要影响的国家，中德共同发出坚定维护开放型世界经济的声音，不仅符合双方共同利益，也在全球层面起到“稳定器”作用。

议一议

当前欧洲正面临错综复杂的内部问题和外部压力，为共同打造和平、增长、改革、文明四大伙伴关系，中欧双方应怎么做？

三、中俄关系持续高水平运行

近年来，中俄深化全面战略协作伙伴关系，两国以非意识形态化、互不干涉内政等为基础的合作关系已成大国关系典范。

2018 年是中俄全面战略协作伙伴关系在高水平上取得较大发展的一年。习近平主席和普京总统 4 次会晤，为两国关系发展做出战略规划和引领。6 月，普京总统对中国进行其连任总统后的首次国事访问，习近平主席为普京总统授予首枚中华人民共和国“友谊勋章”，代表了中国人民对普京总统的崇高敬意，更象征着中俄两个伟大民族的深厚友谊。9 月，习近平主席应邀赴俄罗斯出席了第四届东方经济论坛，与普京总统会谈，为中俄地方合作和东北亚区域合作注入强劲动力。两国元首延续了在上海合作组织、金砖国家、二十国集团等多边活动框架下举行双边会晤的传统，加强沟通，携手共进，为推动多边机制发展、坚定维护多边主义和构建更加公正合理的国际政治经济新秩序发挥了积极作用。在两国元首的指引下，中俄两国以中俄地方合作交流年为契机，不断拓展政治、经贸、人文等各领域的交流与合作。2018 年中俄双边贸易额达到创纪录的 1 070.6 亿美元，增幅 27.1%，增速在中国前十大贸易伙伴中位列第一位。① 可以说 2018 年是中俄关系取得大丰收的一年。

2019 年是中俄两国建交 70 周年。6 月，中俄双方领导人在庆祝中俄建交 70 周年纪念大会上宣布发展中俄新时代全面战略协作伙伴关系，这一关系的基本内涵被概括为：守望相助、深度融通、开拓创新、普惠共赢。此举标志着中俄关系进入历史最好时期之后，又被提升到新的战略和政治高度。从建立“面向 21 世纪的中俄战略协作伙伴关系”到“平等信任、相互支持、共同繁荣、世代友好的中俄全面战略协作伙伴关系”，再到“中俄全面战略协作伙伴关系新阶段”，再到“新时代中俄全面战略协作伙伴关系”，两国关系始终保持在高水平运行，不断迈上新台阶。伴随着两国决定发展新时代全面战略协作伙伴关系，中俄关系迎来提质升级新机遇，互信基石不断夯实，利益交融不断深化，政策协同不断增强。中俄两国继续切实推进“一带一路”建设和欧亚经济联盟建设对接合作，进一步巩固两国人民世代友好的传统友谊，推动两国关系在高水平上实现更大发展。

面对世界格局的加速演变，中俄选择更加紧密、坚定地站在一起，为共同构建人类命运共同体书写新历史。当前，世界上乱象丛生，国际力量格局和国际体系正在发生深刻演变，大国关系也在进行重大调整。中国和俄罗斯互为最主要、最重要的战略协作伙伴，中俄新型大国关系稳步健康发展对双方都具有不可替代的战略价值，对维护国际公平正义、世界和平稳定也至关重要。双方通过更紧密、更深层次的战略沟通，更好地联手应对全球性的新问题、新挑战，坚定支持对方维护国家主权、安全、发展利益的努力，进一步加强政治互信，深化务实合作，并注意照顾对方的利害关切和舒适度，给两国人民带来更多实实在在的好处，确保双方“背靠背”战略合作可持续发展。

---

① 李辉．走过七十年，中俄关系历久弥坚［EB/OL］．（2019-02-12）［2020-04-22］．http://opinion.people.com.cn/n1/2019/0212/c1003-30624216.html.

拓展训练

中俄互为最主要、最重要的战略协作伙伴，“一带一路”倡议如何助推了这种关系的发展？请以小组为单位讨论。

第三节 周边安全热点及未来走向

受大国竞争加剧、地区安全形势复杂多变的影响，一些周边合作机制受到冲击，中国周边安全形势的不稳定、不确定因素明显增多。但是，这些因素带来的冲击和影响仍然是有限的、局部的和可控的，并没有从全局、根本层面动摇中国实现和平发展的有利环境。从中国周边安全的角度看，最重要的还是要妥善管控分歧，维护周边局势的基本稳定，避免局部冲击整体，让和平发展的大环境得以维持和延续。

一、朝鲜半岛局势

朝鲜半岛局势事关中国的安全，通过政治外交手段和平解决朝核问题是中国坚持不懈的重大原则和政策。

2018 年 6 月 12 日，朝鲜最高领导人金正恩与美国总统特朗普在新加坡举行会晤，就四项内容达成协议，包括朝鲜方面承诺“完全无核化”，美国则承诺向朝鲜提供安全保障。两国最高领导人就建立新的美朝关系，以及在朝鲜半岛建立持久稳定和平机制，开展了全面、深入、坦诚的意见交换。

受美朝双方互信缺失和主要国家间意见纷争的双重冲击，进入 2019 年之后，朝鲜半岛局势缓和的势头明显放缓，支撑无核化与地区和平进程的动力开始下降。2019 年 2 月 27 日至 28 日，美朝领导人第二次会晤在越南首都河内举行。美朝双方探讨了十余项议题，其中包括半岛无核化，以及在新加坡联合声明文件中的第一、二项内容，即美朝新型关系和朝鲜半岛和平进程，会晤无果而终。此后，朝美对话陷入停滞，朝韩关系随之趋冷。6 月，金正恩与特朗普在板门店会面，商定重启朝美工作磋商。但 10 月朝美在瑞典举行的相关磋商未能获得预期成果。12 月，朝鲜先后两次宣布在西海卫星发射场进行“重大试验”，并称试验结果将“改变朝鲜战略地位”，增强朝鲜“战略核遏制力”。此前，朝鲜已多次警告，如果美国继续对朝制裁和施压，朝鲜或不得不走一条“新道路”。朝鲜要求美国在 2019 年底前拿出符合双方共同利益的建设性方案，但没有得到美国积极回应。美国坚持朝鲜必须首先实现无核化，再谈解除对朝制裁。朝美在半岛无核化步骤与涉朝制裁等核心问题上分歧巨大，成为阻碍半岛和平进程的难点，双方对话前景不容乐观。总的来看，朝鲜的目的并非与美国极端对抗，而是希望能够得到美国的实质回应。同时，特朗普总统出于国内选举等内政的需要，在朝鲜不过度“挑衅”的情况下，也不会轻易动用进一步的制裁或武力措施。

中国一直在朝核问题的解决上不懈地贡献着积极力量。特别是作为“危机调停者”，中国曾多次在朝核问题陷入僵局之时，以“劝和促谈”为宗旨将各方拉回了谈判桌。要维护好和平解决朝核问题的势头，不仅需要美朝能够互信互谅、相互妥协，更需要包括中国在内的其他各方共同努力。若各方能够相向而行、积极合作，则东北亚的永久和平前景可期；但若各方仍互不信任、各自为政，那么已经取得的成果可能再次付诸东流。朝鲜半岛问题不仅仅是一个单纯的无核化议题，更关系到东北亚和平与繁荣的大局。随着地区战略格局的转型，中国不能将半岛问题只视为美朝双方的问题，更应将其视为地区问题，积极为问题的解决贡献各种智慧和力量，构筑和平、稳定、繁荣的东北亚地区新秩序。①

二、中日安全局势

2017 年是中日邦交正常化 45 周年。众所周知，近年来因钓鱼岛周边海域问题和日本政府“国有化”钓鱼岛三岛行为，以及中日对历史性问题的认识差异等，中日关系处于低迷及对峙的状态。2017 年的中日关系总体上趋于好转，这是两国政府和人民共同努力的结果。中日关系的改善不仅有利于维护亚太安全局势，也有利于地区稳定发展，更符合两国发展的共同利益。党的十九大报告指出，中国将高举和平、发展、合作、共赢的旗帜，恪守维护世界和平、促进共同发展的外交政策宗旨，坚定不移在和平共处五项原则基础上发展同各国的友好合作，推动建设相互尊重、公平正义、合作共赢的新型国际关系。为此，中国的方案是推动人类命运共同体建设，构建新型国际关系和促进“一带一路”合作，主要包括积极发展全球伙伴关系，扩大各国的利益交汇点，推进大国协调和合作，构建总体稳定、均衡发展的大国关系框架，按照“亲诚惠容”外交理念和与邻为善、以邻为伴的周边外交方针深化同周边国家关系。这些理念和倡议完全符合中日关系的定位。中日两国无论在亚太还是在世界均是重要的国家，两国应该积极扩大共同利益，构建新时代的大国外交关系。

2018 年，中日总体呈现加速回暖与持续改善的良好势头，以《中日和平友好条约》缔结 40 周年为契机，两国抓住 2017 年关系改善的势头，高层引领、合作深化、危机管控等利好因素有力促进了关系尚好进程。而国际变局、经贸互利、日本战略调整被认为是中日关系改善的背景和动因。2018 年日本政府开始就“一带一路”倡议具体合作方式与中方展开讨论，中日第三方市场合作呈现扎实推进势头。面对“逆全球化”风潮，中日两国在反对贸易保护主义和经济单边主义、坚持多边自由贸易、推动区域经济合作等共同关心的重要议题上同频共振。

2019 年 6 月，习近平主席出席了在日本大阪举行的二十国集团（G20）领导人第十四次峰会。与会期间，习近平主席会见日本首相安倍晋三，提出在拥有越来越多共同利益和共同关切的基础上，共同致力于构建契合新时代要求的中日关系，使中日关系成为维护世界和平、促进共同发展的重要积极因素。12 月，习近平主席在北京会见日本首相安倍晋三，提出两国面临重要发展机遇，中国愿与日本保持密切沟通，加强政治引

① 张弛. 朝鲜半岛局势发展前瞻与中国的作用［J］. 国际问题研究，2020（1）：108-120.

领，推动中日关系再上新台阶，更好造福两国人民。

然而，在日本国内还有些杂音和势力，不愿看到中日关系改善向好，并不时做出些有损中日关系的言行，这不仅会制约中日关系的深化，而且也将影响中日关系向上发展的空间。目前来看，中日之间的"竞争"，特别是"无用竞争"在减少，但两国之间的"协调"还没有凸显出来。实际上，作为世界第二大、第三大经济体的中国和日本可协调共进的领域很多，特别是时下贸易保护主义和单边主义在全球范围内有所抬头，中日之间的协调共进就更显得弥足珍贵且重要，毕竟这对世界而言是一份明确的稳定力量。

中日关系面临利好条件及窗口机遇期，但要行稳致远，仍有大量艰巨的工作要做。中日双方需要相向而行，积极趋益避害，两国关系即有望在既有改善成果的基础上保持可持续稳定发展的良好势头，推动各领域合作取得进一步成果。经贸合作是两国关系发展的一条主线，而两国在共同应对国际问题上的合作还有待加深。今时今日，中日两国的综合实力均发生巨大变化，面对日益错综复杂的国际形势，中日关系之稳定既是两国关系发展的基石，也是维护国际社会稳定的重要力量。

三、中印安全局势

2017 年 6 月 18 日，印度边防部队非法越界进入中国洞朗地区，双方对峙两个多月，这一事件对之前中印关系的良好走势造成了逆转，也给中印关系的发展也投下了阴影。中国外交部、国防部、中国驻印度使馆先后多次向印度提出严正交涉，强烈要求印度尊重中国的领土主权，立即撤回越界的边防部队。中国本着最大善意，保持高度克制，努力通过外交渠道与印度沟通解决此次事件。此次事件发生在已定边界线的中国一侧，印度应立即无条件将越界的边防部队撤回边界线印度一侧，这是解决此次事件的前提和基础。2017 年 8 月 28 日，印方将越界人员和设备全部撤回边界印方一侧，中国边防部队继续在洞朗地区巡逻驻守。

中国和印度是两个最大的发展中国家。中国政府一贯重视发展同印度的睦邻友好关系，致力于维护两国边境地区的和平与安宁。洞朗对峙的发生是中印两国彼此战略失信与相互认知落差的结果，对峙结束后携手重建互信成为双方共同努力的方向。2017 年 9 月 5 日，国家主席习近平在厦门会见来华出席金砖国家领导人第九次会晤和新兴市场国家与发展中国家对话会的印度总理莫迪。这是两国领导人在洞朗对峙结束之后的首次会晤。会上，习近平主席同莫迪总理达成重要共识——妥善管控分歧，聚焦发展合作，推动中印关系健康稳定发展，实现两国友好合作和互利共赢。

2018 年，中印关系回暖信号明显。4 月习近平主席与莫迪总理于武汉东湖之滨的非正式会晤更被视为中印关系中的里程碑之一，并达成了重要的"武汉共识"，这是中印双方持续释放积极信号的关键性事件。此次非正式会晤后，两国领导人一致同意，要发挥中印两个亚洲大国的政治影响力和经济驱动力，带动地区经济发展，共同推进国际关系民主化，提高发展中国家和新兴市场国家的代表性和发言权。武汉会晤在某种程度上实现了洞朗对峙后中印关系的"再出发"，中印双方都在努力寻求和扩大合作，避免再次发生直接的严重对抗。6 月 10 日，上海合作组织成员国元首理事会第十八次会议在青岛举行，中印两国领导人再次聚首。本次会议延续了武汉会晤的良好氛围，中印签署了一系列合作协议，并就共享雅鲁藏布江（印度境内称布拉马普特拉河）的水文数据及印度大米输华的卫生要求议定书的修订，分别签署了谅解备忘录。中印两国领导人在青岛峰会上强调了武汉会晤达成的共识，决定加强两国军队之间的沟通，向军方发出“战略指导”以避免重演类似洞朗对峙的情况。

2019 年 10 月 11 日，习近平主席赴印度访问，在金奈与莫迪总理举行非正式会晤。会晤中提出，实现“龙象共舞”是中印唯一正确选择，符合两国和两国人民根本利益。中印双方要增进战略互信；及时有效开展战略沟通，增进彼此了解合作；深化务实合作，拉紧利益纽带；丰富人文交流，筑牢友谊根基；加强在国际和地区事务中的合作。此次会晤为下一阶段中印关系发展确定了基调、指明了方向，也为当前充满不确定性的世界提供了稳定性、注入了正能量。

进入 2020 年，中印关系相比过去更复杂，波动性更明显，在可预见的将来，两国面临的国际和地区环境仍有不稳定、不确定因素，个别领域甚至不排除出现风急浪高的情形，迫切需要高层不时通过沟通给两国关系纠偏、定向。

2020 年是中印建交 70 周年。回首 70 年，中印关系走过了不平凡的发展道路。两国从数千年的文明积淀中寻找智慧，按照“增进互信，聚焦合作，管控分歧，共谋发展”的方向，各领域交流合作日益深化，在国际及地区重大事务中的协调不断增强，建立了面向和平与繁荣的战略合作伙伴关系，正在努力构建更加紧密的发展伙伴关系，探索出一条相邻新兴大国的相处之道。友好合作、互利共赢符合中印两国和两国人民根本利益，也将惠及亚洲和世界。

四、周边安全形势

恐怖主义蔓延是当今世界安全形势中最令人关注的事态，因为恐怖主义具有隐蔽性高、突发性强、危害性大的特点，特别是暴恐活动多以平民为袭击对象，一旦发生，会引起极大的社会震动与不安。中国周边不乏恐怖主义活动的踪迹，阿富汗、巴基斯坦、印度尼西亚以及中亚国家都是恐怖势力活跃的地区，恐怖活动接连不断。国内的极端势力和分裂势力也与外部有着直接的联系，曾经制造过许多事端。

2018 年 4 月 17 日，中共中央总书记、国家主席、中央军委主席、中央国家安全委员会主席习近平主持召开十九届中央国家安全委员会第一次会议并发表重要讲话。习近平总书记强调，要加强党对国家安全工作的集中统一领导，正确把握当前国家安全形势，全面贯彻落实总体国家安全观，努力开创新时代国家安全工作新局面，为实现“两个一百年”奋斗目标、实现中华民族伟大复兴的中国梦提供牢靠安全保障。

近年来，中国的安全战略和安全政策发生了很大变化。在国内安全方面，成立了中央国家安全委员会，提出了以总体国家安全观为统领的新安全理念。在对外安全方面，提出了合作安全、共同安全的新构想。在安全环境与安全机制构建方面，中国彰显了做新型大国的决心和担当。尽管中国的周边安全环境面临着诸多新挑战，但总的来看，挑战和机遇并存。安全环境构建必须服务于中国的总体发展战略，符合新型大国的战略定位。中国不会在涉及国家安全的重大问题上作任何让步，必然对那些危及国家重大利益的挑战或挑衅进行反制，但同时又会从构建和平发展的周边环境出发，审慎与理智地处理争端，竭力降低发生冲突的风险，努力寻求对话、协商与合作的机会，增强对大局的掌控能力。

作为一个大国，中国综合实力的持续提升必然会引起国际社会和周边国家复杂与多样的反应。在这一过程中，中国自身对于外部安全的要求与期待也会发生相应的变化。面对周边局势不时存在的小摩擦、小紧张、小起伏，中国与周边国家关系的竞争、博弈成分虽然有所增多，但对话、合作成分也在增加，求和平、谋发展、促合作仍然是各方的主流诉求。中国对于周边安全形势的判断，既不能低估威胁与风险，也要避免以点概面和过度反应。应对复杂多变的周边形势，最需要的是战略定力与战略韧性。在可见的预期内，中国与周边国家的关系将在磨合中继续前行，不断彼此适应。中国将继续深入贯彻习近平外交思想，坚定不移地走和平发展道路，坚定不移高举构建人类命运共同体旗帜，继续做世界和平的建设者、全球发展的贡献者、国际秩序的维护者。中国要以更坚定的意志维护自身主权安全发展利益，为国内发展建设营造有利外部环境；以更积极的姿态加强伙伴关系建设，为世界局势注入更多稳定性和确定性；以更务实的举措深化同各国互利合作，为构建开放型世界经济发挥引领性作用；以更有力的行动维护多边主义和国际公平正义，为世界的和平安宁作出新的贡献。

延伸阅读 7-2
盘点2019国际形势，展望2020中国外交……王毅外长这样说

想一想

1. 中国特色大国外交的特点是什么？
2. 2019 年中国外交取得了哪些新成果？
3. 新形势下中国外交面临哪些新挑战？

议一议

如何认识中国特色大国外交新战略？

拓展训练

有学者认为，世界已进入“已知世界终结”的时期。中国日益发展，利益涉及全球，牵涉面十分庞大，面临的陌生情况也越来越多。我们熟悉的世界可能正在消失，越来越多的未知情况出现；信息技术的日新月异及应用，也使得我们曾经熟悉的路径出现很多新的情况，既有的经验可能变得不够用了，循规蹈矩或简单复制都可能面临新的不适。

在不确定性增强的国际大变局下，我们如何来看待和评估中国的周边外交？变局中有哪些积极的变化？

第八章

港澳台问题

引 言

中华人民共和国成立时，在国家统一方面，只剩下了英国、葡萄牙非法占领的香港、澳门地区和国民党政权盘踞的台湾地区，后称港澳台问题。[①] 香港问题、澳门问题的性质是相同的，都属于历史遗留下来的帝国主义强加于中国的一系列不平等条约的结果。香港和澳门是被英国和葡萄牙当局占领的中国领土，解决香港、澳门问题完全属于中国主权范围内的问题。20 世纪末，随着香港、澳门的陆续回归及“一国两制”伟大构想的实践，香港、澳门的历史遗留问题得以解决，并且在回归祖国怀抱之后继续繁荣发展。

台湾问题的产生和演变同近代以来中华民族命运休戚相关。1840 年鸦片战争之后，西方列强入侵，中国陷入内忧外患、山河破碎的悲惨境地。中日甲午战争以后，台湾更是被日本侵占长达半个世纪之久。为战胜外来侵略、争取民族解放、实现国家统一，中华儿女前仆后继，进行了可歌可泣的斗争。台湾同胞在这场斗争中作出了重要贡献。1945 年，中国人民同世界各国人民一道，取得了中国人民抗日战争暨世界反法西斯战争的伟大胜利，台湾随之光复，重回祖国怀抱。其后不久，由于中国内战延续和外部势力干涉，海峡两岸陷入长期政治对立的特殊状态，至今已超过 70 年。两岸关系的道路究竟该如何走，这是摆在两岸同胞面前的一个重大问题，攸关中华民族和中国未来的发展。作为青年大学生应该积极关注两岸关系发展与变化，并始终坚定不移地坚持一个中国原则，坚决反对“台独”，努力学习、练就过硬本领，为实现祖国完全统一做好必要准备。

想一想

当代大学生如何以实际行动维护祖国统一？

① 齐鹏飞. 统一与整合：新时期解决港澳台问题的理论与实践［M］. 北京：中国传媒大学出版社，2008.

第一节 保持香港持续繁荣稳定

一、香港问题的产生①

香港地区包括香港岛、九龙和新界，总面积为 1 104 平方公里。香港自古以来就是中国领土不可分割的一部分。秦代香港地区属南海郡番禺县管辖，历经汉、三国、晋、南北朝、隋、唐、五代、宋、元、明，直到清代道光年间，中国政府始终对香港行使主权。17 世纪以后，英国一直图谋夺占中国土地。19 世纪，英国加紧了对中国的侵略活动，香港成为英国殖民势力蓄谋吞并的目标。

1840 年，英国发动鸦片战争，清政府惨败。1842 年 8 月 29 日，清政府与英国签订了中国近代历史上第一个丧权辱国的不平等条约——中英《南京条约》。条约规定，将香港岛割让给英国。随后，中英又相继签订了《五口通商章程》和《虎门条约》，作为《南京条约》的补充。1856 年英法联军发动第二次鸦片战争。清政府被迫于 1860 年签订《北京条约》。就这样，英国又占领了九龙半岛南部（今界限街以南的土地，以及位于九龙半岛西部的一个大岛屿昂船洲）。

英国侵占九龙半岛南部后，不久又图谋占领整个九龙半岛及其附近岛屿和水域。1898 年 6 月 9 日，清政府与英国在北京签订了《展拓香港界址专条》。根据该约，清政府把位于深圳河以南、九龙半岛界限街以北的土地，以及附近岛屿，租给英国，租期为 99 年。这块租给英国的土地后来被称为香港新界。至此，英国通过刺刀、洋枪与大炮的野蛮征服，实现了对中国香港地区领土的占领。帝国主义强加的这些不平等条约，中国人民从来都不予承认。为反抗英帝国主义的侵略，中国人民进行了长期的英勇斗争。

在 1919 年的巴黎和会上，中国代表曾根据北京政府的指示，向和会提出收回租借地（包括九龙租借地）的要求。由于和会为英、法把持，它们在中国都占有租借地，根本不愿意放弃其既得利益，因此和会主席、法国总理克里孟梭借口中国的提案“不在和会权限范围之内”，推说这件事应由国际联盟今后去加以考虑，轻易地予以否决了。

1921 年 12 月 3 日，中国代表顾维钧在华盛顿会议上又重新提出废止各国在华租借地的议案。议案中历数了列强在华租借地破坏中国领土及行政完整、危及中国国防、将中国牵入列强冲突的漩涡及被列强利用来建立自己的势力范围等事实，要求“将此等租借地取消或从速废止之”。当时，美、日在远东互争雄长，美国力图钳制日本咄咄逼人的扩张势头，其他列强之间也矛盾重重。以上两个因素促使英、日两国不得不分别同意

---

① 夏琼．香港问题的由来及解决——写在香港回归十周年［EB/OL］．(2007-07-02)［2020-04-20］．http://old.pep.com.cn/gzls/xs/lszs/201012/t20101213_986534.htm.

放弃威海卫和胶州湾租借地。但在废除九龙租借地（即香港新界）和旅大租借地的问题上，中国代表的主张却遭到英、日代表的强烈反对。英国出席会议的代表、枢密院院长贝尔福借口“没有九龙租借地则香港不能自卫”，坚决拒绝归还。中国收回九龙租借地的正当要求，终因英国的顽拒和当时中国军阀混战、政局不稳、缺乏实力作外交的后盾而严重受挫。

二、香港回归祖国的历程

20 世纪 80 年代初，为实现国家和平统一，国家领导人邓小平创造性地提出了“一国两制”的科学构想，并首先用于解决香港问题。按照邓小平的论述，“一国两制”是指在一个中国的前提下，国家的主体坚持社会主义制度，香港、澳门、台湾保持原有的资本主义制度长期不变。

1982 年 12 月 4 日第五届全国人民代表大会第五次会议通过并公布施行的《中华人民共和国宪法》第三十一条规定：“国家在必要时得设立特别行政区。在特别行政区内实行的制度按照具体情况由全国人民代表大会以法律规定。”这体现了“一国两制”构想，为中国政府在实现国家和平统一时，在某些区域设立实行不同于内地的制度和政策的特别行政区提供了直接的宪法依据。在经过深入的调查研究后，1983 年初，中国政府就解决香港问题形成了十二条基本方针政策。

延伸阅读 8-1
1983 年解决香港问题的“十二条”

1982 年 9 月 24 日，邓小平会见来访的英国首相撒切尔夫人，阐明了中国政府对香港问题的基本立场，指出主权问题不是一个可以讨论的问题，1997 年中国将收回香港，在这个前提下中英两国磋商解决香港如何过渡得好以及 15 年后香港怎么办的问题。这标志着中英关于香港问题的谈判拉开序幕。1984 年 12 月 19 日，中英两国政府经过 22 轮谈判后，在北京正式签署《中华人民共和国政府和大不列颠及北爱尔兰联合王国政府关于香港问题的联合声明》，确认中华人民共和国政府于 1997 年 7 月 1 日对香港恢复行使主权。中国政府还在联合声明中阐明了以“十二条”为核心内容的对香港的基本方针政策。中英联合声明的签署，标志着香港进入回归祖国前的过渡期。在 13 年的过渡期内，中国政府坚定不移地遵循“一国两制”方针政策，紧紧依靠香港同胞，坚决排除各种干扰，有条不紊地推进对香港恢复行使主权的各项准备工作。

1985 年 4 月 10 日，第六届全国人大第三次会议决定成立中华人民共和国香港特别行政区基本法起草委员会，负责起草香港基本法。同年 7 月起草委员会开始工作，1990 年 4 月完成起草任务。香港基本法的起草过程高度民主、开放，广大香港同胞积极参与起草工作。在起草委员会 59 名委员中，来自香港各方面的人士有 23 名。起草委员会还委托香港委员在香港成立由 180 位各界人士组成的基本法咨询委员会，广泛收集香港社会各界的意见和建议。1988 年 4 月，起草委员会公布香港基本法（草案）征求意见稿；1989 年 2 月，全国人大常委会公布香港基本法（草案），先后两次在香港和内地广泛征求意见。香港和内地社会各界人士踊跃参与讨论，其中，仅香港人士就提出近 8 万份意见和建议。香港基本法体现了包括香港同胞在内的全体中国人民的共同意志，凝聚了广大中华儿女的集体智慧。

1990 年 4 月 4 日，第七届全国人大第三次会议通过《中华人民共和国香港特别行政区基本法》，同时作出设立香港特别行政区的决定。香港基本法是根据宪法制定的基本法律，规定了在香港特别行政区实行的制度，是“一国两制”方针政策的法律化、制度化，为“一国两制”在香港特别行政区的实践提供了法律保障。邓小平高度评价香港基本法，称它是“具有历史意义和国际意义的法律”，是“一个具有创造性的杰作”。

香港基本法颁布后，中国政府着手筹备成立香港特别行政区的工作。1993 年 7 月，全国人大常委会香港特别行政区筹备委员会预备工作委员会（预委会）成立；1996 年 1 月，全国人民代表大会香港特别行政区筹备委员会（筹委会）成立。预委会和筹委会为实现香港平稳过渡和政权顺利交接做了大量工作。

1997 年 7 月 1 日，中国政府对香港恢复行使主权，香港特别行政区成立，香港基本法开始实施。香港进入了“一国两制”、“港人治港”、高度自治的历史新纪元。作为祖国大家庭的一分子，香港同胞与内地民众共享伟大祖国的尊严与荣耀，共担中华民族伟大复兴的责任和使命。

三、香港回归后各项事业取得全面进步

（一）香港居民的基本权利和自由得到充分保护

香港回归后，香港居民依法享有的基本权利和自由受到宪法、香港基本法以及香港本地法律的充分保障。宪法和香港基本法从宪制层面确保了香港特别行政区居民的基本权利和自由，香港特别行政区还通过实施《性别歧视条例》《种族歧视条例》《个人资料（私隐）条例》《独立监察警方处理投诉委员会条例》《最低工资条例》等法例，为香港居民的权利和自由提供进一步保障。特别行政区政府设立平等机会委员会、个人资料私隐专员公署、申诉专员公署、法律援助署、独立监察警方处理投诉委员会、法律援助服务局、妇女委员会、扶贫委员会等多个机构，协助推广、保护居民的基本权利和自由。习近平主席在庆祝香港回归祖国 20 周年大会暨香港特别行政区第五届政府就职典礼上的讲话中特别强调：“香港居民享有比历史上任何时候都更广泛的民主权利和自由”。

（二）民主政制依法稳步推进

香港回归前，英国委派总督在香港实行了 150 多年的殖民统治，港督的委派从来不征求香港人的意见。回归后，香港特别行政区政府和立法机关由香港人组成。香港基本法明确规定行政长官和立法会全部议员最终由普选产生，使之成为法定目标。中央政府和香港特别行政区政府坚定不移地按照香港基本法和全国人大常委会有关决定的规定，推动以行政长官产生办法和立法会产生办法为主要内容的民主政制循序渐进向前发展。

回归前夕，香港特别行政区筹备委员会完成组建香港特别行政区第一届政府推选委员会，推选委员会选举董建华为香港特别行政区第一任行政长官人选，随后中央人民政府任命其为特别行政区首任行政长官。回归后，中央人民政府先后任命经选举产生的行政长官人选董建华、曾荫权、梁振英、林郑月娥为第二至第五任行政长官，以及任免了历届香港特区政府主要官员，香港特区政府实现了平稳过渡。

（三）经济保持平稳发展

香港回归祖国以来，经济保持平稳发展，人均收入得到明显提升。1997 年，刚刚

回归的香港 GDP 约为 1 774 亿元，人均 GDP 约为 2.73 万美元。2019 年，香港 GDP 达到了 2.52 万亿元，人均 GDP 约为 4.88 万美元。香港回归后充分发挥自身依托大陆、面向全球的独特优势，其国际金融、航运和贸易中心地位更加巩固，一直是世界上最自由、最开放、最繁荣、最具活力的地区之一。

香港经济一直以高度外向、高度国际化为特征，再加上香港全球金融中心的功能特点，容易受到来自经济全球化的深层影响和现实挑战。回归以来，香港经济经历了三次危机，即亚洲金融危机、SARS 疫情、国际金融危机。在中央政府的强力支持下香港成功地抵御了这三次冲击，经济总体运行良好。过去 20 余年，尽管香港经济发展经历了起伏，但经济总量累计增长高于全球平均增幅，这对于经济社会发展处于较高水平的经济体而言十分不容易。同时，香港继续被众多国际机构评选为全球最自由经济体和最具竞争力的地区之一，依然保持国际金融、航运、贸易物流中心的地位，是全球第四大金融中心、第八大贸易体，也是内地最大的外资来源地、内地企业最大的境外融资平台，是全球最大的人民币离岸中心和跨境贸易人民币结算中心。

香港回归以来，国家实行了一系列加强香港与内地经济往来的措施，如实行贸易自由化，允许上海和香港两地股票买卖和香港人民币离岸枢纽的发展；建设了许多世界级水准的经济带，促进了港澳粤与大陆之间的经济和社会的往来。这些措施的实行给香港经济发展带来了新的血液，扩宽了香港的经济区域，加强了外国投资者来港发展的决心。国家的发展为香港提供了前所未有的机遇，坚守“一国”之本、善用“两制”之利，发挥香港自身所长，服务国家所需，是香港可持续发展、再创更大辉煌的动力源泉。

（四）与内地文化交流深入推进

香港回归后，与内地之间的文化交流越来越密切，形成了比较全面的交流格局，推动了内地文化在香港的传播与推广，增强了香港对内地文化的认同。文化部积极举办同香港的文化交流活动，“庆中秋”“中国戏曲节”等活动源源不断地将内地文化精髓引入香港。同时，香港举办各种艺术展览扩大在内地的影响，让内地人群加深了对香港文化艺术的印象与理解。在文化沟通渠道上，组织香港申报“非遗”项目工作，帮助香港的“非遗”普查。到目前为止，香港共获得 10 个“非遗”项目，有 3 位国家级非遗传承人，这有利于推进香港发掘文化历史渊源和管理非物质文化遗产。

在文化惠民服务方面，文化部持续打造“国粹香江校园行”“港澳大学生文化实践活动”“香港中学生民族民间研习考察计划”“香港校园艺术大使文化之旅”“内地与港澳青年文创交流营”等一系列面向香港青少年的示范性品牌项目，以文化讲座、田野调查、岗位实习、同辈交流等多种形式，帮助香港青年学生开阔眼界、增长学识、提高能力，尤其是加强其对国家历史文化与社会发展的了解和认识，增进内地与香港青少年的交流互动与情感融合，夯实中华文化在港传承弘扬的基础。

（五）对外交往和国际影响进一步扩大

香港回归 20 余年来，中央政府一直大力支持香港开展对外交往与合作，全力支持香港特区参与国际组织和国际会议活动，扩大对外交往，并不遗余力地维护香港作为中国一个特别行政区在国际上的影响力和权益，努力扩大其国际影响，保持和提升经济发展活力。

最新数据显示，香港以中国政府代表团成员或其他适当身份参与的以国家为单位参加的政府间国际组织有 41 个，参与的不限主权国家参加的政府间国际组织 37 个。已有 157 个国家和地区给予香港特区护照持有人免签证或落地签证安排，香港特区护照的“含金量”更足了。中央政府还协助香港特区在海外设立了 12 个经贸办事处，协助香港特区政府官员以中国政府代表团成员身份参加国际会议和国际组织活动 1 000 余次；支持香港特区以单独关税区身份参与亚太经合组织、世贸组织等国际组织活动和区域经济一体化建设，如与东盟开展自贸协定谈判；支持香港开拓领域，打造国际会展中心、区域法律服务和纠纷解决中心等。回归 20 余年来，香港举办或协办的国际会议如世界贸易组织部长级会议等达 1 000 余次。2019 年举办的“香港杯”外交知识竞赛颁奖礼上，现任香港特区行政长官林郑月娥表示，香港依据基本法发展自身的对外事务，她担任行政长官以来已经出访 12 个国家，出席亚太经济合作组织会议、达沃斯世界经济论坛年会、第二届“一带一路”国际合作高峰论坛等，拓展了香港的国际网络。在中央政府鼎力支持下，香港特区政府前卫生署署长陈冯富珍、香港天文台台长岑智明等陆续在世界卫生组织、世界气象组织等国际组织中担任重要职务。陈冯富珍更成为第一位执掌联合国专门机构的中国人。①

四、坚持“一国两制”方针，坚决维护国家安全

（一）继续落实习近平主席关于“一国两制”方针的四点意见

2017 年 7 月 1 日，国家主席习近平在庆祝香港回归祖国 20 周年大会暨香港特别行政区第五届政府就职典礼上发表重要讲话，就香港落实“一国两制”提出四点意见。

第一，始终准确把握“一国”和“两制”的关系。“一国”是根，根深才能叶茂；“一国”是本，本固才能枝荣。“一国两制”的提出首先是为了实现和维护国家统一。在中英谈判时期，我们旗帜鲜明提出主权问题不容讨论。香港回归后，我们更要坚定维护国家主权、安全、发展利益。在具体实践中，必须牢固树立“一国”意识，坚守“一国”原则，正确处理特别行政区和中央的关系。任何危害国家主权安全、挑战中央权力和香港特别行政区基本法权威、利用香港对内地进行渗透破坏的活动，都是对底线的触碰，都是绝不能允许的。与此同时，在“一国”的基础之上，“两制”的关系应该也完全可以做到和谐相处、相互促进。要把坚持“一国”原则和尊重“两制”差异、维护中央权力和保障香港特别行政区高度自治权、发挥祖国内地坚强后盾作用和提高香港自身竞争力有机结合起来，任何时候都不能偏废。只有这样，“一国两制”这艘航船才能劈波斩浪、行稳致远。

第二，始终依照宪法和基本法办事。回归完成了香港宪制秩序的巨大转变，中华人民共和国宪法和香港特别行政区基本法共同构成香港特别行政区的宪制基础。宪法是国家根本大法，是全国各族人民共同意志的体现，是特别行政区制度的法律渊源。基本法是根据宪法制定的基本法律，规定了在香港特别行政区实行的制度和政策，是“一国两制”方针的法律化、制度化，为“一国两制”在香港特别行政区的实践提供了法律保

① 部婕．让外交舞台出现更多来自香港的“中国面孔”［EB/OL］.（2019-05-12）［2020-05-22］. http://www.xinhuanet.com/2019-05/12/c_1124483807.htm.

障。在落实宪法和基本法确定的宪制秩序时，要把中央依法行使权力和特别行政区履行主体责任有机结合起来；要完善与基本法实施相关的制度和机制；要加强香港社会特别是公职人员和青少年的宪法和基本法宣传教育。这些都是“一国两制”实践的必然要求，也是全面推进依法治国和维护香港法治的应有之义。

第三，始终聚焦发展这个第一要务。发展是永恒的主题，是香港的立身之本，也是解决香港各种问题的金钥匙。“一国两制”构想提出的目的，一方面是以和平的方式对香港恢复行使主权，另一方面就是为了促进香港发展，保持香港国际金融、航运、贸易中心地位。当前，发展的任务更应聚焦。少年希望快乐成长，青年希望施展才能，壮年希望事业有成，长者希望安度晚年，这都需要通过发展来实现。香港背靠祖国、面向世界，有着许多有利发展条件和独特竞争优势。特别是这些年国家的持续快速发展为香港发展提供了难得机遇、不竭动力、广阔空间。香港俗语讲，“苏州过后无艇搭”，大家一定要珍惜机遇、抓住机遇，把主要精力集中到搞建设、谋发展上来。

第四，始终维护和谐稳定的社会环境。“一国两制”包含了中华文化中的和合理念，体现的一个重要精神就是求大同、存大异。香港是一个多元社会，对一些具体问题存在不同意见甚至重大分歧并不奇怪，但如果陷入“泛政治化”的旋涡，人为制造对立、对抗，那就不仅于事无补，而且会严重阻碍经济社会发展。只有凡事都着眼大局，理性沟通，凝聚共识，才能逐步解决问题。从中央来说，只要爱国爱港，诚心诚意拥护“一国两制”方针和香港特别行政区基本法，不论持什么政见或主张，我们都愿意与之沟通。“和气致祥，乖气致异”。香港虽有不错的家底，但在全球经济格局深度调整、国际竞争日趋激烈的背景下，也面临很大的挑战，经不起折腾，经不起内耗。只有团结起来、和衷共济，才能把香港这个共同家园建设好。

（二）贯彻落实习近平主席关于香港局势的重要讲话

自2019年以来，香港发生“修例风波”，这是一小部分“反中乱港”分子勾结境外势力，企图破坏“一国两制”，严重危害国家主权和安全的犯罪行为，不是香港的主流民意。为此，2019年11月14日习近平主席在巴西就香港局势发表重要讲话，指出：“香港持续发生的激进暴力犯罪行为，严重践踏法治和社会秩序，严重破坏香港繁荣稳定，严重挑战‘一国两制’原则底线。止暴制乱、恢复秩序是香港当前最紧迫的任务。我们将继续坚定支持行政长官带领香港特别行政区政府依法施政，坚定支持香港警方严正执法，坚定支持香港司法机构依法惩治暴力犯罪分子。中国政府维护国家主权、安全、发展利益的决心坚定不移，贯彻‘一国两制’方针的决心坚定不移，反对任何外部势力干涉香港事务的决心坚定不移。”习近平主席的重要讲话，深刻指出了激进暴力犯罪活动的严重危害和实质，明确宣示了中央政府对香港局势的基本立场和态度，明确提出了当前最紧迫的任务，为稳定香港局势指明了方向和路径。2020年5月28日，第十三届全国人大第三次会议以高票表决通过《全国人民代表大会关于建立健全香港特别行政区维护国家安全的法律制度和执行机制的决定》，充分体现中央维护国家安全的坚强意志和坚定决心，充分体现中央对香港整体利益和香港同胞根本福祉的坚决维护和最大关切。2020年6月30日，《中华人民共和国香港特别行政区维护国家安全法》通过并开始施行。“港独”分子、“黑暴”势力已经无处遁形，必将受到人民和历史公正的审判！

第二节　保持澳门持续繁荣稳定

一、葡萄牙对澳门的侵略[1]

澳门是祖国南海边上的一颗璀璨明珠，自古以来就是中国的领土。考古发现，5 000 年前已有人类在这一带活动。秦始皇统一中国时，澳门已纳入中国版图。它与香港隔海相望，位于广东省珠江三角洲的南端，与珠海特区紧紧相连，总面积为 27.5 平方公里，人口约 69 万人。澳门是被外国殖民者占领最早、时间最长的我国领土。澳门问题的出现和形成是西方殖民者侵略的结果。

澳门开埠始于 1535 年。这一年，明政府将市舶提举司（贸易管理机关）移至澳门，允许葡人和其他外国商船在澳门附近进行海上贸易。1553 年葡人以"晾晒货物"为由，要求上岸，得到批准。1557 年通过贿赂收买当地官员，葡人逐渐在澳门聚居成村，开始长期居留。不过，那时候澳门的主权仍然属于中国。之后，葡人渐次扩大居住地区，修筑城墙，在葡人内部实行葡式管理。但从葡人占据澳门至鸦片战争前近 300 年间，明清政府一直对澳门拥有并行使主权，依法实行管理，收取税赋。

1840 年鸦片战争后，葡萄牙乘清政府战败之机，赶走中国驻澳官员，拆毁政府衙门和海关，将占领澳门半岛的范围逐步扩大到今天关闸一带，并分别于 1851 年和 1864 年武装占领了氹仔岛和路环岛。1887 年葡萄牙强迫清政府签署了《中葡和好通商条约》，又称《中葡北京条约》，其中关键一款是"中国允许葡国永驻管理澳门及属澳之地，与葡治理他处无异"，等于承认了葡萄牙对澳门的管治权。1928 年，当时的中国政府外交部正式照会葡方，声明北京条约作废，并与葡方另订了一个友好通商条约，但实际上只是个经济协定，未涉及主权问题。

延伸阅读 8-2

闻一多《七子之歌》里的"七子"指的是哪七块地方

二、澳门回归的过程[2]

1949 年中华人民共和国成立后，我国政府不承认帝国主义强加在中国人民头上的一切不平等条约。1972 年我国代表致函联合国非殖民化委员会，表明了中国政府对港澳问题的原则立场。1979 年 2 月 8 日中葡建交时达成谅解，确认澳门是中国领土，暂由葡萄牙管理，适当时候将通过友好协商解决。

1984 年香港问题解决后，澳门问题即提上日程。1986 年 6 月，中葡两国关于澳门问题的谈判开始，至 1987 年 3 月，先后举行了四轮会谈。第一轮会谈，葡方团长在开场白中重申了 1979 年双方就澳门主权问题达成的谅解，中方予以确认。双方没有在主权问题上发生分歧是中葡澳门问题谈判与中英香港问题谈判最大的区别之一。中方代表作出说明，中国政府所拟采取的基本立场可概括为三个方面：一是在对澳门恢复行使主权的前提下，充分考虑澳门的历史和现状，保证澳门的社会稳定和经济发展；二是按

① 澳门问题的由来及解决过程［J］. 施工企业管理，1999（8）：17、47.

② 澳门问题的由来及解决过程［J］. 施工企业管理，1999（8）：17、47.

“一个国家，两种制度”的构想来解决澳门问题；三是在解决澳门问题的过程中，将充分照顾到中葡双方和各有关方面的利益。根据上述原则立场，中国政府承诺在对澳门恢复行使主权之后将在这一地区实行一系列特殊政策。

1987 年 3 月 23 日中葡双方在第四轮会谈中达成一致意见。至此，中葡关于澳门问题的会谈圆满结束。3 月 26 日上午，中华人民共和国政府和葡萄牙共和国政府关于澳门问题联合声明在北京人民大会堂草签。1987 年 4 月 13 日，中葡联合声明正式签署仪式在北京人民大会堂隆重举行，两国总理分别代表本国政府在联合声明文本上签字，邓小平出席了签字仪式。联合声明签署后，中国全国人大常委会和葡萄牙国会分别于当年 6 月和 10 月予以批准。联合声明规定：中国政府将于 1999 年 12 月 20 日对澳门地区恢复行使主权；澳门设立特别行政区，直属中央政府，采取澳人治澳的原则。中葡谈判总的来说比较顺利，但因双方的出发点和利益不同，也不可避免地存在一些矛盾和斗争，其中分歧最大、贯穿谈判始终的是关于澳门回归的时间。葡方曾希望进入 21 世纪才将澳门交还中国，中方坚持一定要在 20 世纪末恢复对澳门行使主权。

1999 年 12 月 20 日，澳门终于回到了祖国的怀抱。澳门的回归，圆了历经明朝、清朝、中华民国近 400 年来中华儿女的梦想。

三、澳门回归后的繁荣发展

在祖国的支持下，澳门回归后“一国两制”的科学构想成功付诸实践，澳门走上了同祖国内地优势互补、共同发展的宽广道路。澳门保持良好发展态势，经济平稳增长，社会和谐稳定，市民安居乐业。同时，澳门回归以来，也积累了在“一国两制”条件下管理、建设、发展澳门的丰富经验，向全国人民、向全世界证明了“一国两制”科学构想的生命力和优越性，它不仅是解决澳门问题的最佳方案，也是澳门回归祖国后保持长期繁荣稳定的最佳制度安排和根本保证。

仅就经济建设而言，澳门逐渐走出了一条既继续保持其作为内地对外开放的窗口和桥梁，又发挥其世界旅游休闲中心和国际化的区域性经济贸易服务平台的区位优势的经济发展道路，不断丰富和深化了“一国两制”理论与实践创新的具体内容。

澳门回归后，特区政府坚持了“循序渐进”“固本培元、稳健发展”“协调发展、和谐共进”的指导思想和基本原则，扎扎实实地推进经济重建的基础工作，使澳门经济逐步走出困局，开始了快速的复苏和振兴。博彩业的复苏和振兴是澳门经济全面回暖最显著的标志。由于博彩业的复苏和振兴带动了整个经济形势的全面回暖，一度沉寂的酒店业、餐饮业、娱乐业、服饰业、珠宝业、手信业甚至房产建筑业、银行保险业、交通运输业重新走向兴旺，各种基础设施建设工程纷纷上马。此外，澳门进出口贸易生机勃勃，由于澳门自身的经济发展空间非常有限，属于微型经济体，所以其经济发展的路向和定位只能是充分利用其“自由港”“独立关税地区”的特殊地位和对外交流的窗口、桥梁的区位优势。回归以来，在特区政府和澳门同胞的共同努力下，其世界旅游休闲中心和国际化的区域性经济贸易服务平台的地位逐步显现。①

① 齐鹏飞. 浅析澳门回归 15 年“一国两制”特色的经济发展之路 [EB/OL].（2015-01-12）[2020-04-20]. http://theory.people.com.cn/n/2015/0112/c83867-26369984.html.

时间是最忠实的记录者，也是最客观的见证者。回归20余年来，澳门沧海桑田、翻天覆地，经济快速增长、民生持续改善、社会稳定和谐，本地生产总值从1999年的518.7亿澳门元增至2018年的4 446.7亿澳门元，人均地区生产总值已排在亚洲第一、世界第二，从幼儿园至高中实现15年免费教育，长者、婴幼儿、中小学生、孕妇纳入免费医疗，“莲花宝地”开创了历史上最好的发展局面。澳门经济社会发展取得的巨大成就，向世界展示了具有澳门特色的“一国两制”成功实践，彰显了“一国两制”的巨大优越性和强大生命力。

回归20余年来，澳门特别行政区全面准确理解和贯彻“一国两制”方针，正确认识并妥善处理“一国”与“两制”的关系，坚守“一国”之本，善用“两制”之利，真正实现了与祖国内地相互促进、共同发展。实践充分表明，只有在全社会形成广泛的国家认同，才能全面准确地实施基本法；只有切实维护国家主权、安全、发展利益，才能保持澳门的长期繁荣稳定；只有积极融入国家发展大局，才能使澳门走向更美好的未来。实践雄辩地证明，“一国两制”是解决历史遗留的澳门问题的最佳方案，也是澳门回归后保持长期繁荣稳定的最佳制度，是行得通、办得到、得人心的！①

四、对新历史起点上发展澳门的四点希望

2019年12月20日，习近平主席在庆祝澳门回归祖国20周年大会暨澳门特别行政区第五届政府就职典礼上发表重要讲话。

习近平主席在讲话中强调：“一国两制”事业任重道远。面对世界百年未有之大变局，面对澳门内外环境新变化，澳门特别行政区新一届政府和社会各界要站高望远、居安思危，守正创新、务实有为，在已有成就的基础上推动澳门特别行政区各项建设事业跃上新台阶。他提出四点希望：

一是坚持与时俱进，进一步提升特别行政区治理水平。古人说：“善为政者，弊则补之，决则塞之。”要适应现代社会治理发展变化及其新要求，推进公共行政等制度改革，提高政府管治效能，促进治理体系和治理能力现代化。要把依法办事作为特别行政区治理的基本准则，不断健全完善依法治澳的制度体系。要善用科技，加快建设智慧城市，以大数据等信息化技术推进政府管理和社会治理模式创新，不断促进政府决策科学化、社会治理精准化、公共服务高效化。

二是坚持开拓创新，进一步推动经济持续健康发展。要着眼长远、加强谋划，围绕“一中心、一平台、一基地”的目标定位，坚持规划先行，注重统筹协调，有序推进各项部署。要结合澳门实际，在科学论证基础上，选准经济适度多元发展的主攻方向和相关重大项目，从政策、人力、财力等方面多管齐下，聚力攻坚。要积极对接国家战略，把握共建“一带一路”和粤港澳大湾区建设的机遇，更好发挥自身所长，增强竞争优势。当前，特别要做好珠澳合作开发横琴这篇文章，为澳门长远发展开辟广阔空间、注入新动力。

① 续写“一国两制”成功实践新篇章——热烈祝贺澳门回归祖国20周年［EB/OL］.（2019-12-20）［2020-05-10］. http://www.gov.cn/xinwen/2019-12/19/content_5462512.htm.

三是坚持以人为本，进一步保障和改善民生。要坚持发展的目的是为广大市民创造更加美好的生活，采取更加公正、合理、普惠的制度安排，确保广大市民分享发展成果。要结合发展需要和市民需求，加强交通、能源、环保、信息、城市安全等公共基础设施建设，改善市民生活环境，提升市民生活质量。要积极回应市民关切，着力解决住房、医疗、养老等方面的突出问题，更加关注对弱势群体的帮助和扶持。要不断提高教育水平，打造高标准教育体系，为青少年成长成才创造更好条件。

四是坚持包容共济，进一步促进社会和谐稳定。要坚持和弘扬爱国爱澳核心价值，广泛凝聚共建澳门的社会共识。要加强社团建设，充分发挥众多爱国爱澳社团在政府和市民之间的沟通桥梁作用。要保持澳门社会讲团结、重协商的传统，有事多商量，做事多协调，妥善处理社会矛盾，共同维护社会祥和。要发挥澳门中西文化荟萃的优势，助力国际人文交流，促进世界文明互鉴。

延伸阅读 8-3
习近平会见香港澳门各界庆祝国家改革开放40周年访问团

习近平主席还强调指出：30多年来，“一国两制”实践取得的成功举世公认。包括港澳同胞在内的中国人民完全有智慧、有能力把“一国两制”实践发展得更好，把“一国两制”制度体系完善得更好，把特别行政区治理得更好。中华民族伟大复兴的前进步伐势不可当，香港、澳门与祖国内地同发展、共繁荣的道路必将越走越宽广！

第三节 新形势下的对台工作方针

一、台湾是中国领土不可分割的一部分

（一）台湾与祖国大陆的历史渊源

台湾自古以来为中国领土，战国时称“岛夷”，两汉和三国时期称“东鳀”“夷洲”，隋唐称“流求”。公元7世纪，隋朝政府派万余人渡海去台湾，有相当一部分人留居岛上成为常驻居民。宋朝和元朝已经在台湾岛链中的澎湖岛设立行政机构，将台湾岛纳入行政治辖和版图。17世纪初，荷兰海盗以欺骗手段登陆台湾，在台南港建立军事城堡，此后荷兰人和西班牙人又借口传教在台湾南部、北部的中国人居住地建立农场，进行殖民扩张。1662年，郑成功率领明朝海军力量驱逐了荷兰侵略者，设立承天府，全面治理台湾岛。这种承天府的治理体制延续到清朝统一中国之后，直至台湾变为福建省的一部分。1714年，清政府派人到台湾测绘地图，以后一直将台湾岛视为“东南沿海七省之门户”。

19世纪以后，西方帝国主义列强以武力对东亚各国胁迫开关，此后清朝开展“洋务运动”发展经济军事实力，学习西方科学技术，以求自保。1871年，日本派出伪装成渔民的武装人员登上台湾岛东部，遭到土著居民抵抗，日本借机威逼清政府让出对琉

球岛政权的保护权，并对台湾提出领土要求，遭到清政府拒绝。此后，为了巩固台湾岛防御，清政府加强对台湾岛的管理，并在1885年正式设立了台湾省，派出刘铭传治理台湾。在刘铭传的治理下，台湾工商业兴盛，成为当时清政府“洋务运动”中最为先进的一省，为台湾日后经济发展奠定了坚实基础。

延伸阅读 8-4
《马关条约》签订后台湾军民浴血捍卫领土

1895年，清政府在中日甲午战争中战败，被迫签订《马关条约》，割让台湾岛。岛内民众群情激愤，商家罢市，清政府官员与当地驻军、民众及大陆东南沿海人民一道拼死抵抗日本军队的占领。此后在日本统治的50年中，近60万台湾同胞因反抗日本占领而牺牲在日本的屠刀下和监狱中。

（二）国际社会公认台湾属于中国

台湾是中国不可分割的一部分，这不仅是历史事实，而且已被国际社会所公认。1895年至1945年，台湾、澎湖列岛被日本强行占领。1931年“九一八”事变后，中国人民开始了长达十四年的抗日战争。中国政府在《中国对日宣战布告》中明确昭告中外：所有一切条约、协定、合同有涉及中日关系者，一律废止。《马关条约》自属废止之列。这一布告并郑重宣布：中国将“收复台湾、澎湖、东北四省土地”。[①] 这场战争是世界反法西斯斗争的重要组成部分，中国成为反法西斯战争的东方主战场，中国的抗日斗争得到了世界人民的广泛支持。在第二次世界大战中，为了反对德、日、意法西斯轴心国，中国与美国、苏联、英国、法国等结成同盟国。1943年12月中、美、英三国共同发表的《开罗宣言》指出：“三国之宗旨，在剥夺日本自1914年第一次世界大战开始以后在太平洋所夺得或占领之一切岛屿，在使日本所窃取于中国之土地，例如满洲、台湾、澎湖列岛等，归还中国。”1945年7月签署的《波茨坦公告》重申，“开罗宣言之条件必将实施”。1945年8月15日，日本宣布投降，并在《日本投降条款》中声明：“兹接受中、美、英三国共同签署的、后来又有苏联参加的波茨坦公告中的条款。”10月25日，中国战区台湾省受降仪式于台北举行，受降主官代表中国政府宣告：自即日起，台湾及澎湖列岛已正式重入中国版图，所有一切土地、人民、政事皆已置于中国主权之下。

1946年6月，国民党军队蓄意挑起内战，1948年9月至1949年1月，经过辽沈、淮海、平津三大战役后，国民党军队有生力量被消灭过半，国民党统治面临彻底垮台的命运。1949年10月，中华人民共和国成立。1949年12月，蒋介石率余部从成都逃往台湾，由此形成了大陆与台湾长期分离的局面。

1971年10月25日，联合国大会通过2758号决议，[②] 联合国和全世界早已公认，世界上只有一个中国，台湾是中国不可分割的一部分，中华人民共和国政府是代表全中国的唯一合法政府。

---

① 引自：中华人民共和国国务院新闻办公室．台湾问题与中国的统一，中国政府网．北京：1993.08.

② 资料来源：联合国2758号决议（1971年10月25日）．中国政府网 http://www.gov.cn/test/2006-02/28/content_213294.htm。

拓展训练

请进一步查阅相关史实资料，充分证明台湾自古以来就是中国领土的一部分。

二、两岸关系变局下的新挑战

（一）民进党与国民党势力发展变化，两岸关系存在倒退风险

2016 年 5 月，民进党人蔡英文就任台湾地区领导人，并于 2020 年 1 月连任。其拒绝承认“九二共识”，提出“维持现状”，并妄称就是维持“独立自主”。这是蓄意破坏两岸关系和平发展的政治图谋，是在破坏台海和平、损害台湾人民利益。

国民党是当前岛内对抗“台独”、促进两岸关系稳定发展的重要力量。但如今国民党与民进党力量对比发生了颠覆性变化，国民党政治实力下滑严重，且党内路线存在向所谓“本土化”进一步靠拢的趋势，其两岸政策有可能趋向保守甚至倒退。

想一想

自 2016 年蔡英文任台湾地区领导人以来，两岸关系发生了哪些变化？

（二）民进党当局刻意制造对立的两岸关系

当前台湾社会存在的一个突出问题，就是台湾民众对国家民族的认同出现越来越严重的偏离。台湾政治大学 2019 年 6 月调查显示，认同自己是“台湾人”的民众有 56.9%，“既是台湾人也是中国人”36.5%，“中国人”3.6%。认同“台湾人”的较往常上升，认同“广义中国人”的较往常显著下降，两种认同的差距进一步拉大。台湾竞争力论坛 10 月有关国族认同调查显示，2019 年以来，台湾民众倾向“台湾独立”的人明显增加，期望“和平统一”的人显著减少。如果两岸现状无法维持，47.7% 民众认为未来两岸统一的机会比较大，但认为未来走向“台独”的看法却增加近 7 个百分点到达 37%。值得注意的是，调查结果显示，台湾民众不认同自己是“中华民族”的比例已经突破 10%。[①] 出现这样的结果，一方面是由于台湾当局过去长期推行的反共宣传教育，使台湾民众对祖国大陆存在戒备之心和不信任感；另一方面，陈水扁、蔡英文等民进党人一直不遗余力地攻击大陆，有意对民众进行误导，对支持两岸统一的力量予以打压，并向台湾年青一代灌输“台独”意识，使得台湾同胞尤其是年青一代对“一国两制”抱有疑虑、害怕甚至对立的情绪，导致其中华民族意识越来越淡薄。

议一议

以小组为单位，讨论“台独”势力的表现及危害。

---

① 引用：陈文杰. 2019 年台湾地区统一意识及“中国人认同”变化观察［J］. 统一论坛，2020（2）：30–32.

（三）海外势力干预，两岸关系发展复杂化

长期以来，以美国为首的外部势力都一直介入到台湾问题之中，在台湾问题上推波助澜甚至大做文章，企图压制中国崛起。新中国成立后，美国制造了一个对中国的包围圈，企图遏制我国的发展。不仅利用扶植日本牵制中国在东亚地区的发展，同时投入巨额资金加强对中国周边国家的经济和军事等援助。而台湾成为美国遏制中国的关键环节，美国在中国两岸关系中不断制造事端，试图把台湾变成遏制中国的一艘“永不沉没的航空母舰”。21 世纪以来，崛起的中国已成为美国心理失衡和焦虑感的重要来源。近年来美国利用我国周边安全环境中的矛盾，肆意介入东海、南海争端，挑起周边国家向我国发难，同时强化美台政治、军事关系，支持台湾扩大国际参与，以此来遏制我国崛起的战略效应。

延伸阅读 8-5

习近平：绝不容忍国家分裂的历史悲剧重演

历史证明，中美关系改善时，两岸关系会趋向缓和；中美关系紧张时，两岸关系也会随之紧张。可以预见，未来美方将变本加厉，甚至是无所不用其极地疯狂大打“台湾牌”，甚至会和“香港牌”组合起来打，而民进党当局则会伺机炒作“美国牌”，各方角力有可能会继续激化。不过，任何逆流举动势必会遭遇重挫，中国人民捍卫国家主权和领土完整的决心和意志不可动摇。

想一想

美国在我国台湾问题上扮演着怎样的角色？

三、实现两岸和平统一的五点主张

2019 年 1 月 2 日，习近平主席在《告台湾同胞书》发表 40 周年纪念会上发表重要讲话，受到海内外舆论高度关注。习近平主席在讲话中提出的五点主张，是新时代对台工作的纲领性文件，是指引两岸关系和谐发展的引路明灯。这五点主张是：

第一，携手推动民族复兴，实现和平统一目标。民族复兴、国家统一是大势所趋、大义所在、民心所向。一水之隔、咫尺天涯，两岸迄今尚未完全统一是历史遗留给中华民族的创伤。两岸中国人应该共同努力谋求国家统一，抚平历史创伤。广大台湾同胞都是中华民族一分子，要做堂堂正正的中国人，认真思考台湾在民族复兴中的地位和作用，把促进国家完全统一、共谋民族伟大复兴作为无上光荣的事业。

台湾前途在于国家统一，台湾同胞福祉系于民族复兴。两岸关系和平发展是维护两岸和平、促进两岸共同发展、造福两岸同胞的正确道路。两岸关系和平发展要两岸同胞共同推动，靠两岸同胞共同维护，由两岸同胞共同分享。中国梦是两岸同胞共同的梦，民族复兴、国家强盛，两岸中国人才能过上富足美好的生活。在中华民族走向伟大复兴的进程中，台湾同胞定然不会缺席。两岸同胞要携手同心，共圆中国梦，共担民族复兴的责任，共享民族复兴的荣耀。台湾问题因民族弱乱而产生，必将随着民族复兴而终结！

第二，探索“两制”台湾方案，丰富和平统一实践。“和平统一、一国两制”是实现国家统一的最佳方式，体现了海纳百川、有容乃大的中华智慧，既充分考虑台湾现实情况，又有利于统一后台湾长治久安。

制度不同，不是统一的障碍，更不是分裂的借口。“一国两制”的提出，本来就是为了照顾台湾现实情况，维护台湾同胞利益福祉。“一国两制”在台湾的具体实现形式会充分考虑台湾现实情况，会充分吸收两岸各界意见和建议，会充分照顾到台湾同胞利益和感情。在确保国家主权、安全、发展利益的前提下，和平统一后，台湾同胞的社会制度和生活方式等将得到充分尊重，台湾同胞的私人财产、宗教信仰、合法权益将得到充分保障。

两岸同胞是一家人，两岸的事是两岸同胞的家里事，当然也应该由家里人商量着办。和平统一，是平等协商、共议统一。两岸长期存在的政治分歧问题是影响两岸关系行稳致远的总根子，总不能一代一代传下去。两岸双方应该本着对民族、对后世负责的态度，凝聚智慧，发挥创意，聚同化异，争取早日解决政治对立，实现台海持久和平，达成国家统一愿景，让我们的子孙后代在祥和、安宁、繁荣、尊严的共同家园中生活成长。

在一个中国原则基础上，台湾任何政党、团体同我们的交往都不存在障碍。以对话取代对抗、以合作取代争斗、以双赢取代零和，两岸关系才能行稳致远。我们愿意同台湾各党派、团体和人士就两岸政治问题和推进祖国和平统一进程的有关问题开展对话沟通，广泛交换意见，寻求社会共识，推进政治谈判。

我们郑重倡议，在坚持“九二共识”、反对“台独”的共同政治基础上，两岸各政党、各界别推举代表性人士，就两岸关系和民族未来开展广泛深入的民主协商，就推动两岸关系和平发展达成制度性安排。

第三，坚持一个中国原则，维护和平统一前景。尽管海峡两岸尚未完全统一，但中国主权和领土从未分割，大陆和台湾同属一个中国的事实从未改变。一个中国原则是两岸关系的政治基础。坚持一个中国原则，两岸关系就能改善和发展，台湾同胞就能受益。背离一个中国原则，就会导致两岸关系紧张动荡，损害台湾同胞切身利益。

统一是历史大势，是正道。“台独”是历史逆流，是绝路。广大台湾同胞具有光荣的爱国主义传统，是我们的骨肉天亲。我们坚持寄希望于台湾人民的方针，一如既往尊重台湾同胞、关爱台湾同胞、团结台湾同胞、依靠台湾同胞，全心全意为台湾同胞办实事、做好事、解难事。广大台湾同胞不分党派、不分宗教、不分阶层、不分军民、不分地域，都要认清“台独”只会给台湾带来深重祸害，坚决反对“台独”分裂，共同追求和平统一的光明前景。我们愿意为和平统一创造广阔空间，但绝不为各种形式的“台独”分裂活动留下任何空间。

中国人不打中国人。我们愿意以最大诚意、尽最大努力争取和平统一的前景，因为以和平方式实现统一，对两岸同胞和全民族最有利。我们不承诺放弃使用武力，保留采取一切必要措施的选项，针对的是外部势力干涉和极少数“台独”分裂分子及其分裂活动，绝非针对台湾同胞。两岸同胞要共谋和平、共护和平、共享和平。

第四，深化两岸融合发展，夯实和平统一基础。两岸同胞血脉相连。亲望亲好，中国人要帮中国人。我们对台湾同胞一视同仁，将继续率先同台湾同胞分享大陆发展机遇，为台湾同胞台湾企业提供同等待遇，让大家有更多获得感。和平统一之后，台湾将永保太平，民众将安居乐业。有强大祖国做依靠，台湾同胞的民生福祉会更好，发展空间会更大，在国际上腰杆会更硬、底气会更足，更加安全、更有尊严。

我们要积极推进两岸经济合作制度化，打造两岸共同市场，为发展增动力，为合作添活力，壮大中华民族经济。两岸要应通尽通，提升经贸合作畅通、基础设施联通、能源资源互通、行业标准共通，可以率先实现金门、马祖同福建沿海地区通水、通电、通气、通桥。要推动两岸文化教育、医疗卫生合作，社会保障和公共资源共享，支持两岸邻近或条件相当地区基本公共服务均等化、普惠化、便捷化。

第五，实现同胞心灵契合，增进和平统一认同。国家之魂，文以化之，文以铸之。两岸同胞同根同源、同文同种，中华文化是两岸同胞心灵的根脉和归属。人之相交，贵在知心。不管遭遇多少干扰阻碍，两岸同胞交流合作不能停、不能断、不能少。

两岸同胞要共同传承中华优秀传统文化，推动其实现创造性转化、创新性发展。两岸同胞要交流互鉴、对话包容，推己及人、将心比心，加深相互理解，增进互信认同。要秉持同胞情、同理心，以正确的历史观、民族观、国家观化育后人，弘扬伟大民族精神。亲人之间，没有解不开的心结。久久为功，必定能达到两岸同胞心灵契合。

想一想

1. 你知道“一国两制”的方案是针对哪个地区的问题提出的吗？
2. 你了解 1979 年《告台湾同胞书》发表的缘由吗？

议一议

国家的希望、民族的未来在青年。两岸青年要勇担重任、团结友爱、携手打拼。作为当代大学生，你应该从哪些方面做起以助力实现中华民族的统一大业？请你为祖国统一大业的实现建言献策。

拓展训练

近年来两岸学生交流日益密切，大陆高校对台招生录取逐步放宽，根据“内地（中国大陆）面向港澳台招生信息网”公示，2019 年对台招生的大陆高校从上年 307 所增为 336 所，如果你就读的学校新招入一批台湾学生，你会怎样帮助他们了解祖国大陆且进一步融通两岸情感呢？

附录一　国内国际时事热点
（2020 年 5 月—2022 年 6 月）

2020 年 5 月

一、国内部分

1. 5 月 1 日，《求是》杂志发表习近平的重要文章《在打好精准脱贫攻坚战座谈会上的讲话》。

2. 5 月 2 日，《首都市民卫生健康公约》正式发布，保护环境被纳入公约。

3. 5 月 3 日，“澳门健康码”正式启用，实现从入境到小区管理全覆盖。

4. 5 月 5 日，由香港 1 545 位社会各界人士担任共同发起人的“香港再出发大联盟”在香港宣布成立。该组织发布了大联盟“共同宣言”，呼吁坚守“一国两制”。该组织旨在团结各界人士，凝聚共识，为香港寻找出路。

5. 5 月 6 日，习近平主持中共中央政治局常务委员会并指出，在党中央坚强领导和全国各族人民大力支持下，中央指导组同湖北人民和武汉人民并肩作战，突出抓好源头防控、患者救治、物资保障三项重点，下最大气力控制疫情流行，努力守住全国疫情防控第一道防线，展现了中国力量、中国精神、中国效率，为打赢疫情防控的人民战争、总体战、阻击战作出了重要贡献。会议还提出，新冠肺炎疫情还有很大不确定性，对于下一步疫情防控的重点工作，要做好及时总结，预防为主。

6. 5 月 6 日，国务院安委会办公室、应急管理部联合印发《推进安全宣传“五进”工作方案》，其中“五进”指的是推进安全宣传进企业、进农村、进社区、进学校、进家庭。

7. 5 月 7 日，国务院成立四川森林草原防灭火专项整治督导组，开展专项整治督导工作。

8. 5 月 7 日，中央网信办、农业农村部、国家发展改革委、工业和信息化部联合印发《关于印发〈2020 年数字乡村发展工作要点〉的通知》。

9. 近日，全国多所高校公布“强基计划”招生简章，多所名校拿出“王牌专业”进行招生，为录取学生制定单独培养方案，选拔有志于服务国家重大战略需求且综合素质优秀或基础学科拔尖的学生。

10. 5 月 8 日，国务院联防联控机制日前印发《关于做好新冠肺炎疫情常态化防控工作的指导意见》，要求坚持预防为主、落实“四早”措施、突出重点环节、强化支撑保障。

11. 5 月 11 日，我国首个大型页岩气田——中国石化江汉油田涪陵页岩气田累计生产页岩气突破 300 亿立方米。

12. 5 月 11 日，西藏自治区体育局、中国登山协会在珠穆朗玛峰大本营举办系列活动，纪念中国人首次登顶珠峰 60 周年和西藏登山队成立 60 周年。

13. 5 月 12 日，公安部部署全国公安机关集中开展“昆仑 2020”专项行动，持续依法严厉打击食药环和涉野生动物等民生领域违法犯罪活动。

14. 新华社 5 月 13 日电，近日，潘建伟等利用“墨子号”量子科学实验卫星，在国际上首次实现量子安全时间传递的原理性实验验证，为未来构建安全的卫星导航系统奠定了基础。

15. 5 月 16 日，洋山特殊综合保税区举行揭牌仪式，据悉这是我国唯一的特殊综合保税区。

16. 5 月 18 日，习近平在第 73 届世界卫生大会视频会议开幕式上发表题为《团结合作战胜疫情　共同构建人类卫生健康共同体》的致辞。

17. 5 月 19 日，最高人民法院发布《关于依法妥善审理涉新冠肺炎疫情民事案件若干问题的指导意见（二）》，其中明确，限制民事行为能力人未经其监护人同意参与网络直播平台“打赏”，监护人请求网络服务提供者返还款项的，法院应支持。

18. 5 月 20 日，交通管理局部署全国开展“一盔一带”安全守护行动。6 月 1 日起，执法处罚的范围限定为骑乘摩托车不佩戴安全头盔、驾乘汽车不使用安全带的交通违法行为。

19. 5 月 20 日，国家发改委、国家卫健委、国家中医药局印发《公共卫生防控救治能力建设方案》，提出要全面改善疾控机构设施设备条件，实现每省至少有一个达到生物安全三级（P3）水平的实验室，每个地级市至少有一个达到生物安全二级（P2）水平的实验室，具备传染病病原体、健康危害因素和国家卫生标准实施所需的检验检测能力。

20. 5 月 21 日，中国人民政治协商会议第十三届全国委员会第三次会议在人民大会堂开幕。会议将审议《中华人民共和国民法典（草案）》、《全国人民代表大会关于建立健全香港特别行政区维护国家安全的法律制度和执行机制的决定（草案）》、全国人大常委会工作报告、最高人民法院工作报告等。

21. 5 月 21 日，全国政协主席汪洋在全国政协十三届三次会议开幕会上代表政协全国委员会常务委员会向大会作报告。

22. 5 月 22 日，第十三届全国人民代表大会第三次会议在人民大会堂开幕，国务院总理李克强代表国务院向大会作政府工作报告。报告指出：2019 年经济运行总体平稳，国内生产总值达到 99.1 万亿元，增长 6.1%。

23. 5 月 22 日，习近平在参加十三届全国人大三次会议内蒙古代表团审议时强调，中国共产党要坚持人民至上，不断造福人民，并落实到各项决策部署和实际工作之中，落实到做好统筹疫情防控和经济社会发展工作中去。

24. 5 月 24 日，习近平在参加十三届全国人大三次会议湖北代表团审议时强调，防范化解重大疫情和突发公共卫生风险，事关国家安全和发展，事关社会政治大局稳定。

25. 5 月 24 日，国新办举办扎实做好“六稳”“六保”工作、奋力完成全年经济社会发展目标任务发布会，要做到“六个强化”，即强化就业民生、强化脱贫攻坚、强化政策对冲、强化内需支撑、强化企业帮扶、强化改革开放。其中强化就业民生是今年首要目标任务，强化脱贫攻坚是今年发展的重目标、硬任务。

26. 5 月 24 日，香港各界“撑国安立法”联合阵线正式成立并发起联署活动，成员来自各大社团、工商界、专业界、教育界、社会福利界等，各区街坊纷纷踊跃签名、积极发声。

27. 5 月 25 日，十三届全国人大三次会议在人民大会堂举行第二次全体会议，听取和审议全国人大常委会工作报告。报告指出，2020 年我们党将带领人民实现第一个百年奋斗目标，下一阶段的主要任务是确保宪法全面实施、加强重要领域立法、依法做好监督工作、支持代表依法履职、积极开展对外交往、加强常委会自身建设。

28. 5 月 25 日，十三届全国人大三次会议在人民大会堂举行第二次全体会议，听取和审议最高人民检察院工作报告。报告指出今年是决胜全面建成小康社会、决战脱贫攻坚之年，新冠肺炎疫情带来新的挑战，检察机关必须担当作为，下一阶段要坚持“稳进”，把为大局服务作为检察履职最重要使命；要深化“落实”，更加自觉履行宪法法律赋予职责；要持续“提升”，对标新时代人民群众新的更高要求加强检察自身建设。

29. 5 月 26 日，习近平在出席十三届全国人大三次会议解放军和武警部队代表团全体会议时强调，全军要自觉把思想和行动统一到党中央决策部署上来，坚定信心，迎难而上，在常态化疫情防控前提下扎实推进军队各项工作，坚决实现国防和军队建设 2020 年目标任务，坚决完成党和人民赋予的各项任务。

30. 5 月 27 日，中国人民政治协商会议第十三届全国委员会第三次会议在人民大会堂闭幕。

31. 5 月 27 日，2020 珠峰高程测量登山队 8 名攻顶队员全部成功登顶珠峰，将五星红旗插上世界最高峰峰顶，并开展各项测量工作。

32. 5 月 28 日，十三届全国人大三次会议表决通过了《中华人民共和国民法典》，自 2021 年 1 月 1 日起施行。这是新中国第一部以法典命名的法律，开启了我国法典编纂立法的先河。

33. 5 月 28 日，十三届全国人大三次会议通过了《全国人民代表大会关于建立健全香港特别行政区维护国家安全的法律制度和执行机制的决定》。

34. 5 月 28 日，美国军舰非法闯入我西沙领海。中国人民解放军南部战区海空兵力全程对美舰进行监视查证、警告驱离。

35. 5月29日，国防部表示，首艘国产航母山东舰正按计划进行海上试验训练。

36. 5月29日，外交部回应孟晚舟事件表示，美国和加拿大滥用双边引渡条约，美方目的是打压中国高科技企业和华为，加拿大扮演了美方帮凶的角色。

37. 5月30日新华社报道，日前，塞尔维亚总统武契奇致信国家主席习近平，支持中国全国人大通过关于建立健全香港特别行政区维护国家安全的法律制度和执行机制的决定。

二、国际部分

1. 5月1日，世界卫生组织表示，确定新冠病毒源自自然界。

2. 5月3日，韩国国务总理丁世均宣布，韩国将从本月6日开始转入正常生活和防疫工作并行的“生活防疫阶段”。

3. 截至5月6日，美国累计确诊病例已经超过120万例。全球确诊病例超过372万例，这意味着美国累计确诊病例已占据全球确诊病例的三分之一。

4. 5月6日，伦敦大学学院发布的一项研究说，科学家对新冠病毒的遗传多样性分析显示，这种病毒在2019年年底可能已在全球广泛传播。

5. 5月13日，俄罗斯外交部日前发表声明称，美国发表试图歪曲二战历史的言论，贬低俄罗斯所作出的突出贡献，俄方对此表示极度愤慨，要敦促美方纠正二战错误言论。

6. 5月18日至19日，第七十三届世界卫生大会以视频方式举行。与会专家表示，新冠肺炎疫情是全人类共同的敌人，世卫组织各成员国应聚焦合作、携手抗疫，避免公共卫生问题政治化。

7. 5月21日，在联合国确定的首个“国际茶日”到来之际，习近平向“国际茶日”系列活动致信表示热烈祝贺并指出，茶起源于中国，盛行于世界。

8. 5月21日，美国宣布，由于俄罗斯未能遵守条约，计划6个月后正式退出《开放天空条约》。美方此举不利于保持地区国家间军事互信和透明，不利于维护有关地区的安全与稳定，对国际军控与裁军进程也将产生消极影响。

9. 新华社5月23日电，77名美国诺贝尔奖得主日前联名发表公开信，抗议美国国家卫生研究院近期停止资助从事冠状病毒传播研究的、曾与中国科研机构开展合作的非政府组织“生态健康联盟”。

10. 5月24日，美国白宫发布公告，宣布对巴西推出旅行禁令，禁止过去14天内有巴西旅行记录者进入美国，美国公民及配偶、美国绿卡持有者及配偶等群体除外。

11. 5月25日，美国明尼阿波利斯市警察暴力执法致一位黑人男子死亡。随后三天之内，引发抗议示威和暴力冲突，当地警察局遭纵火，当局宣布进入紧急状态并出动国民警卫队。

12. 5月26日，普京宣布，将于6月24日举行纪念卫国战争胜利75周年阅兵式。

13. 5月27日，世界卫生组织总干事谭德塞宣布世卫组织基金会正式成立，用以筹集资金应对最紧迫的全球卫生挑战。

14. 5 月 29 日，特朗普在白宫新闻发布会上宣布，美国将退出世界卫生组织，理由是世卫组织未能完成美国要求的改革。

15. 5 月 30 日，美国多地抗议活动持续升级，德国柏林和英国伦敦也举行了反种族歧视、谴责美国警察暴力执法的集会活动、声援美国国内抗议活动的集会。

2020 年 6 月

一、国内部分

1. 6 月 1 日，《中华人民共和国基本医疗卫生与健康促进法》开始施行。该法规定医疗卫生人员的人身安全、人格尊严不受侵犯，其合法权益受法律保护。

2. 6 月 1 日，中共中央、国务院印发《海南自由贸易港建设总体方案》。

3. 6 月 2 日，习近平主持召开专家学者座谈会，强调人民安全是国家安全的基石。他强调要把增强早期监测预警能力作为健全公共卫生体系当务之急，完善传染病疫情和突发公共卫生事件监测系统。

4. 近日，教育部公布了普通高中课程方案和语文等学科课程标准，明确劳动为必修课程。

5. 6 月 8 日电，由中国科学院沈阳自动化研究所主持研制的“海斗一号”全海深自主遥控潜水器，日前在在马里亚纳海沟实现 4 次万米下潜，最大下潜深度 10 907 米，刷新了我国潜水器最大下潜深度纪录。

6. 6 月 8 日，习近平赴宁夏考察调研，了解当地推进脱贫攻坚、加强黄河流域生态保护、促进民族团结等情况。

7. 6 月 11 日电，嫦娥四号任务团队优秀代表中国探月工程总设计师吴伟仁，中国探月工程副总设计师于登云，嫦娥四号任务探测器系统总设计师孙泽洲，获得国际宇航联合会 2020 年度最高奖——“世界航天奖”。

8. 6 月 12 日，经香港特区立法会通过的《国歌条例》正式刊宪实施。

9. 国务院办公厅日前印发《生态环境领域中央与地方财政事权和支出责任划分改革方案》。

10. 6 月 16 日出版的《求是》杂志发表习近平的重要文章《充分认识颁布实施民法典重大意义，依法更好保障人民合法权益》，文章强调，民法典在中国特色社会主义法律体系中具有重要地位，是一部固根本、稳预期、利长远的基础性法律。

11. 6 月 16 日，西部战区新闻发言人张水利大校就中印边防人员位加勒万河谷地区冲突对外发表声明：6 月 15 日晚，在中印边境加勒万河谷地区，印军违背承诺，再次越过实控线非法活动，蓄意发动挑衅攻击，引发双方激烈肢体冲突，造成人员伤亡。加勒万河谷地区主权历来属我。印边防部队出尔反尔，严重违反两国有关边境问题协定协议，严重违反中印军长级会谈共识，严重损害两军关系和两国人民感情。我们要求印方严格约束一线部队，立即停止一切侵权挑衅行动，与中方相向而行，回到对话会谈解决分歧的正确轨道上来。

12. 近日，《关于做好 2020 年城乡居民基本医疗保障工作的通知》印发，明确 2020 年居民医保人均财政补助标准新增 30 元，达到每人每年不低于 550 元。

13. 6 月 17 日，国务委员兼外长王毅同印度外长苏杰生通电话。针对印军非法侵入我国加勒万河谷地区，王毅表示，我们要求印方对此开展彻底调查，严惩肇事责任人，严格管束一线部队，立即停止一切挑衅性举动，确保此类事件不得再发生。印方务必不要对当前形势做出误判，务必不要低估中方维护领土主权的坚定意志。

14. 6 月 18 日，《中华人民共和国香港特别行政区维护国家安全法（草案）》由十三届全国人大常委会第十九次会议审议。草案对防范、制止和惩治发生在香港特别行政区的分裂国家、颠覆国家政权、恐怖活动、勾结外国或者境外势力危害国家安全等四类犯罪行为的具体构成和相应的刑事责任，作出了明确规定。

15. 中央军委办公厅日前印发《军队领导干部经济责任审计规定》，自 2020 年 7 月 1 日起施行。

16. 国务院办公厅日前印发《关于支持出口产品转内销的实施意见》，意见提出从支持出口产品进入国内市场；多渠道支持转内销；加强信贷保险和资金支持三方面支持出口产品转内销。

17. 6 月 23 日，北斗系统第五十五颗导航卫星在西昌卫星发射中心成功发射，至此北斗三号全球卫星导航系统星座部署比原计划提前半年全面完成。

18. 日前，川藏铁路拉林段藏木雅鲁藏布江双线特大桥现浇主梁成功合龙，标志着拉林铁路全线 120 座桥梁主体工程全部完工。

19.《关于延长阶段性减免企业社会保险费政策实施期限等问题的通知》日前印发，明确各省份免征中小微企业三项社会保险单位缴费部分的政策，延长执行到 2020 年 12 月底。

20. 近日，中共中央印发了《关于调整预备役部队领导体制的决定》，明确自 2020 年 7 月 1 日零时起，预备役部队全面纳入军队领导指挥体系，由现行军地双重领导调整为党中央、中央军委集中统一领导。

21. 6 月 30 日，习近平主持召开中央全面深化改革委员会第十四次会议，强调要依靠改革应对变局开拓新局，扭住关键鼓励探索突出实效。

二、国际部分

1. 6 月 1 日，塞尔维亚国防部长武林在塞尔维亚首都贝尔格莱德向中国赴塞抗疫医疗专家组成员刘大钺授予军队最高级别纪念勋章——“为塞尔维亚国防作出杰出贡献纪念勋章”，以表彰他们在帮助塞方防控新冠疫情中的付出和贡献。

2. 6 月 3 日，美国交通部正式宣布，美方将暂停允许中国航空公司提供来往于美国的航班，相关规定从当地时间 6 月 16 日开始执行，但仍有可能提前。

3. 6 月 8 日，《全球经济展望》报告发布，预计 2020 年全球经济将下滑 5.2%，这将是全球经济自二战以来陷入的最严重衰退。

4. 6 月 12 日，俄罗斯最新型战略核潜艇“弗拉基米尔大公”号正式加入海军序列。

5. 6 月 15 日，欧盟领导层与英国首相约翰逊举行视频会议，确认无论双方未来关系谈判结果如何，英国“脱欧”过渡期不会延长，将于今年 12 月 31 日如期结束。

6. 6 月 17 日，美国不顾中方的严正交涉，将所谓“2020 年维吾尔人权政策法案”签署成法。此举粗暴干涉中国内政，严重违反国际法和国际关系基本准则。

7. 6 月 24 日，俄罗斯隆重举行纪念苏联卫国战争胜利 75 周年阅兵式。中国人民解放军派出仪仗方队参加阅兵活动。

2020 年 7 月

一、国内部分

1. 7 月 2 日，香港特区行政长官办公室主任陈国基宣誓就任香港特别行政区维护国家安全委员会秘书长。

2. 7 月 3 日，中央宣传部授予“闽宁对口扶贫协作援宁群体”“时代楷模”称号。

3. 日前，大熊猫国家公园卧龙法庭在汶川卧龙特别行政区揭牌成立。这是全国首个大熊猫国家公园法庭。

4. 7 月 8 日，中央人民政府驻香港特别行政区维护国家安全公署成立。驻港国家安全公署是中央人民政府派驻香港特别行政区维护国家安全的机构，担负着监督、指导、协调、支持香港特别行政区维护国家安全，在特定情形下依法办理危害国家安全犯罪案件等重要职责，使命光荣，责任重大。

5. 7 月 7 日，联合国教科文组织执行局第 209 次会议在法国巴黎召开，中国推荐申报的湖南湘西、甘肃张掖两处地质公园正式获批联合国教科文组织世界地质公园称号。至此，我国世界地质公园数量升至 41 处，占全球 161 处的四分之一，稳居世界首位。

6. 7 月 11 日电，教育部等六部门明确，各地今明两年高职院校扩招要体现三个倾斜：向优质高职院校倾斜，向区域经济建设急需、社会民生领域紧缺和就业率高的专业倾斜，向贫困地区特别是连片特困地区倾斜。

7. 7 月 12 日电，据统计，全国共有集体土地总面积 65.5 亿亩，账面资产 6.5 万亿元。

8. 国务院总理李克强日前签署国务院令，公布《保障中小企业款项支付条例》，自 2020 年 9 月 1 日起施行。《条例》共 29 条，主要包括三个方面内容，一是规范合同订立及资金保障，加强账款支付源头治理；二是规范支付行为，防范账款拖欠；三是加强信用监督和服务保障。

9. 7 月 15 日，杭州互联网法院跨境贸易法庭正式成立，这是全国首个集中审理跨境数字贸易纠纷案件的人民法庭。

10. 7 月 15 日，国家统计局公布 2020 年全国夏粮总产量 14 281 万吨（2 856 亿斤），比 2019 年增加 120.8 万吨（24.2 亿斤），增长 0.9%。全国夏粮产量创历史新高。

11. 中国医学科学院日前举行《中国医改发展报告（2020）》发布会，报告指出，新医改实施 10 年来，健康服务的可及性、公平性逐步改善，居民就医负担有效减轻，个人卫生支出占卫生总费用的比例由 2009 年的 37.5% 降至 2019 年的 28.4%。报告指出，分级诊疗是新医改以来推行的一项重大制度，推进医联体建设、开展家庭医生签约服务和远程医疗是推进分级诊疗的三个主要抓手；公立医院改革是医改的重中之重、难中之难。

12. 近日，经党中央批准、国务院批复，自 2021 年起，将每年 1 月 10 日设立为“中国人民警察节”。

13. 7 月 26 日，国产大型水陆两栖飞机“鲲龙”AG600 在山东青岛团岛附近海域成功实现海上首飞。

二、国际部分

1. 7 月 1 日，德国正式接任欧盟轮值主席国，任期半年。

2. 7 月 3 日，俄罗斯总统普京当天签署命令，俄宪法修正案将于 4 日开始生效。

3. 7 月 7 日，联合国秘书长发言人迪雅里克证实，联合国秘书长古特雷斯已收到美国通知，美国将于 2021 年 7 月退出世界卫生组织。

4. 7 月 24 日，中国外交部通知美国驻华使馆，中方决定撤销对美国驻成都总领事馆的设立和运行许可，并对该总领事馆停止一切业务和活动提出具体要求。

2020 年 8 月

一、国内部分

1. 8 月 1 日，国家主席习近平同尼泊尔总统班达里互致贺电，热烈庆祝两国建交 65 周年。

2. 发展改革委近日批复《粤港澳大湾区城际铁路建设规划》，将以广州枢纽主要场站间通过城际铁路环线和城市轨道交通连通，其余枢纽内各场站间通过城市轨道交通等方式实现连通。打造“轨道上的大湾区”，完善现代综合交通运输体系。

3. 8 月 7 日，上海移动式核酸检测实验室在浦东国际机场正式交付。这是国内首个采用标准集装箱尺寸的 p2+ 移动式核酸检测实验室。

4. 8 月 10 日，国务院扶贫办指出，目前，52 个挂牌县“三保障”和饮水安全的存量问题均已全部解决，易地扶贫搬迁剩余任务全部完成。

5. 8 月 11 日，习近平签署主席令，授予钟南山“共和国勋章”，授予张伯礼、张定宇、陈薇（女）“人民英雄”国家荣誉称号。

6. 8 月 14 日，商务部官网发布《关于印发全面深化服务贸易创新发展试点总体方案的通知》，公布了数字人民币试点地区，明确在京津冀、长三角、粤港澳大湾区及中西部具备条件的试点地区开展数字人民币试点。

7. 8 月 16 日电，国家知识产权局发布消息，由军事科学院军事医学研究院陈薇院士团队及康希诺生物联合申报的新冠疫苗专利申请，近日已被授予专利权，这是我国首个新冠疫苗专利。

8. 8 月 17 日，深圳市市长陈如桂宣布，深圳成为全国首个 5G 独立组网全覆盖的城市！深圳率先进入 5G 时代。

9. 8 月 22 日，中国邮政发行《共产党宣言》中文全译本出版一百周年纪念邮票。

10. 近日，中国红十字会总会和教育部联合印发通知，将学生健康知识、急救知识，特别是心肺复苏纳入教育内容。

11. 8 月 26 日，中国人民警察警旗授旗仪式在人民大会堂举行，国家主席习近平向中国人民警察队伍授旗并致训词。

12. 8 月 30 日电，《中华人民共和国资源税法》将于 2020 年 9 月 1 日起施行。

13. 8 月 31 日，中央宣传部向全社会发布了江西省九江市消防救援支队的先进事迹，授予他们“时代楷模”称号。

二、国际部分

1 .8 月 4 日傍晚，黎巴嫩首都贝鲁特港口区发生剧烈爆炸，目前已造成至少 73 人死亡、3 700 人受伤。

2. 日前，欧洲理事会作出决定，授权正式签署中欧地理标志协定，该协定是中国对外商签的第一个全面、高水平相关协定，也是近年来中欧之间首个重大贸易协定。

3. 8 月 13 日，阿拉伯联合酋长国外交部发表声明，阿联酋将与以色列实现关系全面正常化。

4. 8 月 15 日，印尼雅万高铁项目关键架梁通道两处连续梁顺利合龙。雅万高铁项目是中国高铁全系统、全要素、全生产链走出国门的“第一单”，也是共建“一带一路”标志性工程。

5. 8 月 18 日，世界卫生组织总干事谭德塞表示，应反对疫苗领域出现的“民族主义”，一旦确定研发出有效的新冠疫苗，世卫组织战略咨询小组将提供有关合理、公平分配疫苗的建议。

6. 8 月 28 日，安倍晋三举行记者会，正式宣布辞去首相一职。

7. 8 月 31 日电，印度官方新公布的季度 GDP 数据显示，在今年 4 月至 6 月的这一季度，印度 GDP 同比萎缩了 23.9%，创下了印度自 1996 年发布季度 GDP 数据以来的最差记录。

2020年9月

一、国内部分

1. 9月3日，习近平同俄罗斯总统普京互致贺电，庆祝世界反法西斯战争胜利75周年。

2. 近日，商务部办公厅发布《关于进一步加强商务领域塑料污染治理工作的通知》，要求到2022年底，全国范围内星级宾馆、酒店等场所不再主动提供一次性塑料用品。到2025年底，实施范围扩大至所有宾馆、酒店、民宿。

3. 9月6日电，我国在酒泉卫星发射中心成功发射的可重复使用航天器，在轨飞行2天后，于9月6日成功返回预定着陆场。这次试验的圆满成功，标志着我国可重复使用航天器技术研究取得重要突破，后续可为和平利用太空提供更加便捷、廉价的往返方式。

4. 9月6日，2020年未来科学大奖在北京揭晓，哈尔滨医科大学第一附属医院教授张亭栋和上海交通大学医学院附属瑞金医院教授王振义获生命科学奖，中国科学院金属研究所研究员卢柯获物质科学奖，山东大学教授彭实戈获数学与计算机科学奖。

5. 9月9日电，经党中央、中央军委批准，《中国共产党军队党的建设条例》日前颁布施行。《条例》以党章为根本遵循，落实新时代党的建设总要求，坚持党对军队绝对领导，坚持全面从严治党，坚持聚焦备战打仗。

6. 9月14日，习近平在北京同欧盟轮值主席国德国总理默克尔、欧洲理事会主席米歇尔、欧盟委员会主席冯德莱恩共同举行会晤，会晤以视频方式举行，中欧双方宣布签署《中欧地理标志协定》，确认加快中欧投资协定谈判，实现年内完成谈判的目标。会上习近平强调，中欧要做到“4个坚持”，坚持和平共处、坚持开放合作、坚持多边主义、坚持对话协商。

7. 9月15日，我国在黄海海域用长征十一号海射运载火箭，采取“一箭九星”方式将“吉林一号”高分03-1组卫星送入预定轨道，发射获得圆满成功。这是长十一火箭执行的第二次海上发射任务，也是我国第一次海上商业化应用发射，标志着我国已经具备稳定高效的海上发射能力。

8. 9月16日，习近平赴湖南考察调研，了解当地开展红色教育、发展扶贫产业、巩固脱贫成果等情况。

10. 9月17日，李克强主持召开国务院常务会议，指出，要坚持“两个毫不动摇”，支持国企和民企改革发展。

11. 9月19日，定远舰遗址水下考古队在广州打捞局的协助下，成功将一块定远舰铁甲起吊出水，定远舰铁甲是目前国内出水唯一一块北洋海军铁甲舰装备的护防装甲。

12. 9月20日，第十二届海峡论坛在厦门举行，全国政协主席汪洋在大会上发表视频致辞，强调我们坚持在“九二共识”基础上推进两岸关系和平发展，着眼点和落脚点就是增进同胞的亲情和福祉，让两岸同胞过上更加美好的生活。

13. 9 月 23 日电，国务院办公厅日前印发《关于加快医学教育创新发展的指导意见》，提出四个方面举措。一是全面优化医学人才培养结构；二是全力提升院校医学人才培养质量；三是深化住院医师培训和继续医学教育改革；四是完善保障措施。

14. 9 月 25 日，大陆首家两岸合资证券公司——金圆统一证券有限公司在厦门揭牌开业。

15. 日前，最高人民法院召开新闻发布会，发布《长江流域生态环境司法保护状况》白皮书，这是首个专项生态环境司法保护白皮书。

16. 9 月 28 日，国产高原无人直升机 AR-500C 在四川稻城亚丁机场创造了海拔 4 411 米的国产无人直升机起降高度新纪录，基本具备全疆域飞行能力。

二、国际部分

1. 9 月 1 日电，黎巴嫩总统米歇尔·奥恩 8 月 31 日任命穆斯塔法·阿迪卜为新总理，并授权其组阁。

2. 9 月 1 日，纪念联合国成立 75 周年国际研讨会在北京举行。本次研讨会以“加强多边主义，共创美好未来”为主题。

3. 9 月 2 日，日本内阁官房长官菅义伟宣布参加自民党总裁选举。

4. 9 月 5 日电，美国华盛顿大学健康指标与评估研究所（IHME）发布报告，指出美国新冠病亡率高于多个国家，从死亡病例数据来看，新冠肺炎已超越癌症，成为美国第二大死因，排名仅次于心脏病。

5. 9 月 14 日，日本自民党举行总裁选举，官菅义伟胜出。

6. 9 月 22 日，联合国秘书长古特雷斯指出，当今世界面临五大挑战：地缘紧张局势、气候危机、全球互不信任、数字世界黑暗面及新冠疫情全球大流行。

7. 9 月 26 日电，因疫情影响延期的东京奥运会火炬接力，将定于 2021 年 3 月 25 日举行。

8. 9 月 27 日，阿塞拜疆总统阿利耶夫签署法令，宣布国家进入战争状态，并在全国范围实行戒严令。

2020 年 10 月

一、国内部分

1. 10 月 2 日，《中华人民共和国传染病防治法》在国家卫健委在官方网站发布。

2. 近日，国务院学位委员会、教育部印发了《专业学位研究生教育发展方案（2020—2025）》，提出到 2025 年，增设一批硕士、博士专业学位类别，将硕士专业学位研究生招生规模扩大到硕士研究生招生总规模的三分之二左右，并大幅增加博士专业学位研究生招生数量。

3. 国家医疗保障局和财政部日前联合发布《关于推进门诊费用跨省直接结算试点工作的通知》，决定在北京、天津、河北、上海、江苏、浙江、安徽、重庆、四川、贵州、云南、西藏12个省（区、市）进行门诊费用跨省直接结算试点。

4. 10月4日，习近平同孟加拉国总统哈米德互致贺电，热烈庆祝两国建交45周年。

5. 近日，教育部公布《关于加强博士生导师岗位管理韵若干意见》，提出避免简单化地唯论文、唯科研经费确定博士生导师选聘条件。

6. 10月13日，刑法修正案（十一）草案二审稿提请全国人大常委会会议审议，拟在特定情形下，经特别程序，对法定最低刑事责任年龄作个别下调。

7. 10月14日，最高人民法院、最高人民检察院、公安部联合发布《关于依法办理“碰瓷”违法犯罪案件的指导意见》，首次明确了对“碰瓷”行为的法律界定，即行为人通过故意制造或者编造其被害假象，采取诈骗、敲诈勒索等方式非法索取财物的行为。

8. 10月15日，习近平同赤道几内亚总统奥比昂互致贺电，庆祝两国建交50周年。

9. 10月17日，十三届全国人大常委会第二十二次会议表决通过关于修改国旗法、国徽法的决定，决定将于2021年1月1日起施行。

10. 10月19日，我国自主设计建造的多用途滚装船“渤海恒达”轮下水，这是目前亚洲最大的多用途滚装船。

11. 10月22日，公安部召开新闻发布会指出，取消申请小型汽车、小型自动挡汽车、轻便摩托车驾驶证70周岁的年龄上限调整为不作限制。

12. 10月23日电，民政部2020年第四季度例行新闻发布会上表示：“十四五”期间，我国老年人口将突破3亿，将从轻度老龄化迈入中度老龄化。

13. 10月24日，在纪念中国人民志愿军抗美援朝出国作战70周年之际，中央宣传部向全社会宣传发布中国人民志愿军老战士孙景坤、徐振明的先进事迹，授予他们“时代楷模”称号。

14. 近日，工信部表示，我国已连续10年保持世界第一制造大国地位，而且我国是全世界唯一拥有全部工业类别的国家。

15. 10月26日至29日，党的十九届五中全会在京召开。会议审议了中共中央关于制定国民经济和社会发展第十四个五年规划和二O三五年远景目标的建议，为未来5年乃至15年中国发展擘画了蓝图。

16. 近日，国家发改委等14部门印发《近期扩内需促消费的工作方案》。提出要推动线下服务消费加速“触网”，充分释放线上经济潜力。要完善“互联网+”医保支付政策。在保证医疗安全和质量前提下，将慢性病互联网复诊费用纳入医保支付范围。

二、国际部分

1. 美国海军陆战队近日在关岛设立新基地，这是其自1952年以来设立的首座新基地，预计明年春季启用，届时将承接从日本冲绳转出的约5 000名陆战队员。

2. 10月5日，瑞典卡罗琳医学院宣布，将2020年诺贝尔生理学或医学奖授予美国科学家哈维·阿尔特、查尔斯·赖斯以及英国科学家迈克尔·霍顿，以表彰他们在发现丙型肝炎病毒方面所做出的贡献。

3. 10 月 6 日，2020 年诺贝尔物理学奖正式揭晓，英国科学家罗杰・彭罗斯、德国科学家莱因哈德・根泽尔、美国科学家安德里亚・格兹共同获得该奖项。

4. 10 月 7 日，2020 年诺贝尔化学奖被授予法国女科学家埃玛纽埃勒・沙尔庞捷和美国女科学家珍妮弗 . 道德纳。

5. 10 月 9 日，巴基斯坦拉合尔轨道交通橙线项目顺利完成竣工交付，标志着巴基斯坦首条城市轨道交通项目即将投入商业运营。该项目是中巴经济走廊框架下首个正式启动的大型城市轨道交通项目。

6. 10 月 13 日，中国在第 75 届联合国大会上再次成功当选联合国人权理事会成员，任期为 2021 年至 2023 年。

7. 欧盟统计局日前发布数据显示，今年前 7 个月，欧盟 27 个成员国与中国进出口总额为 3 287 亿欧元，同比增长约 2.6%。中国首次成为欧盟第一大贸易伙伴。

8. 韩国银行报告的最新数据显示，韩国第三季度经济环比增长 1.9%，特别是出口强势反弹，较二季度增长 15.6%。这是疫情发生以来韩国经济首次实现环比增长。

2020 年 11 月

一、国内部分

1. 11 月 1 日，第七次全国人口普查正式开启现场登记。

2. 11 月 2 日，由袁隆平院士团队培育的第三代杂交水稻“叁优一号”测产结果公布，晚稻平均亩产达到 911.7 公斤。

3. 国家主席习近平近日对新时代推进农村土地制度改革、做好农村承包地管理工作作出重要指示强调，新时代推进农村土地制度改革，要坚持把依法维护农民权益作为出发点和落脚点，坚持农村土地农民集体所有制不动摇，坚持家庭承包经营基础性地位不动摇。要运用农村承包地确权登记颁证成果，扎实推进第二轮土地承包到期后再延长 30 年工作，保持农村土地承包关系稳定并长久不变，

4. 11 月 3 日，首届数字国际熊猫节在四川眉山青神县开幕。本届熊猫节以“熊猫的世界，世界的熊猫——为了自然本来的样子”为主题。

5. 11 月 3 日，《中共中央关于制定国民经济和社会发展第十四个五年规划和二〇三五年远景目标的建议》发布。

6. 11 月 4 日，第三届中国国际进口博览会开幕式在上海举行，习近平发表主旨演讲，强调中国将秉持开放、合作、团结、共赢的信念，坚定不移全面扩大开放。

7. 11 月 10 日，中央文明办公布第六届全国文明城市入选城市名单和复查确认保留荣誉称号的前五届全国文明城市名单。

8. 近日，国家医保局会同相关部门组织开展的首次高值医用耗材集中带量采购，冠脉支架作为第一个采集品种，均价从 1.3 万元左右下降至 700 元左右。

9. 11 月 11 日，李克强主持召开国务院常务会议，决定在浦东新区开展市场准入“一业一证”试点，在全国大幅压减建设工程企业和测绘资质并加强监管，更大激发市场活力，为扩大消费和有效投资创造条件。

10. 11 月 13 日，习近平在江苏扬州考察指出，目前的长三角一体化发展从顶层规划到实际推动都取得了明显的成果，还要继续抓下去。

11. 11 月 15 日，区域全面经济伙伴关系协定（RCEP）正式签署。作为世界上参与人口最多、成员结构最多元、发展潜力最大的自贸区，这不仅是东亚区域合作极具标志性意义的成果，更是多边主义和自由贸易的胜利。

12. 国务院办公厅日前印发《关于防止耕地“非粮化”稳定粮食生产的意见》。要坚决防止耕地“非粮化”倾向。

13. 11 月 18 日，中央宣传部向全社会宣传发布脱贫攻坚一线优秀党员干部代表黄诗燕、毛相林的先进事迹，授予他们“时代楷模”称号。

14. 11 月 23 日，贵州省人民政府宣布，全省剩余 9 个未摘帽全部退出贫困县序列。至此，中国 832 个国家级贫困县全部脱贫摘帽。

15. 11 月 24 日，“嫦娥五号”探测器成功发射，开启我国首次地外天体采样返回之旅。

16. 11 月 27 日，习近平在第十七届中国—东盟博览会和中国—东盟商务与投资峰会开幕式上致辞，指出中方视东盟为周边外交优先方向和高质量共建“一带一路”重点地区，愿同东盟推进各领域合作，维护本地区繁荣发展良好势头，建设更力紧密的中国—东盟命运共同体。

二、国际部分

1. 近日发表在《科学进展》杂志上的一篇最新研究论文表明，美国是塑料垃圾的头号生产国，同时，在造成海洋塑料污染方面，美国排名全球第三。

2. 11 月 4 日，美国已正式退出了《巴黎协定》，成为迄今为止唯一退出《巴黎协定》的缔约方。

3. 11 月 5 日电，美国盖洛普咨询公司公布了以法制和秩序指数为依据的全球最安全国家排行榜。中国排名第三，仅次于新加坡和土库曼斯坦。

4. 11 月 8 日，玻利维亚当选总统路易斯 . 阿尔塞在该国行政首都拉巴斯宣誓就职。

5. 11 月 10 日，以色列卫生部和外交部共同决定将中国列为可以出访的“绿色”国家。

6. 11 月 22 日，美国正式退出《开放天空条约》。

7. 11 月 25 日，阿根廷球星马拉多纳突发心脏骤停，抢救无效不幸去世，享年 60 岁。

8. 11 月 27 日，伊朗重要核物理学家穆赫辛・法克里扎德在德黑兰附近遭暗杀。

2020 年 12 月

一、国内部分

1. 12 月 1 日，国家文物局、北京市人民政府在圆明园正觉寺举行“圆明园马首铜像划拨入藏仪式”，国家文物局正式将圆明园马首铜像划拨北京市海淀区圆明园管理处收藏，马首铜像成为第一件回归圆明园的流失海外重要文物。

2. 12 月 3 日，中共中央政治局常务委员会召开会议，听取脱贫攻坚总结评估汇报。中共中央总书记习近平主持会议并发表重要讲话，指出经过 8 年持续奋斗，我们如期完成了新时代脱贫攻坚目标任务，现行标准下农村贫困人口全部脱贫，贫困县全部摘帽，消除了绝对贫困和区域性整体贫困，近 1 亿贫困人口实现脱贫，取得了令全世界刮目相看的重大胜利。

3. 12 月 6 日，嫦娥五号上升器成功与轨道器返回器组合体交会对接，并将月球样品容器安全转移至返回器中。这是我国航天器首次实现月球轨道交会对接。

4. 12 月 8 日，习近平同尼泊尔总统班达里互致信函，同班达里总统一道，代表中尼两国向全世界正式宣布，珠穆朗玛峰的最新高程为 8 848.86 米，这在历史上是第一次。习近平指出，珠穆朗玛峰是两国世代友好的重要象征。两国将这一世界最高峰确立为中尼之间的界峰和“中尼友谊峰”。

5. 12 月 10 日，中宣部决定，授予云南省丽江市华坪女子高级中学党支部书记、校长张桂梅时代楷模称号。

6. 近日，教育部联合国家卫生健康委印发《关于进一步加强无烟学校建设工作的通知》。明确力争到 2022 年底，实现各级各类学校全面建成无烟学校的目标。

7. 12 月 13 日，今天是第七个南京大屠杀死难者国家公祭日。

8. 近日，国家发展和改革委员会主任与非洲联盟委员会主席签署《中华人民共和国政府与非洲联盟关于共同推进“一带一路”建设的合作规划》。这是我国和区域性国际组织签署的第一个共建“一带一路”规划类合作文件。截至目前，我国已经与 138 个国家、31 个国际组织签署了 202 份共建“一带一路”合作文件。

9. 12 月 17 日，嫦娥五号返回器安全着陆，探月工程嫦娥五号任务取得圆满成功。嫦娥五号任务创造了 5 项“中国首次”，一是在地外天体的采样与封装：二是地外天体上的点火起飞、精准入轨；三是月球轨道无人交会对接和样品转移；四是携带月球样品以近第二宇宙速度再入返回；五是建立我国月球样品的存储、分析和研究系统。

10. 12 月 17 日，我国申报的“太极拳”与我国与马来西亚联合申报的“送王船——有人与海洋可持续联系的仪式及相关实践”两个项目，经委员会评审通过，列入联合国教科文组织人类非物质文化遗产代表作名录。至此，我国共有 42 个非物质文化遗产项目列入联合国教科文组织非物质文化遗产名录（册），居世界第一。

11. 12 月 16 日至 18 日，中央经济工作会议在北京举行。

12. 12 月 26 日，十三届全国人大常委会第二十四次会议表决通过刑法修正案（十一），将自 2021 年 3 月 1 日起施行。

13. 12 月 28 日至 29 日，中央农村工作会议在北京举行，习近平出席会议并发表重要讲话。强调要坚持把解决好“三农”问题作为全党工作重中之重，促进农业高质高效、乡村宜居宜业、农民富裕富足；脱贫攻坚取得胜利后，要全面推进乡村振兴，这是“三农”工作重心的历史性转移。

二、国际部分

1. 12 月 7 日，国际奥委会执委会召开会议，同意 2024 年巴黎奥运会增设霹雳舞、滑板、攀岩、冲浪四个大项。

2. 12 月 17 日电，博鳌亚洲论坛《亚洲减贫报告 2020》发布会日前在北京举行。报告指出，新冠肺炎疫情已成为影响亚洲各国贫困变化的最直接因素。尽管面临挑战，亚洲仍是对全球减贫贡献最大的地区。截至 2019 年，大部分亚洲发展中国家的贫困发生率已降到 3% 以下，正进入彻底消除极端贫困的重要阶段。

3. 12 月 19 日，英国卫生大臣马特・汉考近日称，一种新变异的新冠病毒正在英格兰部分地区加速传播。首相约翰逊表示，病毒变异后的传播性，比已存在的病毒毒株高出 70%。受此影响，多国相继宣布关闭边境、停飞往返英国航班等措施，应对新冠病毒新变种。

4. 苏格兰政府首席大臣、苏格兰民族党党魁尼古拉・斯特金近日再次提出苏格兰“脱英入欧”计划。她表示，将力争举行第二次独立公投，带领苏格兰“回归”欧盟。

5. 12 月 24 日，英国首相约翰逊宣布，英国已完全脱欧，将于明年 1 月 1 日起实现全面的政治和经济独立。

6. 2020 年 12 月 25 日，日本政府在内阁会议上敲定了今后五年女性政策的基本计划，不再推动“夫妻分开冠姓”。

7. 2020 年 12 月 27 日，加拿大安大略省宣布发现两人感染近期英国报告的变异新冠病毒，加媒称，安大略省由此成为加拿大境内最早发现变异新冠病毒病例的省份。

2021 年 1 月

一、国内部分

1. 1 月 2 日，中国石油集团表示，2020 年中国石油国内油气产量当量首次突破 2 亿吨，天然气产量当量首次突破 1 亿吨。

2. 1 月 2 日电，习近平日前签署命令，发布新修订的《军队装备条例》，自 2021 年 1 月 1 日起施行。

3. 1 月 3 日，国家林草局表示，“十三五”期间，我国新增湿地面积 300 多万亩，湿地保护率达到 50% 以上。

4. 近日，中共中央印发了修订后的《中国共产党党员权利保障条例》、《中国共产党统一战线工作条例》。

5. 1 月 9 日，大连海事大学发布消息称，由该校新能源船舶动力技术研究院牵头建造的中国第一艘燃料电池游艇“蠡湖”号近日通过试航，标志着我国燃料电池在船舶动力上的实船应用迈出关键一步。

6. 1 月 13 日，我国自主研发设计、自主制造的世界首台高温超导高速磁浮工程化样车在成都下线，设计时速 620 千米 / 小时。

7. 1 月 18 日，2020 年我国国内生产总值（GDP）首次突破 100 万亿元，达 1 015 986 亿元，按可比价格计算，比上年增长 2.3%。

8. 1 月 18 日，《月球样品管理办法》对外发布，这是《月球样品管理办法》首次对外发布，也是中国务实开展国际交流与合作的重要体现。明确月球样品原则上分为永久存储、备份永久存储、研究和公益 4 种基础用途。

9. 近日，商务部表示，2020 年全年，实物商品网上零售额 9.8 万亿元，逆势增长 14.8%，占社会消费品零售总额比重达 24.9%，我国已连续 8 年成为全球第一大网络零售市场。

10. 1 月 22 日，京哈高铁全线贯通。

11. 1 月 22 日至 24 日，中国共产党第十九届中央纪律检查委员会第五次全体会议在北京举行。

12. 1 月 23 日电，截至 2020 年底，我国高铁运营里程达 3.79 万公里，稳居世界第一。截至 2019 年底，高铁网对 50 万人口以上城市覆盖率达 86%。

13. 1 月 26 日，中国—新西兰自贸协定升级议定书正式签署。

14. 1 月 28 日，习近平主持召开中共中央政治局会议。会议强调，推进基层治理体系和治理能力现代化建设，是全面建设社会主义现代化国家的一项重要工作。

15. 1 月 28 日，国防部举行例行记者会。介绍到新的军官制度对军官等级设置作出重大改革，由基于职务等级调整为基于军衔等级。

16. 1 月 30 日电，目前 31 个省份的 2020 年 GDP 数据已全部出炉。数据显示，广东 GDP 超过 11 万亿元，稳居第一；江苏 GDP 突破 10 万亿元，位居第二；山东位居第三。

二、国际部分

1. 1 月 1 日，美国国会参议院通过投票推翻了特朗普总统此前《国防授权法案》的否决，这是特朗普任期内的否决权第一次被推翻。

2. 1 月 7 日，美国国会联席会议确认，拜登赢得 306 张选举人票，当选下一任美国总统。

3. 1 月 20 日，美国当选总统、民主党人拜登在首都华盛顿宣誓就任美国第 46 任总统。美国当选副总统哈里斯当天也宣誓就职，成为美国历史上首位女性副总统。

4. 1月20日，美国总统拜登签署行政令，宣布美国将重新加入《巴黎协定》和世界卫生组织。

5. 1月22日，全面禁止拥有和使用核武器的《核武器禁止条约》生效，这也是全球首个将拥有核武器视为非法化的国际条约。

2021年2月

一、国内部分

1. 2月1日，习近平同党外人士共迎新春时强调，各民主党派、工商联和无党派人士要深刻领会中共中央对多党合作事业的新部署新要求，提高研究谋划工作的政治站位、理论站位、时代站位，提高工作本领，勇于担当作为，自觉做中国共产党的好参谋、好帮手、好同事，做中国特色社会主义事业的亲历者、实践者、维护者、捍卫者。要协助党和政府做好凝聚共识、化解矛盾、反映意见、维护稳定等工作，更好为新时代坚持和发展中国特色社会主义凝心聚力；中共中央决定，今年在全党开展中共党史学习教育，激励全党不忘初心、牢记使命，在新时代不断加强党的建设。

2. 2月3日，我国自主研制的70米口径全可动天线完成验收，将投入使用。这是目前亚洲最大的单口径天线，将用于我国火星探测任务，负责接收“天问一号”回传数据。

3. 2月3日，农业农村部对外发布《农村土地经营权流转管理办法》，自2021年3月1日起施行。

4. 2月4日，北京冬奥会、冬残奥会火炬——“飞扬”正式问世。

5. 2月3日，习近平赴贵州考察调研。强调优良生态环境是贵州最大的发展优势和竞争优势；全面建设社会主义现代化国家，必须坚持科技为先，发挥科技创新的关键和中坚作用；创新发展是构建新发展格局的必然选择。要着眼于形成新发展格局，推动大数据和实体经济深度融合，要发挥好改革的先导和突破作用；要结合即将开展的党史学习教育，从长征精神和遵义会议精神中深刻感悟共产党人的初心和使命，落实新时代党的建设总要求，实事求是、坚持真理，科学应变、主动求变，咬定目标、勇往直前，走好新时代的长征路。

6. 2月5日，天问一号火星探测器发动机点火工作顺利完成地火转移段第四次轨道中途修正。

7. 2月6日，我国自主研发建造的全球首座10万吨级深水半潜式生产储油平台——“深海一号”能源站抵达海南岛东南陵水海域，开启海上系泊、安装和生产调试工作，标志着我国首个1 500米自营深水大气田又向正式投产迈出了关键一步。

8. 2月7日，李克强在山西考察时强调，要在以习近平同志为核心的党中央坚强领导下，把惠民之事办实、利民之事办好，在持续发展中不断改善民生。

9. 2 月 8 日，徐州至连云港高速铁路（徐连高铁）开通运营，徐州至连云港一小时直达。至此，我国“八纵八横”高速铁路网最长横向通道——连云港至乌鲁木齐的高速铁路全线贯通，将为新亚欧大陆桥经济走廊发展提供有力支撑。

10. 2 月 8 日电，日前，教育部等五部委联合印发了《关于大力加强中小学线上教育教学资源建设与应用的意见》。

11. 2 月 9 日，习近平主持中国—中东欧国家领导人峰会，并发表题为《凝心聚力，继往开来携手共谱合作新篇章》的主旨讲话。

12. 2 月 10 日，中国首次火星探测任务“天问一号”探测器顺利进入大椭圆环火轨道，成为我国第一颗人造火星卫星，实现“绕、着、巡”第一步“绕”的目标，环绕火星获得成功。

13. 2 月 17 日，国务委员兼外长王毅出席联合国安理会新冠疫苗问题部长级公开会，并发表题为《以人民为中心加强全球抗疫合作》的讲话。

14. 日前，新修订的《军队政治工作条例》颁布施行。

15. 2 月 19 日，中央军委授予祁发宝“卫国戍边英雄团长”荣誉称号，追授陈红军“卫国戍边英雄”荣誉称号，给陈祥榕、肖思远、王焯冉追记一等功。

16. 2 月 20 日，党史学习教育动员大会在北京召开。

17. 2 月 21 日电，新春伊始，中共中央、国务院公开发布《关于全面推进乡村振兴加快农业农村现代化的意见》。这是新世纪以来，党中央连续发出的第十八个“一号文件”。

18. 2 月 23 日电，《长江保护法》3 月 1 日实施，这是我国首部有关流域保护的专门法律。

19. 2 月 25 日，全国脱贫攻坚总结表彰大会在北京举行。习近平向全国脱贫攻坚楷模荣誉称号获得者等颁奖并发表重要讲话。习近平强调，经过全党全国各族人民共同努力，在迎来中国共产党成立一百周年的重要时刻，我国脱贫攻坚战取得了全面胜利，现行标准下 9 899 万农村贫困人口全部脱贫，832 个贫困县全部摘帽，12.8 万个贫困村全部出列，区域性整体贫困得到解决，完成了消除绝对贫困的艰巨任务，创造了又一个彪炳史册的人间奇迹！这是中国人民的伟大光荣，是中国共产党的伟大光荣，是中华民族的伟大光荣。习近平强调，伟大事业孕育伟大精神，伟大精神引领伟大事业。脱贫攻坚伟大斗争，锻造形成了“上下同心、尽锐出战、精准务实、开拓创新、攻坚克难、不负人民”的脱贫攻坚精神。

20. 国家乡村振兴局正式挂牌。

21. 2 月 27 日电，由中国工程院院士、军事科学院军事医学研究院研究员陈薇领衔的团队研发的我国重组新冠病毒疫苗（腺病毒载体），25 日获国家药品监督管理局附条件批准上市注册申请。这是我国首家获批的腺病毒载体新冠病毒疫苗，这也是全球第一个进入临床的新冠疫苗。

二、国际部分

1. 2 月 1 日，中国政府首批对外援助新冠疫苗在巴基斯坦首都伊斯兰堡附近的努尔汗空军基地正式移交巴基斯坦。

2. 2月3日，美国与俄罗斯同意延长《新削减战略武器条约》5年时间，有效期至2026年2月5日，条约内容保持不变。

3. 日前，浪潮信息联合全球知名科技市场研究机构国际数据公司（IDC）发布全球首个计算力指数的研究成果《2020全球计算力指数评估报告》。美国以75分位列国家计算力指数排名第1位，中国以66分排在第2位，日本、德国、英国分别为55分、52分和47分。对比2015年的评估结果，计算力指数增长最快的3个国家分别是中国、法国和日本。

4. 2月13日，美国国会参议院就指控前总统特朗普“煽动叛乱”的弹劾条款进行投票。由于赞成票未达到三分之二多数，特朗普未被定罪，弹劾案审理至此结束。

5. 2月16日，首批中国国药集团新冠灭活疫苗运抵匈牙利首都布达佩斯，匈牙利成为首个购买中国新冠疫苗的欧盟国家。

6. 2月25日电，博鳌亚洲论坛2021年年会定于4月18日至21日在海南博鳌举行，主题为“世界大变局：共襄全球治理盛举合奏一带一路强音”。

7. 2月27日电，泰国农业部官员近日表示，2020年中国已经成为泰国新鲜榴莲最大的出口市场，同时泰国也是中国最大的水果供应国。

2021年3月

一、国内部分

1. 3月1日，2021年春季学期中央党校（国家行政学院）中青年干部培训班在中央党校开班。习近平强调，不论过去、现在还是将来，党的光荣传统和优良作风都是激励我们不畏艰难、勇往直前的宝贵精神财富。年轻干部是党和国家事业接班人，必须立志做党的光荣传统和优良作风的忠实传人，不断增强意志力、坚忍力、自制力，在新时代全面建设社会主义现代化国家新征程中奋勇争先、建功立业，努力创造无愧于党、无愧于人民、无愧于时代的业绩！

2. 3月1日，全国首部个人破产法规《深圳经济特区个人破产条例》在深圳正式施行。

3. 3月2日，全国春季农业生产工作电视电话会议在京召开。李克强批示指出：确保粮食产量稳定在1.3万亿斤以上。

4. 3月3日电，近日，中央军委印发《关于在全军开展党史学习教育的通知》，对全军开展党史学习教育作出部署。

5. 3月4日，中国人民政治协商会议第十三届全国委员会第四次会议在人民大会堂开幕。2 100多名全国政协委员将紧紧围绕中共中央决策部署，聚焦“十四五”规划纲要制定和实施，扎实履职尽责、积极建言资政、广泛凝聚共识，汇聚起夺取全面建设社会主义现代化国家新胜利的智慧和力量。

6. 3 月 5 日，十三届全国人大四次会议在京开幕，李克强作政府工作报告，指出 2021 年发展主要预期目标是：国内生产总值增长 6% 以上；城镇新增就业 1 100 万人以上，城镇调查失业率 5.5% 左右；居民消费价格涨幅 3% 左右；进出口量稳质升，国际收支基本平衡；居民收入稳步增长；生态环境质量进一步改善，单位国内生产总值能耗降低 3% 左右，主要污染物排放量继续下降；粮食产量保持在 1.3 万亿斤以上；指出 2021 年要重点做好八方面工作：保持宏观政策连续性稳定性可持续性，促进经济运行在合理区间；深入推进重点领域改革，更大激发市场主体活力；依靠创新推动实体经济高质量发展，培育壮大新动能；坚持扩大内需这个战略基点，充分挖掘国内市场潜力；全面实施乡村振兴战略，促进农业稳定发展和农民增收；实行高水平对外开放，促进外贸外资稳中提质；加强污染防治和生态建设，持续改善环境质量；切实增进民生福祉，不断提高社会建设水平。

7. 3 月 7 日，习近平在参加青海代表团审议时强调，要坚定不移走高质量发展之路，把高质量发展同满足人民美好生活需要紧密结合起来，推动坚持生态优先、推动高质量发展、创造高品质生活有机结合、相得益彰；青海对国家生态安全、民族永续发展负有重大责任，必须承担好维护生态安全、保护三江源、保护“中华水塔”的重大使命，对国家、对民族、对子孙后代负责。

8. 3 月 8 日电，十三届全国人大四次会议审议全国人大常委会关于提请审议《全国人民代表大会关于完善香港特别行政区选举制度的决定（草案）》的议案。多位港区代表委员接受采访时表示，坚决支持中央完善香港特区选举制度。他们认为，完善选举制度，堵塞制度漏洞，全面落实“爱国者治港”原则，有利于维护香港长期繁荣稳定，确保“一国两制”行稳致远。

9. 3 月 8 日，最高法工作报告指出：全国法院受理案件在先后突破 2 000 万和 3 000 万关口后，出现 2004 年以来的首次下降，特别是民事案件以年均 10% 的速度增长 15 年后首次下降，充分体现了在各级党委领导下推进一站式多元解纷机制建设，促进矛盾纠纷源头治理、多元化解的显著成效。

10. 3 月 9 日，习近平出席十三届全国人大四次会议解放军和武警部队代表团全体会议时强调，全军要强化责任担当、弘扬实干精神，抓好常态化疫情防控，扎实做好各项工作，确保实现“十四五”良好开局，以优异成绩迎接建党 100 周年；要坚持以战领建，加强战建统筹，抓紧推进战略性、引领性、基础性重大工程，加快打造高水平战略威慑和联合作战体系；要增强责任感、紧迫感、主动性，把我军建设年度计划安排的各项工作往前赶、往实里抓，确保早日落地见效。

11. 3 月 10 日，中国人民政治协商会议第十三届全国委员会第四次会议闭幕。

12. 3 月 11 日，十三届全国人大四次会议以高票表决通过《全国人民代表大会关于完善香港特别行政区选举制度的决定》。

13. 3 月 13 日，谷爱凌以 93 分夺得自由式滑雪女子 U 型场地冠军，这是中国队在该项目中的世锦赛首金。

14. 3 月 15 日，习近平主持召开中央财经委员会第九次会议，研究促进平台经济健康发展问题和实现碳达峰、碳中和的基本思路和主要举措。

15. 3 月 17 日电，汪洋近日在新疆调研时指出，近年来自治区党委团结带领各族干部群众，认真贯彻新时代党的治疆方略和党中央决策部署，紧扣新疆工作总目标，做了大量艰苦细致的工作，反恐维稳斗争成果全面巩固，脱贫攻坚取得全面胜利，基层组织和基层工作得到显著加强，各族群众获得感、幸福感、安全感不断提升，新疆呈现出社会大局稳定、人民安居乐业的良好局面。

16. 3 月 17 日电，银保监会办公厅等日前联合印发《关于进一步规范大学生互联网消费贷款监督管理工作的通知》。通知明确，小额贷款公司不得向大学生发放互联网消费贷款，未经监管部门批准设立的机构一律不得为大学生提供信贷服务。

17. 3 月 18—19 日，应美国邀请，中美高层战略对话在美国阿拉斯加州安克雷奇阿拉斯加举行。

18. 3 月 20 日，四川省成都市召开的“考古中国”重大项目工作进展会上，通报了四川广汉三星堆遗址重要考古发现与研究成果。据介绍，2019 年 11 月至 2020 年 5 月，三星堆遗址新发现 6 座“祭祀坑”，现已出土金面具残片、鸟型金饰片、精美牙雕残件等重要文物 500 余件。跟 1986 年发掘的 1、2 号坑相比，6 座“祭祀坑”的形制与方向相似，出土文物类似。三星堆遗址是四川盆地目前发现夏商时期规模最大、等级最高的中心性遗址。

19. 3 月 23 日，国务委员兼外长王毅在广西桂林同俄罗斯外长拉夫罗夫会谈后共同会见记者。王毅表示双方将在四方面做出努力：一是在核心利益问题上做彼此的坚强后盾；二是在常态化疫情防控条件下加快推进复工复产、复商复市；三是在发展振兴道路上做彼此的重要伙伴；四是在国际事务中做维护公平正义的中流砥柱。

20. 3 月 24 日电，中共中央宣传部今天公开发布中国共产党成立 100 周年庆祝活动标识。

21. 3 月 25 日电，习近平近日在福建考察时强调，要落实党中央决策部署，坚持稳中求进工作总基调，立足新发展阶段、贯彻新发展理念、构建新发展格局，深化供给侧结构性改革，扩大改革开放，推动科技创新，统筹疫情防控和经济社会发展，统筹发展和安全在加快建设现代化经济体系上取得更大进步，在服务和融入新发展格局上展现更大作为，在探索海峡两岸融合发展新路上迈出更大步伐，在创造高品质生活上实现更大突破，奋力谱写全面建设社会主义现代化国家福建篇章。

22. 3 月 26 日电，近日，工业和信息化部印发《“双千兆”网络协同发展行动计划（2021—2023 年）》。明确到 2023 年底，千兆光纤网络具备覆盖 4 亿户家庭的能力，10G-P ON 及以上端口规模超过 1 000 万个，千兆宽带用户突破 3 000 万户；5G 网络基本实现乡镇级以上区域和重点行政村覆盖；实现“双百”目标，即建成 100 个千兆城市，打造 100 个千兆行业虚拟专网标杆工程。

23. 3 月 29 日，党史学习教育领导小组在京召开各省区市党史学习教育领导小组负责同志座谈会。

24. 3 月 30 日，中共中央政治局召开会议审议《关于新时代推动中部地区高质量发展的指导意见》。

25. 3 月 31 日，华能海南昌江核电二期工程项目正式开工，这也是“十四五”时期开工的首个核电项目。

二、国际部分

1. 3 月 2 日，中国常驻联合国代表团举行“促进落实 2030 年可持续发展议程：中国的减贫实践”线上主题吹风会。

2. 3 月 3 日，当前，拉美抗疫形势依然严峻。中国新冠疫苗陆续运抵多个拉美国家，为共同抗疫增添信心电和力量。此前，智利、巴西、秘鲁等多个拉美国家批准紧急使用来自中国的新冠疫苗，其中一些国家已开始大规模接种中国新冠疫苗。秘鲁、智利等国领导人带头接种中国新冠疫苗。

3. 3 月 5 日，联合国人权理事会第 46 届会议在日内瓦举行，白俄罗斯代表 70 个国家作共同发言，强调香港事务是中国内政，外界不应干涉。

4. 3 月 8 日电，目前，中国已经并正在无偿向 69 个有急需的发展中国家提供疫苗援助，同时向 43 个国家出口疫苗。

5. 3 月 10 日至 12 日，国际奥委会第 137 届会议在瑞士洛桑举行。奥运冠军托马斯·巴赫再次当选国际奥委会主席，任期四年。

6. 3 月 11 日电，世界知识产权组织近日发布报告称，2020 年通过该组织提交的国际专利申请量继续增长，中国的国际专利申请量位居第一。

7. 3 月 28 日电，联合国世界旅游组织日前通报，中文正式成为该组织官方语言。

2021 年 4 月

一、国内部分

1. 4 月 1 日，《求是》杂志发表习近平总书记的重要文章《在党史学习教育动员大会上的讲话》。

2. 中央军委发布《中国共产党军队委员会政法委员会工作规定（试行）》，自 2021 年 4 月 1 日起施行。

3. 近日，中共中央办公厅、国务院办公厅印发《关于加强社会主义法治文化建设的意见》。

4. 4 月 6 日，国务院新闻办公室发布《人类减贫的中国实践》白皮书。白皮书全面回顾 100 年来中国共产党团结带领人民与贫困作斗争，特别是党的十八大以来，习近平总书记亲自指挥、亲自部署、亲自督战，汇聚全党全国全社会之力打赢脱贫攻坚战的波澜壮阔伟大历程，全景式反映中国减贫事业发展成就和世界贡献。

5. 近日，经中央军委主席习近平批准，中央军委印发《关于构建新时代人民军队思想政治教育体系的意见》。

6. 4 月 7 日，国务院常务会议部署持续推进网络提速降费，明确大力推进 5G 和千兆光网建设应用等四项举措，让网络提速降费更多惠企利民。

7. 4 月 12 日，交通运输部发布数据显示，截至 2020 年底，全国共有城市新能源公交车 46.61 万辆，位居全球第一。

8. 4 月 20 日，博鳌亚洲论坛 2021 年年会开幕式在海南博鳌举行，国家主席习近平以视频方式发表题为《同舟共济克时艰，命运与共创未来》的主旨演讲。

9. 4 月 21 日，四川、重庆、云南、贵州、西藏签署政务服务“跨省通办”合作协议，西南五省区市计划今年公布首批“跨省通办”事项清单，目前已初步梳理出 148 项，涉及户籍证明、电子监控违法处理、基本养老保险关系转移等。

10. 4 月 22 日，国家主席习近平在北京以视频方式出席领导人气候峰会，并发表题为《共同构建人与自然生命共同体》的重要讲话。

11. 4 月 24 日，国内首个国产大飞机生产试飞中心在江西南昌竣工，标志着我国已形成一整套相对完善的大飞机产业链条。

12. 4 月 26 日，国家安全部公布《反间谍安全防范工作规定》，明确我国将建立反间谍安全防范重点单位名录制度。

13. 4 月 26 日，自然资源部发布《钓鱼岛及其附属岛屿地形地貌调查报告》。

14. 4 月 29 日，中国空间站天和核心舱在海南文昌航天发射场发射升空，准确进入预定轨道，任务取得成功。

二、国际部分

1. 4 月 2 日，美国、日本、韩国三方国家安全保障部门负责人在华盛顿举行会议，讨论美国对朝鲜政策评估及其他问题。

2. 4 月 9 日电，澳大利亚公民党网站本月初刊登题为《新疆：欧亚中心地带的中国西部边境》的特别报告，详细揭露美英等一些西方国家出于地缘政治目的支持分离主义和恐怖主义活动，企图破坏中国稳定、遏制中国发展。

3. 4 月 14 日电，来自全球 32 个国家和地区、近 200 个科研机构的 760 名科学家和工程师组成的团队，使用 19 台望远镜阵同步观测，成功捕获到人类首次“看见”的那个黑洞的多波段“指纹”。

2021 年 5 月

一、国内部分

1. 5 月 6 日，首届中国国际消费品博览会在海南省海口市开幕。

2. 5 月 6 日，国家主席习近平同圣马力诺执政官文图里尼和尼科利尼就中圣建交 50 周年互致贺电。

3. 5 月 11 日，国家统计局公布第七次全国人口普查主要数据情况显示，全国人口共 141 178 万人，与 2010 年第六次人口普查相比，增加了 7 206 万人，增长 5.38%，年均增长率为0.53%。

4. 5月11日，公安部、国家卫生健康委员会和国家药品监督管理局联合发布《关于将合成大麻素类物质和氟胺酮等18种物质列入〈非药用类麻醉药品和精神药品管制品种增补目录〉的公告》，决定正式整类列管合成大麻素类新精神活性物质，我国成为全球第一个对合成大麻素类物质实行整类列管的国家。

5. 5月12日，国家卫健委发布数据显示，截至去年底，我国注册护士总数达到470多万，比2015年增加146万，增幅达45%。

6. 5月12日电，国家卫生健康委、人力资源和社会保障部、财政部近日印发《关于建立保护关心爱护医务人员长效机制的指导意见》，意见指出，医疗卫生机构可根据医务人员参与突发公共卫生事件处置的时间长短、危重程度等因素，及时为其安排带薪休假，提高医务人员在突发公共卫生事件期间的薪酬待遇。

7. 5月13日，教育部召开新闻通气会，主要介绍2021届高校毕业生就业工作进展和就业促进周活动有关情况。2021届全国普通高校毕业生总规模909万，同比增加35万。

8. 5月13日，国家疾病预防控制局正式挂牌。该机构将承担制订传染病防控及公共卫生监督政策等五大职能。

9. 5月16日电，中共中央党史和文献研究院翻译的习近平《在全国脱贫攻坚总结表彰大会上的讲话》英文单行本，近日由中央编译出版社出版发行。

10. 5月18日电，为加快建设教育强国，“十四五”期间，国家发展改革委、教育部、人力资源社会保障部决定实施教育强国推进工程，并于近日印发《“十四五”时期教育强国推进工程实施方案》。

11. 5月17日，祝融号火星车首次通过天问一号环绕器传回遥测数据。

12. 5月19日，国家主席习近平在北京通过视频连线，同俄罗斯总统普京共同见证两国核能合作项目——田湾核电站和徐大堡核电站开工仪式。

13. 近日，民政部将在辽宁、山东、广东、重庆、四川实施结婚登记和离婚登记“跨省通办”试点，在江苏、河南、湖北武汉、陕西西安实施结婚登记“跨省通办”试点。试点期限为2年，自2021年6月1日起至2023年5月31日止。

14. 5月21日，国家主席习近平应邀在北京以视频方式出席全球健康峰会，并发表题为《携手共建人类卫生健康共同体》的重要讲话。

15. 5月21日，香港特区《2021年公职（参选及任职）（杂项修订）条例》正式生效，明确了香港特区所有公职人员须宣誓拥护香港基本法及效忠中华人民共和国香港特区的法定标准。

16. 5月23日，，西藏拉萨、昌都、林芝等地各族各界群众举办多种纪念活动，纪念西藏和平解放70周年。

17. 近日，中共中央办公厅印发《关于在全社会开展党史、新中国史、改革开放史、社会主义发展史宣传教育的通知》，对在中国共产党成立100周年之际开展“四史”宣传教育作出安排部署。

二、国际部分

1. 5 月 3 日，七国集团外长会在英国首都伦敦开幕。这是近两年来七国集团代表首次举行面对面会议。

2. 5 月 7 日，世界卫生组织宣布，由中国医药集团北京生物制品研究所研发的新冠灭活疫苗正式通过世卫组织紧急使用认证。

3. 5 月 9 日，俄罗斯在莫斯科红场举行盛大阅兵式，纪念卫国战争胜利 76 周年。

4. 近日，外交部宣布中国作为联合国安理会 5 月轮值主席，将于 16 日举行安理会巴以冲突问题紧急公开会。

5. 5 月 18 日，美国“威尔伯”号导弹驱逐舰穿航台湾海峡，中国人民解放军东部战区组织兵力对美舰穿航行动全程跟踪监视，严密防范警戒。

6. 5 月 24 日，第七十四届世界卫生大会在瑞士日内瓦开幕，大会以视频方式举行，大会持续至 6 月 1 日。

2021 年 6 月

一、国内部分

1. 6 月 6 日，国务院联防联控机制科研攻关组疫苗研发专班相关负责人表示，国家已经批准新冠疫苗紧急使用的年龄范围扩大到 3 岁以上。

2. 6 月 10 日，十三届全国人大常委会第二十九次会议表决通过了《中华人民共和国反外国制裁法》，国家主席习近平签署主席令予以公布，自公布之日起施行。

3. 央广网 6 月 12 日消息，6 月 11 日，国家航天局公布了天问一号探测器着陆火星首批科学影像图，标志着我国首次火星探测任务取得圆满成功。

4. 国家航天局 12 日消息，天问一号任务作为我国首次火星探测任务，实现我国航天发展史上的 6 个首次。

5. 6 月 17 日 9 时 22 分，神舟十二号载人飞船在酒泉卫星发射中心成功发射，飞行乘组由航天员聂海胜、刘伯明和汤洪波三人组成。当日 18 时 48 分，航天员聂海胜、刘伯明、汤洪波先后进入天和核心舱，标志着中国人首次进入自己的空间站。

6. 中国人民银行定于 6 月 21 日起陆续发行中国共产党成立 100 周年纪念币一套。该套纪念币共 9 枚，均为中华人民共和国法定货币。

7. 6 月 23 日，我国首个地球系统数值模拟大科学装置启用，该装置能够模拟五大圈层的演变规律，对服务防灾减灾、应对气候变化、生态环境建设等国家重大需求具有重要意义。

8. 交通运输部 6 月 24 日消息，我国已成为世界上具有重要影响力的水运大国。2020

年，全国港口货物吞吐量完成145.5亿吨，港口集装箱吞吐量完成2.6亿标箱，均居世界第一。

9. 6月28日，中俄两国元首宣布发表联合声明，正式决定《中俄睦邻友好合作条约》延期。普京热烈祝贺中国共产党成立100周年。

二、国际部分

1. 6月7日，马尔代夫外长阿卜杜拉·沙希德当选第76届联合国大会主席，他将于今年9月就任，任期一年。

2. 当地时间6月16日，美国总统拜登和俄罗斯总统普京在瑞士日内瓦举行会晤。双方就启动美俄双边战略稳定对话等达成有限共识，但在网络攻击、人权等议题上仍分歧明显。

3. 当地时间6月18日，联合国现任秘书长安东尼奥·古特雷斯正式连任，他将在2022年1月至2026年12月间继续其联合国秘书长第二任期。

4. 伊朗国家电视台6月19日消息，伊朗内政部当天宣布，易卜拉欣·莱希当选伊朗第13届总统。

5. 近日，第75届联合国大会以184票赞成、2票反对、3票弃权的压倒性多数通过了古巴提交的“必须终止美国对古巴的经济、商业和金融封锁”决议草案。其中，美国和以色列投了反对票。

2021年7月

一、国内部分

1. 7月1日，庆祝中国共产党成立100周年大会在北京天安门广场隆重举行。习近平代表党和人民庄严宣告，经过全党全国各族人民持续奋斗，我们实现了第一个百年奋斗目标，在中华大地上全面建成了小康社会。

2. 7月4日，神舟十二号航天员乘组密切协同，圆满完成出舱活动期间全部既定任务，标志着我国空间站阶段航天员首次出舱活动取得圆满成功。

3. 7月6日，中国共产党与世界政党领导人峰会以视频连线方式举行，160多个国家的500多个政党和政治组织的领导人以及逾万名政党代表出席了会议。本次峰会以“为人民谋幸福：政党的责任”为主题。

4. 7月11日，中朝两国就《中朝友好合作互助条约》签订60周年互致贺电。

5. 7月14日，国务院新闻办发表《新疆各民族平等权利的保障》白皮书。

6. 国家统计局7月15日消息，初步核算，我国上半年国内生产总值532 167亿元，按可比价格计算，同比增长12.7%。

7. 7月16日，第44届世界遗产大会在福建省福州市开幕。

8. 7月20日，《中共中央国务院关于优化生育政策促进人口长期均衡发展的决定》公布。

9. 7月24日，射击女子10米气步枪决赛中，中国选手杨倩夺冠，为中国代表团揽入本届奥运会首金。这也是本届奥运会诞生的首枚金牌。

10. 7月25日，我国世界遗产提名项目“泉州：宋元中国的世界海洋商贸中心”顺利通过联合国教科文组织第44届世界遗产委员会会议审议，成功列入《世界遗产名录》。至此，我国世界遗产总数升至56项。

二、国际部分

1. 7月3日，俄罗斯总统普京签署新版俄罗斯《国家安全战略》，强调俄罗斯将继续发展与中国的全面战略协作伙伴关系，共同维护亚太地区的和平稳定。

2. 据中国驻巴基斯坦使馆消息，当地时间7月14日，一中方企业出勤班车在赴施工现场途中遭遇爆炸。目前已造成9名中方人员、3名巴方人员遇难。

3. 欧洲多地洪灾仍在持续。截至7月17日，洪灾在德国已造成135人死亡，多人失踪；在比利时也造成了20人死亡。德国媒体用“百年一遇”“前所未有”等词汇来形容此次肆虐德国西部的洪灾。

4. 国际奥委会7月20日投票表决，同意在奥林匹克格言“更快、更高、更强”之后再加入“更团结”。

5. 7月23日，2020东京奥运会开幕式举行。中国体育代表团由旗手女排运动员朱婷、跆拳道运动员赵帅带领，步入东京奥林匹克体育场。

2021年8月

一、国内部分

1. 8月1日，在东京奥运会男子百米决赛中，中国选手苏炳添跑出9秒98获得第6名。在此前的半决赛中，苏炳添跑出个人历史最好成绩9秒83，打破亚洲纪录，成为历史上首位闯进奥运会男子百米决赛的中国人。

2. 8月3日，中国国家铁路集团推出免费退票措施。旅客在车站、12306网站等各渠道办理8月3日24时前已购各次列车有效车票退票时，均不收取退票手续费，购买的铁路乘意险可以一同办理。

3. 8月8日，东京奥运会闭幕。中国体育代表团共收获38枚金牌、32枚银牌、18枚铜牌，金牌数和总奖牌数均位居第二。中国队金牌总数追平参加境外奥运会的最佳战绩。

4. 8 月 10 日，外交部发言人就中方决定召回驻立陶宛大使发表谈话。外交部表示，就立陶宛政府允许台湾当局以“台湾”名义设立“代表处”一事，中方决定召回中国驻立陶宛大使，并要求立政府召回驻中国大使。

5. 近日，中共中央、国务院印发《法治政府建设实施纲要（2021—2025 年）》，到 2025 年政府行为全面纳入法治轨道。

6. 中国人民银行定于 8 月 16 日发行西藏和平解放 70 周年金银纪念币一套。该套金银纪念币共 2 枚，其中金质纪念币 1 枚，银质纪念币 1 枚，均为中华人民共和国法定货币。

7. 8 月 19 日，庆祝西藏和平解放 70 周年大会隆重举行。中共中央总书记、国家主席、中央军委主席习近平在贺匾上题词“建设美丽幸福西藏 共圆伟大复兴梦想”。

8. 8 月 20 日，十三届全国人大常委会第三十次会议在京闭幕，表决通过个人信息保护法、监察官法、医师法、全国人大常委会关于修改人口与计划生育法的决定等。

9. 8 月 20 日，神舟十二号航天员乘组圆满完成第二次出舱活动全部既定任务。

10. 商务部 8 月 23 日介绍，中国已成为全球第二大消费市场、第一贸易大国。

11. 8 月 24 日，东京残奥会举行开幕式，本届残奥会中国体育代表团共派出 437 人，其中运动员 251 人，是中国在境外残奥会参赛大项最多的一次。

12. 截至 8 月 26 日，全国 31 个省（自治区、直辖市）和新疆生产建设兵团累计报告接种新冠病毒疫苗 200 391.4 万剂次，完成全程接种的人数为 88 943.9 万人。

13. 8 月 27 日，中国互联网络信息中心发布了第 48 次《中国互联网络发展状况统计报告》（以下简称《报告》）。《报告》显示，截至 2021 年 6 月，我国网民规模达 10.11 亿，较 2020 年 12 月增长 2 175 万，互联网普及率达 71.6%，形成了全球最为庞大、生机勃勃的数字社会。

二、国际部分

1. 据塔斯社当地时间 8 月 7 日报道，俄罗斯曾出现过 1 名传染了 1 500 人的新冠病毒超级传播者，这也是截至目前俄罗斯国内的新冠病毒超级传播纪录。

2. 截至北京时间 8 月 12 日 16 时，美国累计新冠肺炎确诊病例超过 3 619 万，死亡病例超过 61.8 万。

3. 8 月 12 日，国际兴奋剂检测机构证实，东京奥运会田径男子 4 × 100 米接力银牌得主，英国队的乌贾因涉嫌使用兴奋剂被临时禁赛。

4. 8 月 15 日，阿富汗塔利班已进入首都喀布尔，并宣称已控制总统府。阿富汗总统加尼通过其社交网站主页宣布，为避免民众惨遭杀害，他已离开阿富汗。

5. 国际奥委会当地时间 8 月 29 日宣布，国际奥林匹克委员会前主席雅克 · 罗格逝世，享年 79 岁。

2021 年 9 月

一、国内部分

1. 9 月 2 日，国家广播电视总局办公厅发布《关于进一步加强文艺节目及其人员管理的通知》，要求坚决抵制违法失德人员，坚决反对唯流量论，坚决抵制泛娱乐化，坚决抵制高价片酬，切实加强从业人员管理，开展专业权威文艺评论，充分发挥行业组织作用，切实履行管理职责。

2. 国家国际发展合作署 9 月 3 日消息，中国已经并正在向 105 个国家和 4 个国际组织提供疫苗援助，向 60 多个国家出口疫苗，总量达 9.9 亿剂，居全球首位。

3. 9 月 5 日，东京残奥会中国体育代表团完成所有参赛项目，奖牌数定格在 96 金 60 银 51 铜总计 207 枚奖牌。中国代表团连续五届残奥会金牌、奖牌双第一。

4. 9 月 10 日，杭州 2022 年第 19 届亚运会火炬形象发布，名为“薪火”。

5. 9 月 15 日，中华人民共和国第十四届运动会在陕西省西安市隆重开幕。中共中央总书记、国家主席、中央军委主席习近平出席开幕式并宣布运动会开幕。

6. 9 月 17 日，神舟十二号载人飞船返回舱在东风着陆场成功着陆，执行飞行任务的航天员聂海胜、刘伯明、汤洪波安全顺利出舱，身体状态良好，神舟十二号载人飞行任务取得圆满成功。

7. 9 月 18 日 10 时 25 分，天舟二号货运飞船从空间站天和核心舱后向端口分离，并绕飞至前向端口完成自动交会对接，准备迎接天舟三号、神舟十三号的来访。

8. 9 月 20 日，世界知识产权组织发布《2021 年全球创新指数》显示，中国在创新领域的全球排名从去年的第 14 位上升至今年的第 12 位，仍是前 30 名中唯一的中等收入经济体。

9. 9 月 21 日，国家主席习近平以视频方式出席第七十六届联合国大会一般性辩论，并发表题为《坚定信心 共克时艰 共建更加美好的世界》的重要讲话。

10. 经中国政府不懈努力，当地时间 9 月 24 日，孟晚舟女士乘坐中国政府包机离开加拿大，并于 25 日晚平安抵达深圳宝安国际机场。

11. 9 月 25 日，中国国民党举行党主席选举，候选人朱立伦当选新任党主席。

二、国际部分

1. 当地时间 9 月 7 日，阿富汗塔利班宣布组建新政府，并向外界公布了“阿富汗伊斯兰酋长国”的政府建构，穆罕默德·哈桑任代理总理。

2. 9 月 17 日，法国政府召回驻美大使，以回应美国总统拜登宣布与英国和澳大利亚建立国家安全伙伴关系。

3. 9 月 29 日，日本前外务大臣岸田文雄在执政党自民党总裁选举中胜出，成功当选第 27 任总裁。按惯例他将接替菅义伟出任首相职务。

2021 年 10 月

一、国内部分

1. 在 10 月 3 日举行的 2021 年苏迪曼杯世界羽毛球混合团体锦标赛决赛中，中国队以总比分 3∶1 战胜日本队，成功卫冕，历史上第 12 次夺冠。

2. 10 月 9 日，纪念辛亥革命 110 周年大会在北京人民大会堂隆重举行。

3. 10 月 11 日，联合国《生物多样性公约》缔约方大会第十五次会议第一阶段会议在云南昆明召开。

4. 10 月 11 日，香港特别行政区政府教育局向全港中小学和幼儿园发出通告，就将国旗和国徽纳入中小学教育，以及学校升挂国旗和区旗及举行升国旗仪式事宜提供最新指引。从 2022 年 1 月 1 日开始，学校必须于每个上课日以及香港回归纪念日、国庆日等重要日子升挂国旗。

5. 10 月 12 日，中国正式设立三江源、大熊猫、东北虎豹、海南热带雨林、武夷山等第一批国家公园。

6. 10 月 14 日，中国在太原卫星发射中心采用长征二号丁运载火箭，成功发射首颗太阳探测科学技术试验卫星“羲和号”，标志着我国正式进入“探日时代”！

7. 10 月 16 日 0 时 23 分，搭载神舟十三号载人飞船的长征二号 F 遥十三运载火箭，在酒泉卫星发射中心按照预定时间精准点火发射，约 582 秒后，神舟十三号载人飞船与火箭成功分离，进入预定轨道，顺利将翟志刚、王亚平、叶光富 3 名航天员送入太空，飞行乘组状态良好，发射取得圆满成功 。

8. 当地时间 10 月 18 日，第 24 届冬季奥林匹克运动会的圣火点燃仪式在希腊古奥林匹亚遗址举行，圣火成功点燃。

9. 10 月 25 日，中华人民共和国恢复联合国合法席位 50 周年纪念会议在北京举行。

10. 10 月 26 日，北京 2022 年冬奥会与冬残奥会奖牌发布。

二、国际部分

1. 截至 10 月 1 日，英国仍有超过四分之一的加油站无油可售。英国政府宣布，从 4 日起派出 200 名士兵帮助运输燃油。

2. 北京时间 10 月 4 日，瑞典卡罗琳医学院宣布，将 2021 年诺贝尔生理学或医学奖授予戴维 . 朱利叶斯（David Julius）和阿登 . 帕塔普蒂安（Ardem Patapoutian），以表彰他们在“发现温度和触觉感受器”方面作出的贡献，两位获奖者将分享 1 000 万瑞典克朗奖金（约合 736 万元人民币）。

3. 当地时间 10 月 11 日，阿富汗塔利班临时政府就与美国代表团多哈会谈发表声明。美国代表已承诺将向阿富汗提供人道主义援助，阿临时政府对此表示欢迎。

4. 10 月 25 日，尼日利亚央行正式推出数字货币“e 奈拉”，成为首个正式启用数字货币的非洲国家。

5. 当地时间 10 月 26 日，德国总理默克尔接到任期结束通知书，这标志着默克尔正式结束 16 年总理任期。

2021 年 11 月

一、国内部分

1. 11 月 1 日，第 21 期《求是》杂志发表习近平的重要文章《坚定理想信念 补足精神之钙》。

2. 11 月 3 日，2020 年度国家科学技术奖励大会在北京人民大会堂召开。中国航空工业集团有限公司顾诵芬院士和清华大学王大中院士获国家最高科学技术奖。

3. 11 月 5 日，人社部印发《技工教育“十四五”规划》。明确了“十四五”时期技工教育的主要目标，到 2025 年，在校生规模保持在 360 万人以上，累计培养培训高技能人才 200 万人以上，面向企业职工和就业重点群体开展职业培训 2 000 万人次以上。

4. 11 月 7 日，航天员翟志刚、王亚平身着我国新一代“飞天”舱外航天服，先后从天和核心舱节点舱成功出舱，王亚平成为中国首位进行出舱活动的女航天员，迈出中国女性舱外太空行走第一步。

5. 11 月 8 日至 11 日，中国共产党第十九届中央委员会第六次全体会议在京召开。全会听取和讨论了习近平受中央政治局委托作的工作报告，审议通过了《中共中央关于党的百年奋斗重大成就和历史经验的决议》和《关于召开党的第二十次全国代表大会的决议》。习近平就《中共中央关于党的百年奋斗重大成就和历史经验的决议（讨论稿）》向全会作了说明。全会决定，中国共产党第二十次全国代表大会于 2022 年下半年在北京召开。

6. 11 月 9 日，国家卫生健康委印发《“千县工程”县医院综合能力提升工作方案(2021—2025 年)》，提出到 2025 年，全国至少 1 000 家县医院达到三级医院医疗服务能力水平，发挥县域医疗中心作用，为实现一般病在市县解决打下坚实基础。

7. 11 月 18 日，立陶宛不顾中方严正抗议和反复交涉，允许台湾当局设立“驻立陶宛台湾代表处”。此举公然在国际上制造“一中一台”，背弃立方在两国建交公报中所作政治承诺，损害中国主权和领土完整，粗暴干涉中国内政。中方对此表示强烈不满和严正抗议，外交部 21 日发表声明称，中方决定将中立两国外交关系降为代办级。

8. 11 月 24 日，我国首个 1 500 米自首超深水大气田“深海一号”，提前达到了设计产量峰值，标志我国已全面掌握超深水气田生产运维技术。

二、国际部分

1. 商务部 11 月 3 日消息，区域全面经济伙伴关系协定 (RCEP) 将于 2022 年 1 月 1

日开始生效。RCEP 于 2020 年 11 月 15 日正式签署，现有 15 个成员国，其总人口、经济体量、贸易总额均占全球总量约 30%，是世界上最大的自贸区。

2. 11 月 10 日，中国和美国在联合国气候变化格拉斯哥大会期间发布《中美关于在 21 世纪 20 年代强化气候行动的格拉斯哥联合宣言》。双方赞赏迄今为止开展的工作，承诺继续共同努力，并与各方一道，加强《巴黎协定》的实施。

3. 11 月 19 日，首届“中国 + 中亚五国”智库论坛召开。本次论坛以“阿富汗新形势与中亚安全和发展”为主题，是落实中国同中亚五国外长首次会晤达成的关于建立中国和中亚伙伴国专家学者层面对话交流机制共识的具体举措。

4. 11 月 23 日，由美中关系全国委员会、美国乒协和中国乒协联合举办的“续写友好情谊、开创美好未来——中美‘乒乓外交’50 周年纪念活动”在美国休斯敦举行。

2021 年 12 月

一、国内部分

1. 12 月 1 日，第 23 期《求是》杂志发表中共中央总书记、国家主席、中央军委主席习近平《关于〈中共中央关于党的百年奋斗重大成就和历史经验的决议〉的说明》。

2. 12 月 5 日，“探索一号”科考船顺利结束第 21 个科考航次第二航段。截至目前，全海深载人潜水器“奋斗者”号共计搭载我国 27 名科研人员进行了 21 次万米深潜。

3. 12 月 6 日，国家统计局公布全国粮食生产数据，2021 年全国粮食总产量 13 657 亿斤，比上年增加 267 亿斤，增长 2.0%，全年粮食产量再创新高，连续 7 年保持在 1.3 万亿斤以上。

4. 12 月 9 日，“天宫课堂”第一课正式开讲，时隔 8 年之后，中国航天员再次进行太空授课。“太空教师”翟志刚、王亚平、叶光富在中国空间站为广大青少年带来了一场精彩的太空科普课，这是中国空间站首次太空授课活动。

5. 12 月 13 日是悼念南京大屠杀遇难同胞 84 周年纪念日，也是第八个南京大屠杀死难者国家公祭日。中共中央、国务院在南京隆重举行 2021 年南京大屠杀死难者国家公祭仪式。

6. 12 月 15 日，自 2017 年 10 月 10 日首次对外宣布发现脉冲星以来，截至目前，被誉为“中国天眼”的 500 米口径球面射电望远镜已发现 500 余颗新脉冲星。

7. 12 月 24 日，全国人大常委会会议表决通过了关于召开十三届全国人大五次会议的决定。根据决定，十三届全国人大五次会议将于 2022 年 3 月 5 日在北京召开。

二、国际部分

1. 12 月 1 日，中共中央总书记、国家主席习近平向俄罗斯统一俄罗斯党成立 20 周年致贺信。

2. 12 月 3 日，中国拉共体论坛第三届部长会议以视频方式举行。国家主席习近平、拉共体轮值主席墨西哥总统洛佩斯分别向会议发表视频致辞。国务委员兼外长王毅主持会议并发表主旨讲话。

3. 12 月 6 日，李克强同主要国际经济机构负责人举行第六次“1+6”圆桌对话会，会议围绕“促进世界经济强劲、包容、可持续增长：从复苏到重构”的主题。李克强指出中方愿与各方加强沟通合作，共同营造有利于世界经济稳定复苏的良好环境。

4. 12 月 7 日，中国企业在欧洲首个地铁工程项目——中国铁建承建的莫斯科地铁大环线（又称第三换乘环线）西南段项目正式通车。

5. 12 月 8 日，国家主席习近平致电奥拉夫·朔尔茨，祝贺他当选德国联邦总理。

6. 12 月 27 日为防范流行病国际日，联合国秘书长古特雷斯就第二个防范流行病国际日发表视频致辞，呼吁国际社会加强团结，共同遏制各种传染病。

2022 年 1 月

一、国内部分

1. 1 月 3 日，香港特区第七届立法会议员宣誓仪式举行。

2. 1 月 4 日，中共中央总书记、国家主席、中央军委主席习近平在北京考察 2022 年冬奥会、冬残奥会筹办备赛工作。

3. 1 月 8 日，杭州至台州的高速铁路——杭台高铁正式开通运营，这是我国首条民营控股高铁。

4. 1 月 13 日，国家体育总局委托国家统计局开展的“带动三亿人参与冰雪运动”统计调查日前公布报告，中国已实现了“带动三亿人参与冰雪运动”的目标。

5. 1 月 16 日，第 2 期《求是》杂志发表习近平的重要文章《不断做强做优做大我国数字经济》。

6. 1 月 17 日，国家统计局发布 2021 年中国经济数据。2021 年，国内生产总值超过 114 万亿元，同比增长 8.1%。这是中国 GDP 连续第二年超过百万亿元大关。

7. 1 月 18 日，经党中央批准，在国家发展改革委成立习近平经济思想研究中心。习近平经济思想研究中心 18 日在北京正式挂牌。

8. 1 月 25 日，国家主席习近平在北京主持中国同中亚五国建交 30 周年视频峰会，发表题为《携手共命运一起向未来》的重要讲话。

9. 1 月 28 日，国家林业和草原局印发《林草产业发展规划（2021—2025 年）》，提出到 2025 年，全国林草产业总产值达 9 万亿元，基本形成比较完备的现代林草产业体系，林草产品国际贸易强国地位初步确立，年进出口贸易额达 1 950 亿美元，有效保障国家生态安全、木材安全、粮油安全和能源安全。

二、国际部分

1. 1 月 1 日，区域全面经济伙伴关系协定（RCEP）生效实施，全球最大自由贸易区正式启航。

2. 1 月 1 日，《中华人民共和国政府和柬埔寨王国政府自由贸易协定》(简称“中柬自贸协定”) 生效实施。

3. 1 月 3 日，中国、俄罗斯、美国、英国、法国五个核武器国家领导人共同发表《关于防止核战争与避免军备竞赛的联合声明》。

4. 1 月 17 日，国家主席习近平在北京出席 2022 年世界经济论坛视频会议并发表题为《坚定信心 勇毅前行 共创后疫情时代美好世界》的演讲。

5. 1 月 20 日，中国常驻联合国代表团在纽约举行全球发展倡议之友小组启动会议，标志着小组正式成立。

2022 年 2 月

一、国内部分

1. 2 月 1 日，区域全面经济伙伴关系协定（RCEP）对韩国正式生效。

2. 2 月 4 日，第二十四届冬季奥林匹克运动会开幕式在国家体育场举行。

3. 2 月 9 日，中国航天科技集团有限公司在京发布《中国航天科技活动蓝皮书（2021 年）》，对 2021 年全球航天活动进行盘点，并公布了 2022 年中国航天科技集团宇航计划。

4. 2 月 11 日，国务院印发《“十四五”推进农业农村现代化规划》，提出全面推进乡村产业、人才、文化、生态、组织振兴。

5. 2 月 16 日，第 4 期《求是》杂志发表习近平的重要文章《坚持走中国特色社会主义法治道路，更好推进中国特色社会主义法治体系建设》。

6. 2 月 20 日，北京冬奥会闭幕，中国队 9 金 4 银 2 铜收官，金牌数和奖牌数均创历史新高。

8. 2 月 22 日，《中共中央国务院关于做好 2022 年全面推进乡村振兴重点工作的意见》，即 2022 年中央一号文件发布。这是 21 世纪以来第 19 个指导“三农”工作的中央一号文件。

9. 2 月 24 日，中国政府网发布《国务院关于长江中游城市群发展“十四五”实施方案的批复》，原则同意《长江中游城市群发展“十四五”实施方案》。

二、国际部分

1. 2 月 3 日，俄罗斯总统普京发表题为《俄罗斯和中国：着眼于未来的战略伙伴》的署名文章。

2. 2 月 4 日，中国和俄罗斯发表关于新时代国际关系和全球可持续发展的联合声明。

3. 2 月 22 日，国务委员兼外长王毅应约同美国国务卿布林肯通电话，就乌克兰和朝鲜半岛核问题交换意见。

4. 2 月 24 日，俄罗斯总统普京宣布在乌克兰东部顿巴斯地区发起“特别军事行动”。

2022 年 3 月

一、国内部分

1. 3 月 1 日，2022 年春季学期中央党校（国家行政学院）中青年干部培训班在中央党校开班。习近平发表重要讲话强调，年轻干部是党和国家事业发展的希望，必须筑牢理想信念根基，守住拒腐防变防线，树立和践行正确政绩观，练就过硬本领，发扬担当和斗争精神，贯彻党的群众路线，锤炼对党忠诚的政治品格，树立不负人民的家国情怀，追求高尚纯粹的思想境界，为党和人民事业拼搏奉献，在新时代新征程上留下无悔的奋斗足迹。

2. 3 月 2 日，北京 2022 年冬残奥会火炬接力火种汇集暨火炬传递起跑仪式在京隆重举行。

3. 3 月 3 日，国家卫健委等六部门联合印发《关于推进家庭医生签约服务高质量发展的指导意见》。《意见》提出，逐步建成以家庭医生为健康守门人的家庭医生制度。到 2035 年，签约服务覆盖率达到 75% 以上，基本实现家庭全覆盖。

4. 3 月 4 日，北京 2022 年第十三届冬残奥会开幕式在国家体育场隆重举行。本届冬残奥会中国代表团共 217 人，其中运动员 96 人，将参加全部 6 个大项、73 个小项的角逐。

5. 3 月 4 日，中国人民政治协商会议第十三届全国委员会第五次会议在人民大会堂开幕。

6. 3 月 5 日，第十三届全国人民代表大会第五次会议在北京人民大会堂开幕。国务院总理李克强作政府工作报告。李克强指出，2021 年，国内生产总值达到 114 万亿元，增长 8.1%。居民人均可支配收入实际增长 8.1%。脱贫攻坚成果得到巩固和拓展。2022 年发展主要预期目标是：国内生产总值增长 5.5% 左右；城镇新增就业 1 100 万人以上，城镇调查失业率全年控制在 5.5% 以内；居民消费价格涨幅 3% 左右；粮食产量保持在 1.3 万亿斤以上。

7. 3 月 11 日，第十三届全国人民代表大会第五次会议闭幕。

8. 3 月 13 日，北京 2022 年冬残奥会闭幕式在国家体育场举行。中国体育代表团夺得 18 枚金牌、20 枚银牌、23 枚铜牌，位列金牌榜、奖牌榜第一，历史上首次位列冬残奥会金牌榜和奖牌榜的双榜首。

9. 3 月 14 日，李克强主持召开国务院常务会议，确定《政府工作报告》重点任务分工，要求扎实有力抓落实，推动经济在爬坡过坎中保持平稳运行。

二、国际部分

1. 3 月 2 日，国家主席习近平复信国际奥委会主席巴赫。习近平指出，北京 2022 年冬奥会已经圆满落幕。中方全面兑现办奥承诺，为世界奉献了一届简约、安全、精彩的奥运盛会，得到国际社会高度评价。这是中国人民的成功，这是世界人民的成功。

2. 3 月 7 日，国家主席习近平就巴基斯坦发生严重恐怖袭击事件向巴基斯坦总统阿尔维致慰问电。

3. 当地时间 3 月 10 日，韩国最大在野党国民力量党候选人尹锡悦确认在第 20 届总统选举中获胜，当选新一任总统。

4. 当地时间 3 月 14 日，中国科学家李兰娟获得第 6 届“联合国教科文组织赤道几内亚国际生命科学研究奖”。该奖项旨在表彰有效改善生活质量的生命科学领域杰出科学研究。

5. 3 月 18 日，习近平应约同美国总统拜登视频通话。习近平强调，我和总统先生都赞同中美要相互尊重、和平共处、避免对抗，都同意双方在各层级各领域要加强沟通对话。

2022 年 4 月

一、国内部分

1. 4 月 1 日，农业农村部和财政部近期联合印发《乡村产业振兴带头人培育“头雁”项目实施方案》，自 2022 年起每年为每个县培育 10 名左右“头雁”，用 5 年时间培育一支乡村产业振兴带头人队伍，带动全国新型农业经营主体形成“雁阵”，夯实乡村产业振兴人才基础。

2. 4 月 4 日，世界在建最大跨度公铁两用斜拉桥、最高桥 - 常泰长江大桥北主塔下横梁首个“L”型区域浇筑完成，标志着大桥两座主塔均进入下横梁浇筑施工阶段。常泰长江大桥是国内首座高速公路、普通公路、铁路三位一体的跨江大桥。

3. 4 月 6 日，自然资源部公布《2021 年中国海洋经济统计公报》,《公报》显示 2021 年我国海洋经济总量再上新台阶，首次突破 9 万亿元。

4. 新华社 4 月 7 日消息，中共中央、国务院近日印发了《信访工作条例》。通知指出，信访工作是党的群众工作的重要组成部分，是了解社情民意的重要窗口，各地区各部门要把握新时代信访工作原则和要求，践行以人民为中心的发展思想，完善信访工作责任体系，把党中央关于信访工作的方针政策和决策部署落到实处。

5. 4 月 10 日，习近平在海南崖州湾种子实验室考察调研时强调，种子是我国粮食安全的关键。只有用自己的手攥紧中国种子，才能端稳中国饭碗，才能实现粮食安全。

6. 4 月 11 日，教育部等八部门印发《新时代基础教育强师计划》。《计划》指出，到 2025 年，建成一批国家师范教育基地，培养一批硕士层次中小学教师和教育领军人才。完善部属师范大学示范、地方师范院校为主体的农村教师培养支持服务体系，为中西部欠发达地区定向培养一批优秀中小学教师。

7. 4 月 15 日为第七个全民国家安全教育日，今年的主题是“树牢总体国家安全观，感悟新时代国家安全成就，为迎接党的二十大胜利召开营造良好氛围”。

8. 4 月 16 日，神舟十三号载人飞船返回舱在东风着陆场成功着陆。神舟十三号载人飞行任务取得圆满成功。标志着空间站关键技术验证阶段任务圆满完成，中国空间站即将进入建造阶段。

9. 4 月 21 日，主题为“疫情与世界：共促全球发展，构建共同未来”的博鳌亚洲论坛 2022 年年会在海南博鳌开幕，习近平以视频方式发表题为《携手迎接挑战，合作开创未来》的主旨演讲。

10. 4 月 21 日，《新时代的中国青年》白皮书发表。白皮书指出，新时代中国青年素质过硬、全面发展，把树立正确的理想、坚定的信念作为立身之本。在实现第二个百年奋斗目标、建设社会主义现代化强国的新征程中，中国青年坚守“永久奋斗”光荣传统，生动展现出“衣食无忧而不忘艰苦、岁月静好而不丢奋斗”的整体风貌。

11. 4 月 23 日，中宣部出版局、北京市委宣传部主办的首届全民阅读大会在北京隆重举行，本届全民阅读大会以“阅读新时代、奋进新征程”为主题。

二、国际部分

1. 4 月 3 日，国务委员兼外长王毅在安徽屯溪同来华访问的菲律宾外长洛钦举行会谈。王毅指出，中方始终将菲律宾放在中国周边外交的优先位置，中国对菲奉行的睦邻友好政策保持着延续性和稳定性。

2. 4 月 7 日，中国—新西兰自贸协定升级议定书正式生效。

3. 4 月 20 日，由中国电力建设集团有限公司承建的坦桑尼亚新瓦米大桥项目在坦桑尼亚姆萨塔举行合龙仪式。新瓦米大桥项目对缓解交通压力、促进人员流动、助力经济增长、提升城市形象等具有十分重要的意义。

4. 4 月 20 日，G20 财长和央行行长会议以线上线下相结合方式召开。财政部部长刘昆以视频方式出席会议并发言。

5. 4 月 21 日，在博鳌亚洲论坛 2022 年年会“全球自由贸易港发展论坛”上，海南自由贸易港—东盟智库联盟正式成立，这是连接亚洲国家和中国的重要学术网络和合作研究平台。

2022年5月

一、国内部分

1. 5月1日，住房和城乡建设部在湖南长沙设主会场召开视频会议，部署全国自建房安全专项整治，切实防范和遏制安全生产重特大事故发生。

2. 5月4日，13名珠峰科考队员成功登顶珠穆朗玛峰。这是我国珠峰科考首次突破8 000米以上海拔高度，成功在珠穆朗玛峰北坡海拔8 830米处架设自动气象观测站。

3. 5月5日，中共中央政治局常务委员会召开会议，会议指出，新冠肺炎疫情发生以来，我们坚持人民至上、生命至上，坚持外防输入、内防反弹，坚持动态清零，因时因势不断调整防控措施，疫情防控取得重大战略成果。

4. 新华社5月6日消息，中共中央办公厅、国务院办公厅近日印发了《关于推进以县城为重要载体的城镇化建设的意见》。《意见》指出，要坚持以人为核心推进新型城镇化。

5. 新华社5月6日消息，近日“墨子号”量子科学实验卫星首次实现了地球上相距1 200公里两个地面站之间的量子态远程传输，向构建全球化量子信息处理和量子通信网络迈出重要一步。

6. 5月8日，李家超当选香港特别行政区第六任行政长官人选。

7. 5月10日，庆祝中国共产主义青年团成立100周年大会在京隆重举行。国家主席习近平强调，共青团要牢牢把握培养社会主义建设者和接班人的根本任务，坚持为党育人、自觉担当尽责、心系广大青年、勇于自我革命，团结带领广大团员青年成长为有理想、敢担当、能吃苦、肯奋斗的新时代好青年，用青春的能动力和创造力激荡起民族复兴的澎湃春潮，用青春的智慧和汗水打拼出一个更加美好。

8. 5月15日，我国自主研制的“极目一号”Ⅲ型浮空艇从海拔4 300米的科考营地顺利升空，海拔高度达到9 032米，创造了浮空艇大气科学观测世界纪录。这是我国第二次青藏高原综合科学考察研究“巅峰使命”珠峰科考获得的又一成果。

9. 5月16日，全国普通高等学校毕业生就业创业工作电视电话会议在京召开。会议强调，要切实加强对毕业生的就业服务，着力提升就业服务的精准性有效性便利性。要组织开展更多针对性的技能培训。要强化对未就业毕业生的实名帮扶。要有效规范就业市场秩序，保障毕业生合法权益。

10. 5月20日，国务院办公厅发布《“十四五”国民健康规划》，《规划》提出，到2025年，国民健康政策体系进一步健全，人均预期寿命在2020年基础上继续提高1岁左右。

11. 5月20日，全球首艘10万吨级智慧渔业大型工船“国信1号”在青岛交付运营，标志着我国深远海大型养殖工船产业实现了由“0”到“1”的进阶发展。

二、国际部分

1. 5 月 4 日，联合国启动 2025 年前能源承诺促进行动计划，以促进可再生能源使用。该行动计划的目标还包括到 2025 年使全球可再生能源发电能力增加 100%，在可再生能源和能源效率领域增加 3 000 万个工作岗位，以及大幅增加全球清洁能源年度投资。

2. 5 月 5 日，《关于为盲人、视力障碍者或其他印刷品阅读障碍者获得已出版作品提供便利的马拉喀什条约》对中国生效，中国是该条约第 85 个缔约方。作为目前国际上唯一一部版权领域的人权条约，该条约旨在为阅读障碍者提供获得和利用作品的机会，从而保障其平等获取文化和教育的权利。

3. 5 月 10 日，习近平同法国总统马克龙通电话。中法应当坚守“独立自主、相互理解、高瞻远瞩、互利共赢”的建交初心，坚持紧密持久的全面战略伙伴关系定位。

4. 5 月 20 日，联合国全球地理信息知识与创新中心成立仪式在线上举行。该中心是联合国在华设立的首个直属专门机构，隶属于联合国经济与社会事务部，驻浙江湖州德清。

5. 5 月 21 日，亚太经合组织 (APEC) 举行第二十八届贸易部长会议。商务部部长王文涛表示，中国将为全球和区域经济稳定增长持续提供推动力，中国开放的大门会越开越大。

6. 5 月 25 日，第 75 届世界卫生大会选举唯一候选人、世界卫生组织现任总干事谭德塞为该组织下一任总干事。

2022 年 6 月

一、国内部分

1. 6 月 1 日，《中华人民共和国湿地保护法》正式施行，标志着我国湿地保护全面进入法治化轨道新阶段。

2. 6 月 5 日，神舟十四号载人飞船顺利将 3 名中国航天员送入太空，神舟十四号飞行任务期间将全面完成以天和核心舱、问天实验舱和梦天实验舱为基本构型的天宫空间站建造，建成国家太空实验室。

3. 6 月 5 日，2022 年六五环境日国家主场活动在辽宁省沈阳市举行。主题为“共建清洁美丽世界”，习近平致信祝贺指出，生态环境是人类生存和发展的根基，保持良好生态环境是各国人民的共同心愿。

4. 新华社 6 月 6 日消息，习近平同志《论“三农”工作》一书近日出版发行。这部专题文集，收入习近平同志关于“三农”工作的重要文稿 61 篇。

5. 6 月 8 日，习近平在四川考察时强调，要主动服务和融入新发展格局，统筹疫情防控和经济社会发展，保持经济稳定发展，保持社会大局稳定，推动治蜀兴川再上新台阶，在全面建设社会主义现代化国家新征程上奋力谱写四川发展新篇章。

6. 6 月 13 日，中国环境与发展国际合作委员会（以下简称国合会）2022 年年会暨国合会 30 周年纪念活动在北京开幕，本次年会以“构建包容性绿色低碳经济”为主题。

7. 6 月 14 日，国务院发布《广州南沙深化面向世界的粤港澳全面合作总体方案》，实施范围为广州市南沙区全域，总面积约 803 平方公里。《方案》明确，到 2035 年，南沙区携手港澳建成高水平对外开放门户，成为粤港澳全面合作的重要平台。

8. 6 月 17 日，中共中央政治局就一体推进不敢腐、不能腐、不想腐进行第四十次集体学习。习近平强调，反腐败斗争关系民心这个最大的政治，是一场输不起也决不能输的重大政治斗争。要加深对新形势下党风廉政建设和反腐败斗争的认识，提高一体推进不敢腐、不能腐、不想腐能力和水平，全面打赢反腐败斗争攻坚战、持久战。

9. 近日，中共中央办公厅印发《领导干部配偶、子女及其配偶经商办企业管理规定》。《规定》明确，领导干部配偶、子女及其配偶经商办企业管理的适用对象，主要是党政机关、群团组织、企事业单位厅局级及相当职务层次以上领导干部；经商办企业情形，主要是投资开办企业、担任私营企业或外资企业等高级职务、私募股权基金投资及从业、从事有偿社会中介和法律服务等行为。

10. 6 月 22 日，习近平主持召开中央全面深化改革委员会第二十六次会议，审议通过了《关于构建数据基础制度更好发挥数据要素作用的意见》、《关于加强和改进行政区划工作的意见》、《关于开展科技人才评价改革试点的工作方案》、《强化大型支付平台企业监管促进支付和金融科技规范健康发展工作方案》。

11. 6 月 23 日，习近平在北京以视频方式主持金砖国家领导人第十四次会晤并发表题为《构建高质量伙伴关系　开启金砖合作新征程》的重要讲话。习近平指出，我们要坚持和衷共济，维护世界和平与安宁；要坚持合作发展，共同应对风险和挑战；要坚持开拓创新，激发合作潜能和活力；我们要坚持开放包容，凝聚集体智慧和力量。

二、国际部分

1. 6 月 1 日，国务委员兼外长王毅通过视频方式向中俄智库高端论坛作题为“加强团结合作，完善全球治理”的致辞。

2. 6 月 3 日，在即将结束访问南太国家之际，国务委员兼外长王毅介绍了中国同太平洋岛国以及其他发展中国家打交道的三个“关键词”：平等相待、互帮互助、聚焦发展。

3. 6 月 6 日，第八届世界电信发展大会在卢旺达首都基加利开幕。与会代表呼吁国际社会加强协调，共同努力缩小全球数字鸿沟。

4. 当地时间 6 月 8 日，“中国 + 中亚五国”外长第三次会晤在努尔苏丹举行。会晤通过《“中国 + 中亚五国”数据安全合作倡议》以及《关于深化“中国 + 中亚五国”互联互通合作的倡议》等四份成果文件。

5. 6 月 10 日，中俄黑河—布拉戈维申斯克公路桥开通，国务院副总理胡春华在致辞中指出，黑河—布拉戈维申斯克公路桥是习近平主席和普京总统共同关心推动的重大跨境基础设施项目。中方愿与俄方相向而行，以大桥开通为契机，持续推进互联互通合作，为双方人员和贸易往来提供更好更便捷的通关、物流服务，推动中俄“东北—远东”合作不断迈上新台阶。

6. 当地时间 6 月 14 日，2022 年中日韩合作国际论坛在首尔以线上线下结合方式成功举行。论坛以“面向未来的三国合作——持久和平、普遍繁荣、共同文化”为主题。

附录二　课程教学大纲

课程名称：形势与政策
学时学分：16 学时，共计 1 学分
适用对象：高职院校医学相关专业学生
编制单位：本书编写组

一、课程定位、教学目标和基本要求

（一）课程定位

“形势与政策”是高等学校思想政治理论必修课，是一门公共基础课，是我国高校思想政治理论课教育教学体系的重要组成部分，是对学生进行形势与政策教育的主渠道和主阵地。本门课程在大学生思想政治教育中担负着重要使命，在引导学生正确认识国际国内形势、正确理解党和国家方针政策方面具有不可替代的重要作用。

“形势与政策”是高校思想政治理论课课程体系中的基础课。在高职院校，它与思想政治理论课课程体系中其他两门课程关系密切。“毛泽东思想和中国特色社会主义理论体系概论”课程为本课程提供方法论、理论原则和政治导向，“思想道德修养与法律基础”课程为本课程直接提供历史和现实的素材。本课程和其他学科也有密切融合，它的体系建立在众多的学科基础之上，既以伦理学、法学、哲学、社会学、心理学、教育学、政治学、人才学、美学、历史学等基础理论知识为依托，又为学生顺利学好其他课程提供精神动力，鲜明体现了本课程思想性与知识性统一、科学性与针对性统一、系统性与多学科融合性统一的特点。

（二）教学目标

本课程主要是帮助学生全面正确地认识党和国家面临的形势和任务，拥护党的路线、方针和政策，深入学习习近平新时代中国特色社会主义思想，认识到中华人民共和国成立 70 多年以来取得的伟大成就和历史性变革，深刻认识到党中央对推进党风廉政建设和全面从严治党的决心，从“五位一体”总体布局加强对医疗行业政策法规、面临的机遇与挑战、未来发展态势的认识和把握，弘扬以中医药文化为代表的中华优秀传统文化，对中国特色大国外交和“一国两制”有全面认识，以增强“四个意识”，坚定“四个自信”，坚决做到；同时使学生基本掌握该课程的基础理论知识、基本理论观点、分析问题的基本方法，并能够运用这些知识和方法去分析现实生活中的一些问题，把理论渗透到实践中，指导自己的行为；提高当代大学生投身于中国特色社会主义建设伟大事业的自觉性，明确自身的人生定位和奋斗目标，在实现中华民族伟大复兴中国梦的伟大实践中实现人生出彩。

1. 知识目标

引导和帮助学生掌握形势与政策问题的基本理论和基础知识，包括马克思主义的形势与政策观、科学分析形势与政策的方法论、形势发展变化的规律、政策的产生和发展、政策的本质和特征等基础知识；掌握党的路线方针政策的基本内容，了解我国改革开放以来形成的一系列政策和建设中国特色社会主义进程中不断完善的政策体系，认识到十八大以来我国经济社会发生的深刻变化和历史性成就；掌握经济高质量发展和分级诊疗背景下医疗行业面临的机遇与挑战。

2. 能力目标

让学生感知国情民意，体会党的路线方针政策的实践，把对形势与政策的认识统一到党和国家的科学判断和正确决策上，培养学生“知晓行业、懂得政策、会观大势”的能力，具有正确的世界观、人生观和价值观，坚定在中国共产党领导下走中国特色社会主义道路的信心和决心，坚定从医道路，为实现全面建设小康社会和中华民族伟大复兴的奋斗目标而发奋学习。

3. 素质目标

通过了解和正确认识经济全球化形势下实现中国特色社会主义现代化的艰巨性和重要性，正确认识新冠肺炎疫情对我国经济社会发展的影响，引导学生树立科学的社会政治理想、道德理想、职业理想和生活理想，增强学生振兴中华和实现中华民族伟大复兴的信心信念、历史责任感以及国家大局观念，全面拓展能力，提高综合素质，塑造“德智体美劳”全面发展和“有理想、有道德、有文化、有纪律”融于一体的时代新人。

（三）基本要求

本大纲对理论知识的教学要求分为了解、理解、掌握、运用四个层次。

（1）了解：学生普遍知晓国内、国际的形势发展动态、重大事件和相关时政，特别是医疗行业和健康产业发展的现状及未来大势。

（2）理解：学生能深刻地理解国内、国际形势发展的背景、脉络；能清楚认识并深刻理解国内重大政策制定实施的依据、内容、落实措施等，特别是与医疗行业和健康产业相关的政策依据。

（3）掌握：学生能在正确理解的基础上结合实际，通过自主学习，掌握最新的国内、国际形势；能掌握最新的政策，特别是医疗行业和健康产业相关的政策、意见；掌握对形势发展作出科学判断和分析的正确思路、基本方法和判断能力。

（4）运用：学生在掌握形势与政策基本理论的基础上，能用有关理论来指导自身对社会现象进行观察、调查、分析和归纳，结合具体事例进行科学的分析，提出解决相关问题的对策措施，具备应对复杂局势、解决社会发展中实际问题的能力。（由学生课后自行完成）

二、学时安排

章节	学时		
	理论	实践	合计
特别专题　全民战“疫”中的大国自信与担当	自学		
第一章　当前党风廉政建设形势与大学生廉洁教育	2		2
第二章　经济高质量　医学新机遇	2		2
第三章　继承优秀传统文化　弘扬中医药文化	2		2
第四章　聚焦民生热点	2		2
第五章　正确认识深化医改进程中的分级诊疗	2		2
第六章　关注生态环境　建设绿色医院	2		2
第七章　树立大国形象　推进特色外交	2		2
第八章　港澳台问题	2		2
总计：	16		16

说明：根据本书专题内容设计，建议理论课学时为16，各校可结合实际和《高校“形势与政策”课教学要点》增加理论课和实践课内容。

三、教学内容与要求

第一章　当前党风廉政建设形势与大学生廉洁教育

【教学目的】通过本章的学习，学生应了解当前党风廉政建设和反腐败斗争的新形势，熟悉医疗卫生行业腐败现象及反腐政策，正确认识大学生廉洁教育的重要性和当代大学生不廉洁行为的主要表现，从而增强接受廉洁教育的自觉性和紧迫性。

【掌握内容】当代大学生廉洁教育的重要性及廉洁教育主渠道。

【熟悉内容】医疗卫生行业腐败现象及反腐政策。

【了解内容】党风廉政建设和反腐败斗争的新形势。

【教学重点与难点】本章重点是让学生正确认识大学生廉洁教育的重要性和当代大学生不廉洁行为的主要表现；难点是把握廉洁教育主渠道，增强接受廉洁教育的自觉性。

【教学方法与手段】本章主要运用讲授法、讨论法、案例分析法等教学方法，使用多媒体等多种教学手段组织教学。

第二章　经济高质量　医学新机遇

【教学目的】通过本章的学习，学生应了解我国经济转向高质量发展阶段的国际国内背景，熟悉当前我国经济发展的五大变化和经济运行现状，正确认识经济高质量发展阶段带给医学发展的新机遇，培育辩证看待经济现象的能力，树立在新常态新机遇下干事创业的信心。

【掌握内容】我国当前经济运行的“三个没有变”。

【熟悉内容】我国经济转入高质量发展后的“五大变化”，以及给医学带来的新机遇。

【了解内容】世界经济发展的基本状况，我国经济转向高质量发展的国际国内背景。

【教学重点与难点】本章重点是我国当前经济运行的“三个没有变”和“五大变化”，难点是如何理解和捕捉经济高质量发展阶段给医学领域和医学学生带来的机遇。

【教学方法与手段】本章主要运用讲授法、讨论法、案例分析法等教学方法，使用多媒体等多种教学手段组织教学。

第三章　继承优秀传统文化　弘扬中医药文化

【教学目的】通过本章的学习，让学生对中国传统文化有概括性认识，全面增强文化自信，深入了解中医药文化的历史、现状与发展，树立全新的中医学习理念，激发努力学习的兴趣和热情；自觉传承和发扬中国优秀传统文化，并确立以中医药文化助推中华文化伟大复兴的目标。

【掌握内容】中医药事业未来发展前景。

【熟悉内容】中国传统文化的主要内容。

【了解内容】中医的发展历史及中医药事业发展面临的困境。

【教学重点与难点】本章重点是中医药事业未来发展前景，难点是如何推动中医药事业的振兴，从而推动中华文化的伟大复兴。

【教学方法与手段】本章主要运用讲授法、讨论法、案例分析法等教学方法，使用多媒体等多种教学手段组织教学。

第四章　聚焦民生热点

【教学目的】通过本章的学习，学生应了解我国人口老龄化的现状、特征、成因并熟悉对策，掌握人口老龄化给大健康行业带来的挑战与机遇以及医学院校的应对策略。

【掌握内容】人口老龄化给大健康行业带来的挑战与机遇，医学院校的应对策略。

【熟悉内容】我国人口老龄化的对策和实施“全面放开二孩”政策的影响。

【了解内容】我国人口老龄化的现状、特征、成因。

【教学重点与难点】本章教学重点是人口老龄化给大健康行业带来的挑战与机遇、我国人口老龄化的对策及实施“全面放开二孩”政策的影响；教学难点是医学院校的应对策略。

【教学方法与手段】本章主要运用讲授法、讨论法、案例分析法等教学方法，使用多媒体等多种教学手段组织教学。

第五章　正确认识深化医改进程中的分级诊疗

【教学目的】通过本章的学习，学生应了解医疗卫生服务体系现状和存在的问题；熟悉医疗卫生体制改革的进程及特点；掌握分级诊疗的内涵、优势及进程；正确分析当前就业形势，把握分级诊疗制度带来的机遇，从而准确收集就业信息，转变理念做好就业准备。

【掌握内容】掌握分级诊疗的内涵、优势及进程。

【熟悉内容】熟悉医疗卫生体制改革的进程及特点。

【了解内容】了解医疗卫生服务体系现状及存在的问题。

【教学重点与难点】本章重点是让学生正确理解分级诊疗的内涵、优势，正确分析当前就业形势，及时收集就业信息；难点是如何把握分级诊疗制度带来的机遇，做好就业准备。

【教学方法与手段】本章主要运用讲授法、讨论法、案例分析法等教学方法，使用多媒体等多种教学手段组织教学。

第六章　关注生态环境　建设绿色医院

【教学目的】通过本章的学习，学生应了解我国生态环境现状和形势，熟知绿色医院的含义和要求，认识到环境污染尤其是大气污染和医疗垃圾污染带来的危害，从而树立正确的生态文明新理念，从自我做起，自觉保护生态环境。

【掌握内容】大气污染和医疗垃圾污染的危害，树立正确的生态文明新理念，自觉保护生态环境。

【熟悉内容】绿色医院的含义和要求。

【了解内容】我国生态环境现状和形势。

【教学重点与难点】本章重点是让学生认识到我国生态环境现状、形势和绿色医院的要求；难点是如何树立正确的生态文明新理念，以自身行动保护生态环境。

【教学方法与手段】本章主要运用讲授法，讨论法，案例分析法等教学方法，使用多媒体等多种教学手段组织教学。

第七章　树立大国形象　推进特色外交

【教学目的】通过本章的学习，学生应了解我国目前所面临的大国关系及周边安全局势；熟悉中国特色大国外交政策的基本内容；掌握在新的历史时期我国外交政策的新举措、新动向；关注我国周边安全局势，做新时期的爱国者。

【掌握内容】我国外交政策的新举措、新动向。

【熟悉内容】中国特色大国外交政策的基本内容。

【了解内容】我国目前所面临的大国关系及周边安全局势。

【教学重点与难点】本章重点是中国特色大国外交政策的基本内容；难点是正确认识博弈中的中美关系，以及亚太地区政治局势的复杂性。

【教学方法与手段】本章主要运用讲授法、讨论法、案例分析法等教学方法，使用多媒体等多种教学手段组织教学。

第八章　港澳台问题

【教学目的】通过本章的学习，学生应了解香港、澳门和台湾问题的产生和由来；认识到“和平统一,一国两制”在解决港澳台问题中的重要作用；深刻理解“一国两制”

是保持香港、澳门长期繁荣稳定的最佳制度，“和平统一”是两岸民心所向、大势所趋，从而自觉维护祖国和平统一。

【掌握内容】实现两岸和平统一的五点主张。

【熟悉内容】新形势下香港落实“一国两制”方针的四点意见；新历史起点上发展澳门的四点希望。

【了解内容】香港、澳门和台湾问题的产生和由来，以及香港、澳门问题解决的过程。

【教学重点与难点】重点是实现两岸和平统一的五点主张，难点是理解“一国两制”是保持香港、澳门长期繁荣稳定的最佳制度。

【教学方法与手段】本章主要运用讲授法、讨论法、案例分析法等教学方法，使用多媒体等多种教学手段组织教学。

四、推荐参考资料

（一）参考书刊

1.《时事报告》(大学生版)；

2.《半月谈》；

3.《瞭望》；

4.《求是》；

5.《习近平谈治国理政》第一卷、第二卷、第三卷；

6.《习近平关于依法全面治国论述摘编》；

7.《以习近平同志为核心的党中央治国理政新理念新思想新战略》；

8.《习近平关于党风廉政建设和反腐败斗争论述摘编》；

9.《习近平新时代中国特色社会主义思想三十讲》；

10.《习近平新时代中国特色社会主义思想学习纲要》；

11.《中国走社会主义道路为什么成功?》；

12. 其他时事性杂志、报纸等。

（二）学习网站

1. 人民网；2. 新华网；3. 中国大学 MOOC（慕课）；4. 全国高校思政课教师网络集体备课平台；5. 形势政策网；6. 共产党员网；7. 求是网；等等。

五、课程考核

本课程为考查科目，重点放在对学生分析能力、应用能力和学习效果的考评，结合课堂表现、活动表现等综合考查。具体措施如下：

（1）实行学期考核制，学期成绩由平时成绩和期末考核成绩组成。

（2）平时成绩重点考核学生平时出勤情况、课堂表现情况、课后作业完成情况等。期末考核以提交专题论文、调研报告（不少于 1 000 字）为主，考核具体内容由课程组或教研室根据授课内容及要求集体决定。

后　记

在为大学生编写形势与政策教学用书的过程中，编写组进一步体会到这项工作的重要性和价值。“形势与政策”是一个常说常新的话题，既有相对的稳定性，更有发展变化的不确定性。编写比较好的形势与政策教学用书一直是个难题，编写出适合高职医学类学生的形势与政策教学用书就更加特殊且非常重要，这需要高度的责任感、使命感和为学生服务的精神，时不我待，我们只能迎难而上。

本书根据教育部发布的最新的《高校“形势与政策”课教学要点》要求编撰完成。马应安和罗智凯共同制定了编写的思路、框架和要求，并负责全书的最后统稿。

本书的编撰工作从 2015 年开始，于 2016 年初完成讲义编写，并于当年春季在几家医学高职院校试用。2017 年 4 月，在试用基础上进一步修改，整理成辅导读本，并继续试用，得到师生的广泛好评。2020 年 5 月，在前后试用了 4 年的基础上，本书编写组以《高校“形势与政策”课教学要点》为纲，组织了“形势与政策”课程的一线教师对书稿进行修改和完善，并邀请部分医疗行业专家和重点本科师范院校青年学者加入编写。在此，非常感谢所有参与本书编写的人员，以及给予大量关心和支持的相关人员。特别要感谢中国人民大学出版社对本书出版的大力支持。

由于时间、精力等原因，书中所引文献的出处未能一一查明并标注，在此，对有关作者的劳动和贡献一并致以衷心的感谢，对于编写组工作的欠缺表示真诚的歉意。“乘风破浪会有时，直挂云帆济沧海。”相信在大家的共同努力下，大学生形势与政策的教育教学必将获得新的成效。

本书编写组

参考文献

1. 周卫东．廉政理论研究［M］．北京：中央编译出版社，2005.

2. 中共中央宣传部．习近平总书记系列重要讲话读本［M］．北京：学习出版社，2016.

3. 十九大报告单行本［M］．北京：人民出版社，2017.

4. 习近平．习近平谈治国理政（第二卷）［M］．北京：外文出版社，2017.

5. 党的十九大报告辅导读本［M］．北京：人民出版社，2017.

6. 习近平．习近平谈治国理政（第一卷）［M］．北京：外文出版社，2018.

7. 中共中央宣传部．习近平新时代中国特色社会主义三十讲［M］．北京：学习出版社，2018.

8. 李颖．文献中的百年党史［M］．上海：学林出版社，2020.

9. 习近平．习近平谈治国理政（第三卷）［M］．北京：外文出版社，2020.

10. 本书编写组．习近平总书记教育重要论述讲义［M］．北京：高等教育出版社，2020.

11. 中华人民共和国国务院新闻办公室．抗击新冠肺炎疫情的中国行动［M］．北京：人民出版社，2020.

12. 中华人民共和国国务院新闻办公室．人类减贫的中国实践［M］．北京：人民出版社，2020.

13. 中国共产党第十九届中央委员会第五次全体会议文件汇编［M］．北京：人民出版社，2020.

14. 习近平．论中国共产党历史［M］．北京：中央文献出版社，2021.

15. 本书编写组．中国共产党简史［M］．北京：人民出版社，2021.

16. 中共中央党史和文献研究院．毛泽东邓小平江泽民胡锦涛关于中国共产党历史论述摘编［M］．北京：中央文献出版社，2021.

17. 中共中央宣传部习近平新时代中国特色社会主义思想学习问答［M］．北京：学习出版社，2021.

18. 习近平．在庆祝中国共产党成立100周年大会上的讲话［M］．北京：人民出版社，2021.

图书在版编目（CIP）数据

形势与政策 / 马应安，罗智凯主编. -- 北京：中国人民大学出版社，2020.8
21 世纪高职高专精品教材. 公共课系列
ISBN 978-7-300-28489-7

Ⅰ. ①形… Ⅱ. ①马… ②罗… Ⅲ. ①时事政策教育－高等职业教育－教材 Ⅳ. ① G641.41

中国版本图书馆 CIP 数据核字（2020）第 161456 号

21 世纪高职高专精品教材·公共课系列
形势与政策
主　审　申　奎
主　编　马应安　罗智凯
副主编　张家斗　秦　丹　陈庆红
Xingshi yu Zhengce

出版发行	中国人民大学出版社		
社　　址	北京中关村大街 31 号	**邮政编码**	100080
电　　话	010－62511242（总编室）		010－62511770（质管部）
	010－82501766（邮购部）		010－62514148（门市部）
	010－62515195（发行公司）		010－62515275（盗版举报）
网　　址	http://www.crup.com.cn		
经　　销	新华书店		
印　　刷	天津中印联印务有限公司		
开　　本	787 mm × 1092 mm　1/16	**版　　次**	2020 年 8 月第 1 版
印　　张	12	**印　　次**	2023 年 8 月第 5 次印刷
字　　数	270 000	**定　　价**	32.00 元